高等学校"十三五"学前教育专业规划教材

学前儿童
美术教育与活动指导

(第二版)

张曦敏 主编

南京大学出版社

图书在版编目(CIP)数据

学前儿童美术教育与活动指导 / 张曦敏主编. — 2版.
— 南京：南京大学出版社，2019.1(2022.8重印)
高等学校"十三五"学前教育专业规划教材
ISBN 978-7-305-21410-3

Ⅰ.①学… Ⅱ.①张… Ⅲ.①美术课－学前教育－教学参考资料 Ⅳ.①G613.6

中国版本图书馆 CIP 数据核字(2019)第 006958 号

出版发行	南京大学出版社
社　　址	南京市汉口路22号　邮编 210093
出版人	金鑫荣
书　　名	**学前儿童美术教育与活动指导(第二版)**
主　编	张曦敏
责任编辑	丁　群　钱梦菊　　编辑热线 025-83597482
照　　排	南京南琳图文制作有限公司
印　　刷	丹阳兴华印务有限公司
开　　本	787×1092　1/16　印张 12.25　字数 262千
版　　次	2019年1月第2版　2022年8月第3次印刷
ISBN	978-7-305-21410-3
定　　价	32.00元

网　　址：http://www.njupco.com
官方微博：http://weibo.com/njupco
微信服务号：njuyuexue
销售咨询热线：(025) 83594756

* 版权所有，侵权必究
* 凡购买南大版图书，如有印装质量问题，请与所购
图书销售部门联系调换

再版前言

《学前儿童美术教育与活动指导(第二版)》主要依据学前教育专业的培养目标和课程教学大纲编写,主要研究 2~6 岁幼儿美术的特点和儿童美术教育的规律。

本教材以学前教育学、学前儿童心理学及儿童美术的有关内容为基础,指导幼儿园教师遵循科学的教育方法,运用丰富多彩的物质材料,开展多姿多彩的美术活动。使学生了解学前儿童美术教育的概念、构成要素和价值定位;了解学前儿童美术教育的发展历史;掌握学前儿童美术教育相关理论;理解学前儿童美术能力的发展和表现;掌握学前儿童美术教学活动的设计与实施;运用学前儿童绘画、手工和美术欣赏教学活动的方法,设计、实施学前儿童绘画、手工和美术欣赏教学活动;掌握学前儿童美术教学活动评价;运用和掌握学前儿童美术基础知识与技能。

通过对本教材的学习,要求学生能够引导幼儿接触周围环境和生活中美好的人、事、物,丰富他们的感性经验和审美情趣,激发他们表现美、创造美的情趣,让每个幼儿都得到美的熏陶和培养。学会为幼儿提供自由表现的机会,鼓励幼儿用不同的艺术形式大胆地表达自己的情感、理解和想象,尊重每个幼儿的想法和创造,肯定和接纳他们独特的审美感受和表现方式,分享他们创造的快乐。

该教材的基本教学要求:

1. 要重视基本概念、基本规律的教学。通过教学,使学生掌握学前儿童美术教育的概念、特点、历史发展和相关理论知识,学会设计和实施学前美术教学活动。

2. 注重理论联系实际。学前儿童美术教育是一门复杂并涉及广泛领域的课程,教学中除介绍学前儿童美术教育的基本概念、基本理论知识外,还应向学生讲清楚学前儿童美术教育与其他学科领域、社会活动领域的关系,引导学生结合学前儿童的生活、游戏、学习的现状,思考和分析问题,培养学生独立思考、分析问题和解决问题的能力。

3. 本课程是理论与实践性都比较强的学科,在教学方法上宜采取多种教学形式。基本规律以教师讲述为主,方法、活动设计等以讨论、合作学习及案例分析的形式为主。

目 录

第一章 学前儿童美术概述 ... 1
第一节 关于美术 ... 1
一、美术的起源和发展 ... 1
二、美术的本质、特征与分类 ... 5
第二节 学前儿童美术 ... 8
一、学前儿童美术及其特征 ... 8
二、学前儿童美术与儿童心理发展 ... 10
三、学前儿童美术教育的地位和意义 ... 15
四、学前儿童美术学习的领域划分 ... 16

第二章 学前儿童美术的发展与表现方式 ... 18
第一节 学前儿童绘画发展阶段理论 ... 18
一、国外学前儿童绘画发展阶段理论 ... 18
二、我国学者关于儿童绘画发展阶段的理论研究 ... 20
第二节 学前儿童绘画能力发展过程及特点 ... 23
一、涂鸦期儿童绘画的发展特点及相关研究 ... 23
二、象征期儿童绘画的发展特点 ... 28
三、形象期儿童绘画的发展特点及表现方式 ... 36
第三节 学前儿童手工活动及发展特点 ... 52
一、学前儿童的泥工活动 ... 52
二、学前儿童的纸工活动 ... 52
三、成品材料的综合制作 ... 53

第三章 学前儿童美术教育的涵义与发展 ... 55
第一节 学前儿童美术教育的涵义 ... 55
一、美术取向的学前儿童美术教育 ... 55
二、教育取向的学前儿童美术教育 ... 56

三、学前儿童美术教育的涵义……………………………………………… 57
第二节 学前儿童美术教育发展概述……………………………………… 59
一、国外学前儿童美术教育发展概述……………………………………… 59
二、中国学前儿童美术教育发展概述……………………………………… 65
三、幼儿园美术教育的价值………………………………………………… 67

第四章 幼儿园美术活动的目标、内容与实施……………………………… 70
第一节 学前儿童美术教育活动目标取向及制定依据…………………… 70
一、学前儿童美术教育活动目标制定的依据……………………………… 70
二、学前儿童美术教育活动的目标取向…………………………………… 71
第二节 学前儿童美术教育活动的分层次目标体系……………………… 73
一、学前儿童美术教育的总目标…………………………………………… 73
二、学前儿童美术教育的年龄阶段目标…………………………………… 75
三、如何制定学前儿童美术教育活动目标………………………………… 78
第三节 学前儿童美术教育的内容………………………………………… 80
一、选择学前儿童美术教育内容的原则…………………………………… 80
二、学前儿童绘画教育内容………………………………………………… 81
三、学前儿童手工制作教育内容…………………………………………… 85
四、学前儿童美术欣赏教育………………………………………………… 86

第五章 幼儿园美术创作活动的设计与指导………………………………… 89
第一节 幼儿美术创作活动的一般规律与对策…………………………… 89
一、影响幼儿美术创作的心理因素………………………………………… 89
二、幼儿美术创作活动的一般规律………………………………………… 91
三、美术教育活动中对幼儿创造力的培养………………………………… 93
第二节 学前儿童美术创作的指导………………………………………… 94
一、从主题内容出发指导创作……………………………………………… 94
二、从形式规律出发指导创作……………………………………………… 97
三、从材料特征出发指导创作……………………………………………… 99
四、幼儿园各年龄阶段美术创作的指导要点……………………………… 100
第三节 幼儿园美术各类活动的指导要点………………………………… 101
一、绘画活动………………………………………………………………… 101

二、手工活动 106
　　三、图案装饰活动 112
　　四、美术欣赏活动 114
第四节　学前儿童美术活动的教学方法 117
　　一、观察、欣赏法 117
　　二、直观演示法 119
　　三、启迪想象法 119
　　四、语言讲授法 121
　　五、游戏活动法 122
第五节　幼儿园如何实施美术课程游戏化 123
　　一、美术课程游戏化的内容 123
　　二、美术课程游戏化的目标 123
　　三、美术课程游戏化的价值 124
　　四、幼儿园实施美术课程游戏化的策略 124
第六节　幼儿园美术教育实践中存在的问题及策略 126
　　一、幼儿美术教育观念出现误区 126
　　二、美术教育的目标抑制了儿童艺术的活力 129
　　三、教育内容封闭了儿童的多样表达 130
　　四、教育评价僵化了儿童的奇思妙想 130
　　五、幼儿园的环境创设漠视了儿童的艺术潜能 132
　　六、解决幼儿园美术教育问题的策略 133

第六章　学前儿童美术教育与幼儿美术能力评价 135
　第一节　学前儿童美术教育评价的目的与原则 135
　　一、学前儿童美术教育评价的目的和原则 135
　　二、学前儿童美术教育评价的原则 136
　第二节　学前儿童美术教育评价的内容与标准 137
　　一、学前儿童美术能力发展的评价 137
　　二、学前儿童美术教育活动的评价 141
　第三节　学前儿童美术教育评价的设计举例 143
　　一、学前儿童美术教育活动评价标准的制定 143
　　二、学前儿童美术教育活动评价的设计举例 144

第七章 幼儿园美术活动案例与优秀儿童画作品赏析……………………146
第一节 幼儿园美术教学活动方案的设计………………………………146
第二节 幼儿园美术教学的备课与说课…………………………………148
第三节 幼儿园美术教学活动实录………………………………………159
第四节 幼师资格证面试美术模拟教学试题解析………………………175
第五节 优秀儿童画作品赏析……………………………………………177

参考文献………………………………………………………………………187

第一章 学前儿童美术概述

学习目标和要求

通过本章的学习,掌握美术的基本概念,美术的种类、特征和美术起源的各种学说,了解近现代儿童美术教育,明确学前儿童美术的特点及其意义。

第一节 关于美术

一、美术的起源与发展

美术,是人类用于获得想象形式、美化环境的基本方法,是一种基本的人类行为。人类活动的最早的证据是用视觉记录的,人们创造和运用美术来表达感情、交流观念。在古代,无论是东方还是西方实际上都只有工艺或手艺的概念。这是因为人们的美感意识还未从生存需求中独立出来。直到文艺复兴时期人们意识到精神创造的价值,独立的美术概念才被确立和公认。

美术是艺术的一个分支。"美术"一词源于古罗马的拉丁文"art",泛指各种工艺美术以及文学、戏剧、音乐等,广义的还包括拳术、魔术、医学等。在欧美拉丁语系国家,"art"既作"艺术"解,又作"美术"解。美术,也称造型艺术、视觉艺术或空间艺术,是运用一定的物质材料和手段(如绘画用颜料、纸、布、绢等,雕塑用木、石、泥、铜等),通过自己独特的艺术语言(线条、形状、色彩等)所塑造的静态的、在一定范围内展现的视觉形象来完成作品、表达作者对客观世界具体事物的情感和美化生活的一种艺术形式。

在中国,美术一词的运用始于五四运动。蔡元培早期使用美术这个术语是包括诗歌和音乐。其后,中国的文艺界逐渐把艺术和美术的概念区分开。现今艺术以此为一切艺术门类的总称,美术则专指视觉艺术,包括绘画、雕刻、建筑、工艺美术等。

(一) 关于美术起源的学说

关于艺术起源的问题,一直被学术界称为"斯芬克斯之谜"。历代的哲学家和文艺理论家们从理论上进行了不懈的探索,形成了种种不同的观点。其中影响较大的主要有以下几种:

1. 模仿说

这是一种关于美术起源问题的最古老的理论,始于古希腊哲学家,如亚里士多德就认为:"模仿是人类固有的天性和本能,艺术模仿的对象是实实在在的现实世界,艺术不仅反映事物的外观形态,而且反映事物的内在规律和本质。艺术创造靠模仿能力是人从孩提时就有的天性和本能。"继古希腊哲学家后的达·芬奇、狄德罗、车尔尼雪夫斯基等人都不同程度地继承和发展了这一学说。模仿说直到19世纪末仍然具有极大的影响。

今天,在美术起源方面仍坚持模仿说的美学家已经不多了。但模仿说还是有一定的价值,因为它揭示了人类一种比较原始的心理倾向,这种倾向与美术是相通的。一方面,对客观事物的模仿是一种对事物的把握方式,它使人从中看到自己的智慧与能力,从而引起人心理上的快乐和满足;另一方面,原始美术本身(如史前洞穴壁画上的动物轮廓)无疑是由模仿得来的,模仿即便不是动因,至少也是一种必不可少的手段。从我们今天所发现的原始美术作品中可以看出,模仿是大部分原始美术创作和制作的主要方法,而其他诸如表现和象征的方法也都是从模仿中发展演变而来的。

2. 游戏说

游戏说认为艺术起源于游戏。德国美学家席勒在《美育书简》中,通过对游戏与审美自由之间的比较研究,首先提出了美术起源于游戏的观点。席勒认为,艺术发生的真正动力也是以外观为目的的游戏冲动,它既是人的感性冲动与理性冲动的辩证统一,也是人类脱离动物界的标志。"野蛮人以什么来宣布他达到的人性呢?不论我们深入多么远,这种现象在摆脱了动物形态的奴役作用的一切民族中间总是一样的;对外观的喜悦,对装饰和游戏的爱好。"在《美育书简》的第27封信中,席勒还把游戏冲动视为一个从低级状态向高级状态发展进化的序列。席勒的游戏说强调了游戏的冲动、审美的自由和人性完善之间的重要联系,对于我们理解原始美术的审美发生具有重要价值。他的游戏论中关于动物过剩精力的发泄与游戏之间关系的论述,对于我们从生物学的角度探讨人的本能冲动和需要对美术发生的作用也有一定的价值。

但是,从动物的游戏冲动、过剩精力的发泄发展到人类喜爱外观的审美自由的游戏冲动之间,仅凭游戏活动本身是不可能产生人类社会的美术的。它应另有动力和根源,那就是人类的劳动实践。继承和发扬席勒游戏说的是英国学者斯宾塞,人们因此把游戏说称之为"席勒—斯宾塞理论"。斯宾塞像席勒一样,也认为是过剩精力的发泄,它虽然没有什么直接的实用价值,但却有助于游戏者的器官联系,因而具有生物学上的意义。因此,游戏冲动也有益于个体和整个民族的生存。斯宾塞认为游戏在这一点上与艺术有同样的价值。在席勒和斯宾塞之后,仍有一些学者从游戏角度研究美术的发生,但研究的问题已集中到游戏的根源方面。如德国美学家卡尔·格罗斯就否认游戏是过剩精力发泄的观点。他从个体发生学的立场出发,认为幼小动物和儿童的游戏活动并不是以过剩精力为根本条件的,因为他们在筋疲力尽后只要稍加休息又可以游戏起来。因此,他认为游戏的真正根源是儿童为了未来的生活需要而做的准备活动,它先于儿童未来的生活。从美术发生的动力看,游戏也确实是一重要的因素,但把美术看成是脱离社会实践的、绝对自由的娱乐性活动,且偏重从生物学的意义上看待美术的起因,则过分强调了美术与功利的对立,有绝对化和片面性的弊病。

3. 巫术说

巫术说是西方关于艺术起源的理论中最有影响的一种观点。巫术说是在直接研究原始美术作品与原始宗教巫术活动之间关系的基础上提出来的,因而在西方艺术起源的理论中成为最有影响的一种观点。巫术说的代表人物有泰勒、弗雷泽、雷纳克等。英国人类学家泰勒认为:"野蛮人的世界观就是给一切幻想凭空加上无所不在的人格化的神灵的任性作用。古代的野蛮人让这些幻想来塞满自己的住宅,周围的环境,广大的地面和天空。"泰勒是用实用性来解释美术的起源,认为在原始人心目中,最初的美术具有极大的实用功利价值。按照这种理论,原始人在洞穴中创作的壁画虽然有许多在我们今天看来是美丽的动物形象,但他们当时是却是出于一种与审美无关的动机,即巫术的动机。例如,这些壁画所处的位置之所以在洞穴最黑暗和难以接近的地方,是因为这些壁画不是为了欣赏而制作的,而是史前人类企图以巫术为手段来促使动物繁殖或保证狩猎成功;还有一些动物身上画有或刻有被利器或棒棍刺中和打过的痕迹,这是因为原始部落有一种交感巫术的存在。原始人认为,任何事物的形象与实际的该事物都有一种内在的联系,如果对事物的形象施加影响,实际上也就是对这个事物施加影响。例如,在动物身上画上伤痕也就意味着他们在实际的狩猎中可以顺利地打到猎物。原始壁画中这些人为受伤的动物形象,是支持美术产生于巫术学说的有力证据。现存于澳洲等地的岩画也能证明这种巫术目的的存在。

巫术说对于我们理解美术发生的动力,以及它在当时历史条件下非审美的性质具有重大意义。但巫术论者把精神动机视为原始美术发生的唯一动力,忽略了隐藏在精神动机后面的动因,即人类的物质生产活动,因而也不能完满地解释原始美术发生的真正原因。

4. 表现说

这种学说认为美术起源于人类表现和交流情感的需要,情感表达是美术主要的功能,也是美术发生的主要动因。持此理论者主要有英国诗人雪莱、俄国文学家托尔斯泰,还有欧美的一些当代美学家。在他们看来,原始人所有的美术活动只有一个最主要的推动力,那就是他们通过各种美术来表达情感,从而促使美术发生和发展。例如,托尔斯泰就认为:"原始起源于一个人为了要把自己体验过的感情传达给别人,于是在自己的心里重新唤起这种感情,并用某种外在的标志表达出来。"这些外在的标志就是用线条、形状、色彩所表现的美术形象,通过这些美术形象的传达,使别人也能体验到同样的感情。这样,创作者所体验到的感情感染了观众,这就是美术活动。

如果科学主要是与理性、认知相联系的话,那么美术就更多的是和感性、情感等联系在一起。表现和交流感情的确是美术的一个重要特征,因此表达情感也是推动美术发生和发展的重要心理动力。但是人类表达情感的方式是多样的,语言、动作都能表达情感,而且美术也不仅仅是表达情感的工具,因此这一学说并不能说明美术起源的全部原因。

无论是模仿说、游戏说、巫术说还是表现说,都可以帮助我们从不同角度了解原始美术的起源及其原因。此外,这些学说对我们正确认识和理解儿童美术活动的发生动因及其表现形态具有借鉴意义。

（二）美术的发生和发展

美术的发生和发展与人类历史的发生和发展是同步的。人类社会还处于原始社会时就产生了原始美术。原始社会在强大的自然力面前感到自己软弱无力时,便转向对外部力量的依赖和祈求,从而产生了原始的宗教。于是,艺术品成为崇拜对象的替代物。原始宗教利用了造型艺术特有的形象性,把造型艺术品作为祖先灵魂、神灵、动物灵魂的寓所和化身,成为祖先崇拜、灵魂崇拜、图腾崇拜的直接对象,为求种族兴旺、生活物品的丰饶富足或消灾禳祸而顶礼膜拜。这在新石器时期的艺术和近代原始民族的艺术中是有很多例证的。

另外,原始人为了记录重大事件、悼念亡灵、传递消息、抒发情感,也在艺术中找到了理想的表达形式。随着生产力的发展,人与人之间的交往越来越广泛,在尚未创造出文字的情况下,造型艺术,特别是绘画,便以其生动的形象性,成为人们交往的有效手段。它具有语言所没有的记录功能。象形文字就是从原始的图形记录逐步演变而来的。

现已发现的人类最早的美术遗产中,最重要的是新石器时代晚期人类的一些装饰品,如我国现已发现的"山顶洞人"佩戴过的石珠、穿孔砾石、鹿牙、鱼骨、骨管等装饰品。原始人类还用赤铁矿作颜料,把装饰品染成红色。这些都足以可见原始人对美的追求和创造才能。到了新石器时代早期,居住在我国黄河流域的原始人类就有了绘画、雕塑等艺术品。那时人们的艺术活动和生产劳动有着密切联系,艺术兴趣表现在对物质产品的艺术加工上。最有代表性的是画在彩陶上的各种图案,其中最著名的如西安半坡出土的鱼纹彩陶盆。

被认为是人类最早的美术遗产的,还有在欧洲发现的洞穴壁画和一些小型雕刻。最著名的两处是西班牙的阿尔塔米洞穴壁画和法国拉斯科洞穴壁画。前者洞穴内画有野牛、野猪、鹿、马等各种动物。这些动物虽然没有内在的联系,但他们的形态生动、画法简练,并已使用多种颜料。后一洞穴的岩壁上画有许多野马、大牦牛、驯鹿、山羊等动物。此外,在法国比利牛斯山的罗尔特洞内发现是雕刻有正在渡河的鹿群的碎骨片,对鹿群过河的情景刻画得非常生动有趣。

非洲原始民族雕刻中最为著名的是小雕像和面具木雕。其创作和用途都与宗教信仰有联系,这是人类原始艺术的一大特征。

当人类社会由原始社会进入奴隶社会以后,人类的艺术也随之发展。埃及的金字塔、雕刻和绘画,希腊、罗马的古典艺术（如举世闻名的梅罗的维纳斯、克里特早期的彩陶、罗马附近的庞贝古城遗迹等）都已达到较高艺术水平。进入封建社会后,拜占庭艺术、基督教艺术（罗马式艺术、哥特式艺术）逐渐兴起。欧洲文艺复兴时期,艺术界有达·芬奇、米开朗基罗、拉斐尔等著名画家。17世纪欧洲巴罗克艺术盛行,18世纪欧洲洛可可艺术备受欢迎。19世纪,当人类社会进入资产阶级革命时期后,又产生了新古典艺术、浪漫主义艺术、现实主义艺术等艺术流派。20世纪的艺术更是发展到了一个新的顶峰,产生了缤纷缭乱的现代艺术流派。

二、美术的本质、特征与分类

所谓本质,是指事物的根本性质,以及此事物与彼事物的内在联系。美术的本质就是指美术这一事物的根本性质,以及美术与其他诸如政治、经济、哲学、宗教、文学等的内在联系。

(一) 美术的本质

1. 美术具有社会性质

美术来源于社会,能全面地反映生活。美术家对于题材、表现对象和表现手法的选择并不能规定美术的本质,但他们的任何选择都是在某个方面以某种方式反映社会生活的。美术不仅可以反映社会的经济关系、生产关系和阶级关系,也可以反映处在一定社会生活中的人们的政治观点、法律观点、道德观点、宗教观点、哲学思想和文艺思想,以及人们的各种思想、幻想、情感、情绪、愿望、审美理想等。可以说,人类社会生活的一切方面都在美术的视野之内,都可以成为美术的表现领域与对象。这一点是美术的根本社会性质。

2. 美术具有认识本质

美术是社会生活的反映,实际上就是人们对社会生活、对世界的一种认识。而所谓美术作品是"社会生活在人类头脑中反映的产物",就是指美术是人类对社会生活或对世界的一种认识的物化形态。从认识论的角度看,美术是对世界的一种能动的认识,而不是被动、机械的反映。因此,美术不仅关系到感性,同时也关系到理性。正是在理性认识中积极的形象思维活动,才使美术能动地反映个别事物的表象,并通过个别的属性特征表现一般的属性特征,从而创造出一个新的视觉形象。

从根源上看,美术以及其他一切艺术形式都不是超然于现实而与社会生活隔绝的,都是客观世界的反映,是人们对于现实的生活的一种认识。美术是对客观世界的一种特殊的反映形式或认识形式。美术作为一种精神生产活动,只能以客观世界为基础,从现实的社会生活出发,在获得了对生活的独特的审美认识后才能进行的创作和表现。或者说,美术认识世界、反映社会生活的方式是运用视觉形象进行创造性现象活动,认识的重点是事物的特征、个性和美,以高度概括的、具体可感的视觉形式和形象揭示事物的本质。

3. 美术具有审美性质

美术既反映现实美,又能创造艺术美。所谓现实美,是指现实中各种事物的美。现实美可以分为自然美与社会美两大类。自然美是指自然界中存在的美,即自然事物的美;社会美是指人类社会关系中的美,即社会事物的美。现实社会是丰富多彩的,美术正是以现实生活为源泉而创造的。现实美是美术创作的主要根据,而反映现实美则是美术创作的主要目的之一。

艺术美,是指艺术作品的美,是由创造主体按照一定的审美目标、审美实践要求和审美认识的指引,根据美的规则所创造的一种综合美。美术作品的美即艺术美,是美术家根据美的现实而创造出来的美。美术作为"艺术生产",是一种自由的精神生产、审美创造,因而审美也是它的本质特征之一。

(二) 美术的特征

美术作为一个艺术门类有自己独特的地方,这使它与其他艺术相区别,这种独特性表现在如下三点:

1. 造型性

造型性是美术的根本特点。造型性可以说是各艺术门类共同的特征,没有形象,就没有艺术。失掉造型性这一基本特征的作品,就不能称作艺术作品。但是,美术较之文学、音乐等其他文艺形式,其造型性又有着自己显著的特点,表现得更为突出和直接,即形象的直观性、确定性和可视性。文学作品中的形象是不能凭感官直接把握的,需要通过语言的中介,经过读者的联想与想象才能得以实现。音乐虽可以直接作用于人们的听觉,但其创造的形象却不够明晰和确定,仍然需要通过声音的中介,引起听众的联想与想象。而美术则不同,绘画、雕刻等作品中的艺术形象是视觉形象,在空间中有着确定的、明晰的形式,可以直接为欣赏者的眼睛所把握。因此,视觉形象性是美术的基本特征和根本特点。

各种类型的美术作品都体现为具体可视的、占有一定空间形式的实体。美术创作的目标就是造型,所采用的题材主要是通过外在形状来表现人和事物。但是,美术作品的造型应当是外形与内涵的统一体,即通过可视的外形来表达蕴藏在深层的神韵与情感,就像中国传统画论所说的"以形写神",从而达到"形神兼备"和"情景交融"。

2. 静止美

静止性是美术的又一特点。意思是说美术形象不像有些艺术那样有连续性、及时性的特点。它只是人物景物的外貌、表情、姿态、动作和状态,不是过程。这是美术与其他同样具有造型的艺术相区别的重要特征。舞蹈、戏剧、影视等艺术也具有造型性,但它们都不是静止的,而是由一连串的动作、表情构成。以舞蹈为例,它含人体造型,但这个造型有运动变化,由一连串的动作塑造一个形象,各动作相继出现;人们在欣赏时,随着时间推移,一步一步地观看,最后形成完整的印象。而美术作品不是这样的,画家在创造一幅画是,他将各种信息凝聚在一个画面中,作品完成之后,所有要素同时存在。人们在欣赏时,作品全部映入眼中,其中运动变化的感觉来自人们的经验联想和视觉运动。

3. 表现媒介的特殊性

美术用于表现的媒介和手段是线条、形状、构图和色彩,这也是美术与其他艺术的区别之处。音乐的表现媒介和手段是声音以及声音的节奏和旋律。舞蹈的媒介和手段是人体及其动作。各种美术材料有自己的特质,不同的线条、形体、构图、色彩也都各有意味，选择搭配运用得当就能表现丰富复杂的事物和思想感情。

（三）美术的分类

1. 绘画

绘画是美术中最常见的一种类，它是指运用线条、图形、颜色，通过造型、构图、构色等表现手段，在二维空间及平面上塑造视觉形象。二维性是绘画的根本特点。

绘画本身的种类繁多，从不同的角度可以将其分为不同的类别。从地域的不同，绘画可以分为东方画和西方画。从工具材料上，绘画可以分为人物画、风景画、静物画、动物画等。从作品的适用形式上，绘画又可以分为年画、连环画、漫画、宣传画、插图等。不同类别的绘画，因各自历史传统的不同，有着不同的表现形式和审美特点。

2. 雕塑

雕塑可以用雕和塑的材料制作三维也就是立体的形象。雕是从整块的坚固材料上把多余的东西去掉，使剩下的部分形成形象，如泥塑、陶塑等。雕塑作品是具有实在体积的，它的特点是三维性。

雕塑的种类也很多，从它的题材和使用环境来说，有纪念性雕塑、建筑装饰雕塑、城市园林雕塑、宗教雕塑、陈列雕塑。从形式上分，雕塑有圆雕、浮雕。圆雕不附着背景，可以四面观赏。浮雕是在平面上雕出凸起的形象，浮雕因形象凸起的程度不同，可以分为高浮雕和浅浮雕。人民英雄纪念碑基座的浮雕为高浮雕，浅浮雕常见于建筑的装饰花纹图案和雕盘。

雕塑给人的美感与绘画有所不同，雕塑有体积、有重量、有质地，还有凹凸；可以环绕四面观赏，可以触摸感受它的质地、凹凸转折，甚至温度，还可以抓握移动，感受它的重量，因此浮雕给人的美感是丰富和充实的。另外，一般的雕塑没背景，也没有框架将它与外界隔开，所以雕塑与环境的关系更为密切。如若这种关系处理得好，雕塑很容易融入环境并形成焦点，欣赏起来有一种点睛之美。

3. 工艺美术

工艺美术是与人们生活关系密切的一个美术种类，通常又分为实用工艺和观赏工艺两类。实用工艺指经过艺术加工的生活实用品，如染织品、服装、陶瓷器皿、家具等。观赏工艺专供欣赏的陈设品如牙雕、玉雕装饰画等。一般来讲工艺美术具有实用价值和审美双重属性，具体到一件作品上，实用和审美成分各占的比重又会各有不同。

工艺美术的审美要素包括造型、色彩、图案花纹、材料质地、加工技艺等美的要素。这些要素处理得好，一件美术品便具生活趣味，能提高生活的质量。

4. 建筑

建筑及人类的居所，是人类为自己创造的生存设施。在人类发展史上，建造房屋是人类最早的生产活动之一。人为了抵御自然的侵害，求得生存繁衍，最初居住在洞穴，以后逐渐地建造起简单、粗糙的茅屋、木房，建筑艺术也就在这一过程中产生了。

建筑艺术与其他艺术的区别是,它同时要满足实用、坚固、美观这三项要求。建筑的另一个特点是,它与自然环境密不可分,建筑与环境相互配合,协调一致,融为一体时,形成建筑特有的美。实现这一切是建筑的空间构成。建筑除了纪念碑以外,通常都是中空的,获得内部空间是建筑的目的,也是建筑与雕塑的区别。建筑的外观依内部要求,综合各种要素构成。复杂一些的建筑是由一系列的内部和外部、封闭和敞开的空间组合而成。建筑内部的空间划分,子建筑之间的空间关系,构成一个观赏序列。欣赏建筑要置身其中,漫步其中,方可获得一种空间、人工与自然交融之美。

第二节　学前儿童美术

一、学前儿童美术及其特征

(一) 学前儿童美术

学前儿童美术指的是三至六七岁的幼儿所从事的美术造型活动和欣赏活动,是以儿童为主体进行的活动。幼儿在美术作品中表达着他们的生活经验、愿望、想象和美感,这是幼儿表达自己内心活动的一种方式,是孩子的另一种语言。

儿童所从事的美术活动,从种类上说,大致可以分为蜡笔画、油画棒画、彩色铅笔画、粉笔画、水墨画、彩色水笔画、手指画、棉签画和水粉画等;从性质上区分,可分为命题画、想象画、故事画、填色画、和集体创作画等。手工活动可分为纸工、泥工等。欣赏活动是对各种造型艺术作品和具有美学特征的环境的观赏。

儿童美术是儿童感知世界的一种非逻辑思维的方法,它主要包括想象、幻想、直觉、灵感、猜测等,具有"非逻辑的、无固定秩序和固定操作步骤"等特点。在儿童绘画中,儿童就是这样凭着想象、直觉夸大或者意刻画他们的所见所闻。例如,在"我的爸爸"主题绘画活动中,有的幼儿把爸爸的脸部画的黝黑,只露出眼睛、牙齿两处白色,然后把小小的、白白的自己倚在画面的一角;还有的幼儿把爸爸画成方方正正的样子,还在四周画上黑黑的粗线或者点上密密麻麻的小黑点,以表现爸爸的特征。儿童通过绘画把这些感性特点毫无保留、生动有趣地描绘了出来。也正是这样的大胆表现,才使得幼儿的绘画充满生命力。

儿童美术是儿童自我表达的一种语言。美术可以使他们把自己的想象、愿望变成可见的作品表达出来。绘画更是幼儿表达自己对周围事物的感受和内心意愿的最主要方式之一。孩子们都愿意,甚至是无意识地用"涂鸦"来表达自己的所见、所想、所感,这几乎是每一个儿童的天性。儿童的绘画、泥塑、雕塑等作品以及其他的表征物都可看作是儿童的一种语言。这种语言表现了儿童对外部世界的感知、理解、架构,以及他们内心的情绪情感波动。儿童美术虽然会混沌和不合乎逻辑,却代表了儿童对周围世界的初步认识和把握,同时也是儿童成长活动中的一种需要。幼儿在美术创作和欣赏时有自己的规律和特点,与他们整体智慧的发展相联系。由于这些特殊性,幼儿美术活动的过程与成人有很大的区别,他们创作的美术作品有着独特的美感和审美价值。

(二) 学前儿童美术的特征

美术对于儿童和成人的意义不完全相同。对成年人来说,美术这个词有着严格的内涵,它意味着博物馆、墙上的画、不修边幅的画家、逼真的复制品、艺术家的阁楼、裸体模特儿和文化名流等。美术被普遍地认为是高雅的东西,是人类视觉意象的升华,是人类智慧的结晶,是人类表现的最高形式。优秀的美术作品因为能够折射出创造它的那个社会,所以经常是价值连城的,受到人们的珍视,被收藏家收藏。

对于儿童,美术这个词的涵义就有所不同了。"在儿童时代里,一切事物都是互相渗透的,自我与外界、梦与清醒、现实与幻想、昨日与明天、概念与迹象、思想与感觉。"对于受到更大激励的儿童来说,几何图形不光是可见的概念,而且还是外在世界的客体,是神秘力量的象征。成人几乎再也理解不了一对有意义的直线会有怎样惊人的力量。但对于成长中的儿童来说,他所得出的简单轮廓,与一切低于人类的动物形成对照,即意味着一个完整的世界。

首先,对儿童来说美术是其发展的一种表现。在儿童发展的过程中,不同年龄阶段的儿童对外部世界的认识和理解是不相同的,表达自己的情绪情感的方式也是各有差异的。每个儿童都以有别于他人的方式作用于外部世界,这是儿童独特个性的表现。美术能反映儿童的发展水平和个体差异。美术是儿童身心活动的反映,是儿童表象的图式化。由于受儿童动作和认知发展水平的制约,儿童美术可以在一定程度上反映儿童动作和认知发展的状况。正是因为儿童美术是儿童发展的一种表现,儿童美术作品有时被人用作衡量儿童动作、认知、情绪和人格发展水平的指标。有些儿童教育工作者还根据儿童美术的表现形式将儿童美术的发展分为若干个发展阶段,以此说明儿童身心发展的特点。

其次,美术是儿童自我表现的一种方式。每个人都有表现自我和与人交流的需要。当年幼的儿童尚不能自如地运用语言文字这种成人约定俗成的符号系统表现自我和与人交流时,他会运用其他的一些符号系统来表现自己、满足自己,美术就是这些符号系统中的一种。

成人经常对儿童不需要教育就开始画画这种魔法似的现象感到疑惑。他们看见儿童的小手握住一支笔就会把握对象,各种痕迹就会跃然纸上,就会为此兴奋。这种过程一再重复,儿童依然兴奋,但是成人却很快厌烦和焦虑起来,然后会产生一连串的疑问:"为什么他们老是这样涂抹?为什么他们一再重复同一图案或符号?他们想表达什么意思?为什么他们的画还是这样混乱?为什么色彩调得像泥浆一样?为什么4岁儿童画头和手而不画身体?是否出现了异常的现象?"美术具有一种语言功能,在儿童发展和成长的过程中,美术是比语言文字更早被儿童用来表达思想、宣泄情绪、想象和创造自己的世界的一种有效途径。随着年龄的增长,儿童越来越多地依赖语言文字表现自我,并与他人交流,而越来越少地运用美术这样一种符号系统。

再次,美术还是儿童探索美术媒介,并使自我得以肯定的一条途径。儿童是天生的艺术家,人世间能与真正艺术家媲美的只有儿童,这句话并不过分。年幼的儿童在美术方面常会表现出成人难以想象的才能和潜在的力量,他们有天赋的平衡感和秩序感,对具有美感的东西充满追求,对传统文化的无知和对他人行为方式的不敏感,使他们在探索美术媒介时比青少年或者成人更为自由、更少约束。由于儿童不受时空关系的束缚,没有美术技法的清规戒律,也不受客观情理的限制,他们可以在创作过程中完全自由自在地流露自己的思想和情感,表达自己的意愿和对未来的希望。因此,他们的美术作品常表现出没有雕琢过的儿童心灵的纯真,具有直截了当的思考和欲求。这就使其作品有可能达到别开生面的艺术境界,使人们赞美,为之倾倒,并使儿童的自我得到充分的肯定。一些人注意到儿童在10岁以后,对美术活动的兴趣以及美术技能技巧方面都有可能出现衰退。这种现象反映了儿童随着认知和情感的复杂性的加深,对美术的平衡感和秩序感出现了退化。这时,儿童更多地用理智去支配自己的美术活动。从另一个角度说,这也给儿童天真自由的创造活动增加了束缚。

最后,对于儿童,特别是学前儿童,美术是对其实施审美教育的一条重要途径。对年幼儿童实施的审美教育,不是以抽象的说理去灌输,而是以直观的视觉艺术形象去打动幼儿的心灵,唤起儿童内在的审美情感,使幼儿在美的感受和熏陶下,受到潜移默化的审美教育。

二、学前儿童美术与儿童心理发展

(一)儿童美术与儿童的感知觉

美术是诉诸视觉的艺术,因此,通过美术活动能有效地训练儿童的视知觉。同时,儿童通过亲身体验,包括看、听、触、摸、嗅等多种感觉通道的协同活动来感知和感受现象世界,并利用审美直觉来加以表现、表达。因此,美术活动还有助于培养儿童感知觉的灵敏度、活跃度。

美术形象来自视知觉,知觉对幼儿美术创作有重要的影响。知觉力的强弱、敏感与否影响幼儿美术创作的质量。一个对事物的形、色很留心,观察力又强的幼儿画出的形象总是完整入微的。一个空间感很强的幼儿将擅长于造型、构图。而一个对色彩敏感的幼儿会将一幅画画得色彩斑斓,具有装饰性。凡此种种,说明视觉对幼儿美术创作有着明显的影响。

美术形象来自知觉,但不是一般的知觉,而是审美知觉。什么是审美知觉呢?审美知觉不带有功利的目的,是对于事物的整体和情感性的把握。因为功利目的的知觉只把握事物局部少量的有用信息,而不是对事物的整体和情感性的把握,所以难以进入美术表现。产生审美知觉是有条件的,条件是主体对所感知的事物有一定程度的新鲜感和距离感。一个陌生的事物初入眼帘的时候,我们"往往是只能直觉到一个模糊不清的整体",不能准确地把握它的一般结构特征。而且,一个十分陌生的事物往往引起我们的警觉,难以形成审美态度,因而也难以引起表现的愿望。同样,人们生活中的一个物品因其经常性、反复性,人们往往对它采取实用的态度,更注重它的实用特征。上述情况下,再现一件事物都会发生困难。

(二) 儿童美术与儿童的情绪、情感

知觉是儿童美术创作中的重要因素,但不是唯一因素,幼儿愿不愿意画画还受着其他因素的影响和制约,这其中,就包括情感因素。

1. 幼儿美术创作愿望由感情而生,创作的内容由情感而定

幼儿美术创作是在脱离眼前事物的情况下进行的,即使面对一个物体来画,幼儿也会将已知的和想象的内容放进作品。因此,创作的基础是大量的观察、多次的感知和丰富的经验,然而这些丰富的记忆形象虽然是创作的基础,但却是动力所在。因为在创作时不是随便将那些记忆图像恢复出来的,记忆机制复现哪一种形象全部要由感情选择决定。当知觉对想象与主体的内在感情有某种一致性时,主体为其所感动,产生感情上的共鸣或者同构。其后,主体就会渴望再现那感动过他的事物,这样就产生出创作的愿望,同时也就决定了表现的内容。对幼儿来说,创作愿望的产生,除了取决于事物与感情的关系性质外还与事物引起的感情的强度有关。当幼儿对某个事物的情感过于强烈时,它倾向于占有、摆弄、操纵它。相反,事物引起的情过于微弱,幼儿则无意去再现它。只有在适度时,幼儿的心灵处于一种活跃的状态,创作的愿望才会产生。因此,情绪情感的强度必须适度,既不过于强烈也不过于微弱。

2. 情绪、情感使儿童的作品内容充实

情感不但制约幼儿表现愿望的产生,对表现内容的选择,还决定着作品的质量。幼儿依情感选择表现的内容,将自己的感情融进了作品中,因此,作品获得丰富和充实的内涵。作品对感情表达是其质量的重要部分,也是评判作品优劣的标准之一。一幅充分了表达幼儿自己感情的作品是生动的,而被动、复制的作品则是枯燥无味的。

3. 情绪、情感推动幼儿对高级表现形式的追求

在幼儿美术创作中,情感不但与创作内容有关,还关系着表现形式。幼儿追求高级、完美表现形式的愿望也产生于特定的情绪情感。当幼儿稍长些的时候,他会主动地追求更高级、更完美的表现形式,这也受情绪、情感的推动。阿恩海姆曾描述过这种现象,他说:"幼儿们对一个更加高级的阶段的探索,是出于他们对初级阶段上的构图式样的不满,他们在刚开始的时候并没有对自己把一个人画成垂直——水平关系的式样不满,这样式样不能把一个正在奔跑的人和一个静止站立的人区别开来的事实也没使他感到烦恼。但是到后来,他于是对自己作品的那样无区别的模棱两可感到不满,希望在自己的作品中看到事物呈现出现实的样子。幼儿极力想克服模棱两可性的要求,就成了促进他的作品向更高级阶段发展的动力之一。"

以上可以看出,情绪、情感在儿童美术创作过程中起着重要的作用。

(三) 儿童美术与儿童的创作力与再现力

对儿童而言,其创造力显然是与他们的活动分不开的,儿童最初的创造力应该说是始于模仿。随着年龄的增长以及生理和心理的发展,特别是当儿童的想象力开始

萌芽,思维具有初步的独立性后,儿童便能进行初步简单的创作活动了。

然而,幼儿对所看到过、观察过,也想表现的事物就能够进行创作活动了吗? 不是的,这还受他的再现能力的制约。

    1. 视觉经验、情绪情感通过再现转化为美术形象

什么是再现呢? 再现有心理的再现与艺术的再现之分,心理的再现指记忆表现的重新浮现;艺术的再现是将内心所知所想外化,以物质手段表现出来,其实质是运用一定的媒介创造与物体的结构相同的结构等同物。

什么是结构等同物呢? 举例来看说,幼儿在纸上画一个圆圈代表人的头,这个圆圈具有一定结构特征是它的圆形性,虽然,绘画使用的是二维的媒介,但在圆形性这一点上他们是等同的。于是,纸上的圆圈可作为人的头的代表。这就是说,绘画使用的媒介与真人的头的物理性质截然不同,但是它具有与其相同的结构是可能的,纸上的圆圈即是头的结构等同物。幼儿头脑中的种种视觉印象、愿望所指,情绪体验都有其结构特征,通过再现变为可触及的艺术形象。

具有一定的再现能力是进行美术创作必不可少的要素。专家认为,艺术家与普通人体验世界和生活的方式没有什么不同,区别在于,他们能形成再现概念,也就是为经验找到能体现其意义的外部形式——结构等同物。而普通人则不能。如果幼儿缺乏为他的经验找到一个合适的外部式样的能力,他进行美术创作是困难的。这就说明了,为什么面对一件事物,具有同样的经验,有的幼儿能画得有声有色、栩栩如生,而有的幼儿却无从下手。

    2. 再现能力的差异影响着对幼儿美术表现的形式

我们说缺乏再现能力就画不出来,无法进行美术的创作活动。那么,有了再现能力是不是就可以了呢? 不是的,幼儿的再现能力是有高低,有差异的,是有规律地由低到高成阶段发展的。这影响着幼儿美术创作的水平,使其在形式上呈现出发展的阶段性与差异性。这种发展的阶段性与差异性与幼儿的学习和成熟有密切的关系,不是可以任意塑造的。

(四) 儿童绘画与儿童智力的发展

大量实例证明,在儿童的绘画中具有创造性才能的儿童在学校的功课方面也是优秀的。鲁玛的研究表明低能儿童明显地劣于常态儿童的绘画。皮亚杰所描述的儿童认知发展理论和罗恩菲得所研究的儿童绘画发展理论,对儿童的各发展阶段所归纳的特征,存在着惊人的对应性。这说明,儿童在10岁前,他的美术能力与智力认知能力是同步发展的,儿童的图画可以反映儿童的智力发展水平。

美国哈佛大学心理学家霍华德·加德纳提出了一个叫"多智力"的理论,他认为人的大脑共有6种智力:语言运用智力、数学运算智力、音乐智力、空间直观智力、身体活动智力、个人控制感情和体察他人情绪的智力。

儿童绘画测验的形式有如下几种:

1. 比较法

创始人桑代克(1931年)将选取的一些代表各种程度的图画样本排列成等级,测验时将儿童所画的图画与样本图画进行比较,并按等级打分。这种量表称为"优劣量表"。

2. 分析法

创始人古德依纳夫(1926年)用分析法进行测验时先让试者画一个"人"的图形,然后分析所画图形的特点,根据特点打分。

(1) 方法一：

凡是能画出下列各项的,每画出一项就得1分。

这些项目是：头、躯干、颈、上肢、下肢、头发、眼睛、眉毛、耳朵、鼻子、鼻孔、嘴、手掌、手指、脚。如果躯干、眼、嘴、鼻的比例正确,肢体部位正确,手指数目正确,又可以加1分。如果能画出衣服、裤子等又可以加分,最后把得到的总分计算出来。总分被4除,再加上3就得出智力发育所达到的年龄。

(2) 方法二：

给幼儿一张画,上面有一个完整的人形,让他补充看看他能画出多少正常的小孩。3岁时可添画1个或2个部分,4岁时能添画3个部分,4岁半时明显地增加并可添画6个部分,5岁时能添画6、7个部分,6岁时可以添画8个部分。画出两只眼睛只算1个部分不算两个,两只手也只算1个部分。

(五) 不同观念的美术教育对儿童美术心理发展的影响

"环境和教育在儿童心理发展上具有决定作用,遗传只提供儿童心理发展的可能性,而教育则规定儿童心理发展的现实性。"不同教育观念下的儿童美术教育直接影响着儿童美术心理的发展。我们认为,儿童美术心理研究与儿童美术教育研究的重要区别与联系在于：前者是针对儿童美术心理现象的事实问题进行归因分析；后者则是从社会要求出发,在明确儿童美术教育价值、目标的前提下,通过对儿童美术现象的分析研究来检验美术教育内容、过程与方法的有效性。

1. 不同价值观的美术教育对儿童美术心理发展的影响

正确看待幼儿原始美感的发生以及遗传基因的文化属性是儿童美术心理研究的重要哲学起点。"卢梭要求把儿童当作儿童对待的观点是应该加以检讨的,因为儿童不仅是一个'儿童',而且还确实是一个'人'；儿童的活动不仅是'儿童的活动',而且还是'人的'活动。看不到'儿童'与'成人'之间的差别是错误的,但是,看不到'儿童'与'成人'之间作为'人'而存在的共同性也是不对的"。正是受卢梭的影响,传统儿童美术教育家往往在"保持儿童艺术天性"和"适时美术教育干预"之间摇摆不定。

儿童美术教育的专业化往往把儿童美术学习看成是儿童接近艺术经典的必然途径,从而忽视了儿童美术心理的自发特征。"艺术教师很容易有尽可能早地教学生中心透视法这类诀窍的倾向,它使老师显得很内行,使想尽快达到成人标准的学生感到高兴,也会给家长留下深刻印象,但是,它很快就变成笨拙的洗脑。"显而易见,儿童美术教育家在目睹了实验心理学关于形状知觉、图形记忆与外在刺激条件的研究成果后,会更加坚定利用美术手段促进儿童上述方面发展的信心,于是也就出现了旨在训练儿童专门化形状知觉与形状记忆能力的教学内容。如儿童写实绘画训练,原本是借用了一种艺术式样的普通美术活动,由于教师偏颇的教学理念,即要刻意强化儿童对客观形状知觉记忆的刺激条件,结果出现了固定僵化的儿童美术教学内容与机械死板的训练模式,使儿童陷入被动的苦恼之中,尽管儿童所画的形象与客观实物越来越像,但其自主表达的能力却越来越差。因此,有美术教育家认为:"发展知觉能力和肌肉运动能力可为儿童绘画奠定重要基础,但是,美术活动中的技能操作不是知觉能力与运动能力的简单相加,如果排除了有关理解、想象和情感兴趣等其他心理因素,而一味希望通过专门化的感知训练来达到发展儿童美术心理的目的,可能会让儿童付出惨痛的代价。"

2. 不同知识观的美术教育对儿童美术心理发展的影响

"幼儿心灵的成长在最好的情况下也是一个脆弱的过程,很容易受到在错误的时间灌输的错误内容的干扰,在艺术及其他教育中,最出色的教师并不是将自己的所知倾囊相授,而是凭着一个优秀园丁的智慧、观察、判断,在最需要帮助的时候给予帮助。"儿童美术教育的目的必须通过美术知识来实现,这其中包括从学校教育和社会教育获得的美术知识。传统的发展心理学认为,"在专门组织的感觉训练的条件下,知觉的发展最为有效",同时,"儿童为了正确感知图画,必须学会考虑绘画的特点,他应当掌握社会上已经形成的素描和色彩画的艺术标准"。如果从儿童的特殊才能或特殊儿童教育培养角度看,上述主张似乎并不错,但是对于普通儿童发展意义上的儿童美术教育来说,这种狭隘的美术知识观显然已经背离了儿童美术教育发展的健康轨道。

关于儿童美术的概念,在《牛津艺术指南》中,其条目的主要内容是:"如果给予儿童方法和机会,他们会用线条和色彩表达自己,或者会塑造他们能找到的造型物质,这种能发展成表现物体的素质将持续到青春期。"显然,儿童的美术知识不应是专业化美术知识形态的代指,在鲁道夫·阿恩海姆看来,儿童美术"知识的根本是一个感性世界,是我们可以体验的,从一开始,儿童就试图用公开的形式表现出他的体验,这种形式的形成既受到他所接触到的并知道如何运用的媒介的制约,同时也只有用这种媒介才得以产生。"儿童美术知识不仅仅是显性的知识形态,作为人文知识,它理所当然地还具备隐喻性特征,即作为一种人的体验与表达。只有基于这样的儿童美术知识观,儿童美术教育才能在促进儿童审美情感、发展儿童审美知觉等方面发挥积极作用,并使儿童美术教育成为儿童美术心理发展的外在动力。

3. 不同文化观的美术教育对儿童美术心理发展的影响

"一个民族的艺术应能在自己后代身上引起一种自豪感,这对许多少数民族来说是特别重要的;它还能使所有儿童学会尊重其他人获得的成功,这一点也是非常重要的。"每个民族都有自己优秀的文化传统,这种优秀民族传统文化会对本民族儿童美术心理产生重要影响。一个民族的儿童美术教育往往是民族美术文化价值观的体现，优秀的民族传统美术文化作为儿童美术教育的重要资源，通过具体的美术教学活动转化为具体的美术学习内容，会对儿童美术心理的发展产生相应的影响。在儿童美术教育实践中，虽然很多美术教师也把儿童的美术创造活动视为对美术形态符号（如点、线、面等造型要素符号）的认知、理解与表达过程，但是他们并没有将符号功能与创造符号的民族文化意义紧密联系起来。因为单纯视觉上的美术造型符号仅仅是关于客观实际物象的物理要素，只有这些"符号"与儿童具体的生活情景相联系，并被赋予一定的文化含义时，儿童才能真正受到良好的美术教育。

教师对美术形态要素符号所包含的文化意义存在不同的理解，势必会造成教师对儿童美术教育本体价值判断的差异。如有教师对所谓传统经典美术尊崇有加，在选择儿童美术欣赏教学内容时一味青睐世界名作，而对本地区民间的剪纸、布艺等不屑一顾，久而久之，就可能误导儿童的民族美术欣赏趣味，使其滋生出偏颇的美术欣赏习惯。当然也有一些美术教师因狭隘的民族文化观作祟，把民族美术活动内容绝对化，导致儿童误以为美术活动就是民族美术活动，甚至认为只有本民族的美术形式才配称为美术，其他民族、地域的美术文化都不是美术。这无疑也会使儿童的美术审美兴趣畸形发展，使其滋生出偏狭的民族艺术审美取向。可见，教师持有的文化价值观通过其组织实施的具体美术教育活动会对儿童美术心理的发展产生深远的影响。

儿童绘画是儿童表达情绪、情感和理解事物的一种方式，它反映着儿童对周围世界的认识程度。儿童在不同的年龄阶段所表现出来的绘画特点与他们的心理发展有着密切的关系。幼儿教育者要把握好儿童的绘画心理和儿童绘画的规律，懂得什么是应该放手的，什么应该是引导的，把儿童潜在的艺术想象力和创造性充分发掘出来。

三、学前儿童美术教育的地位和意义

美术在幼儿所有的活动中占有举足轻重的地位，它不但占得比重大，而且对幼儿的身心发展具有重大意义。《幼儿园教育指导纲要》中对美育（包括美术教育）明确提出"萌发幼儿初步感受美和表现美的情趣"，并指出"幼儿园的美术教育活动是有目的、有计划地引导幼儿主动活动的多种形式的教育过程"。

幼儿在美术活动中可以得到全面发展。美术对幼儿来说是一种全面完整的活动，需要幼儿全身心的投入。从对外接物的感知到情感的酝酿、创造动机、意象的生成，最后通过一定的媒介动手塑造出具有某种意味的形象，这是一个内外相互作用的完整过程。其间，幼儿能够运用他们的全部心理能力并倾注他们的全部热情，从而得到全面的锻炼。

美术是适合儿童年龄特点的活动。作为艺术的一种，美术有一个重要的特征，它的基本表现方法是象征，即创造某种具体可视之物代表与之同形的另一事物或意义，这点也是幼儿思维的典型特点。儿童在二三岁以后，表象功能日渐发展，他们的心理活动开始脱离具体事物和行动来进行。这时，他们获得一种新的心理能力，即象征性功能。幼儿开始用特殊的动作、线条、形状、声音和物体来代表他们头脑中对某些事物的印象和情感,也就是所谓的以物代物。美术活动中的思考方式与幼儿这一时期心理活动的特点极为吻合。美术对幼儿来说是可以把握的,又是有着无限探索余地的广袤空间。在这一领域中的活动使幼儿新萌发的心理能力得到练习。这种能力正是人的创造力的萌芽,极富生命力,会将身心发展中的许多方面纳入自身,不断完善,成为日后诸多心理能力中独具价值,非常活跃的一部分。同时,它也是许多高级的心理能力产生的基石。可以说,从事美术活动是幼儿天然的需要,是他们健康和谐成长必不可少的。

美术学习符合时代和未来对儿童教育的要求。在现代社会中,随着信息化进程的加快,图像作为一种有效而生动的信息载体,越来越广泛地出现在人们的生活中。通过对美术课程的学习,有助于幼儿熟悉美术的媒体材料和形式,理解和运用视觉语言,更多地介入信息交流,共享人类社会文化资源。

在知识经济时代,创新精神是社会成员最重要的心理品质之一。美术活动过程的情趣性,表现活动的自由性和评价标准的多样性,提供了创造活动最适宜的环境。通过美术课程的创造精神,将会对幼儿未来的工作和生活产生积极的影响。

技术性活动是人类社会的一种最基本的实践活动,美术课程向幼儿提供可技术性活动的基本方法,有助于培养幼儿勇于实践和善于实践的心理品质。

四、学前儿童美术学习的领域划分

按照不同的标准,幼儿美术可以有不同的种类划分。根据美术学习活动方式来划分,可以分为造型表现,设计应用,欣赏分享和综合探索四个学习领域。

美术学习活动大致可分为创作和欣赏两类。创作倾向于外化,欣赏则偏重于内化。由于美术学习具有创造性的特点,创作在活动中占有相当大的比重。为了便于指导,创作活动具体分为造型、表现和设计、应用两个学习领域。造型、表现是美术学习的基础,其活动方式更强调只有表现,大胆创造,外化自己的感情和认识。设计、应用学习领域的活动方式既强调形成创意,又注意活动的功能目的。外化性行为特征是上述两个学习领域的相同点,而区别在于前者更注重自由性,后者更注重功能性。欣赏、评论的学习领域则更加注重感受、欣赏和表达等活动方式,内化只是形成审美心理结构。综合性学习是世界教育发展的一个新特点,是美术课程应该具有的特征,也是有待探索的一个难题。这一新的学习领域应提供上述美术学习领域之间,美术与其他学科,美术与现实生活等方面综合的活动,以发展儿童的综合活动能力和探究发现的能力。

上述四个学习领域的划分是相对的。每一学习领域既各有侧重,又互相交融,紧密相关,同时又处于一个社会文化的广阔背景之中,形成一个具有开放性的美术课程结构。

思考与练习：
1. 关于美术的起源有哪几种学说？各自的基本观点是什么？
2. 美术的基本特征有哪些？
3. 儿童美术的创作力与再现力受到哪些心理因素的影响？
4. 什么是儿童美术？联系实际说明学前儿童美术有哪些基本特点？
5. 联系实际说明学前儿童美术教育的意义。

第二章 学前儿童美术的发展与表现方式

学习目标要求

通过本章学习,了解儿童美术活动发展阶段的划分和各个阶段儿童绘画、手工发展的特点,掌握学前儿童绘画活动的内容和表现方式。

第一节 学前儿童绘画发展阶段理论

学前儿童美术能力的发展是进行学前儿童美术教育的基础。学前儿童美术教育工作者必须了解学前儿童美术能力发展的阶段与特征,并根据学前儿童美术能力发展的实际情况来设计和实施美术教育活动。

一、国外学前儿童绘画发展阶段理论

根据儿童在美术发展中所表现的各种现象和特质,学者们从各自的观点和立场出发,总结出学前儿童美术发展的规律,提出了儿童美术发展的阶段理论。其中,国内外有代表性的理论有以下几种。

(一)柯思修泰纳儿童画发展阶段

柯思修泰纳是德国的儿童画研究者,他用了七年的时间,对三十多万张儿童画进行了分析研究。在他所著的《儿童绘画能力的发展》一书中,把儿童画的发展分为如下五个阶段:

(1) 涂鸦时期。大约2~4岁,只会画人物的局部,整幅画面无系统、无秩序。

(2) 图时期。开始能画出形状,但所画的东西仅为一种象征性的图示,如用圆表示人物的脸。

(3) 线与形时期。能分辨线的长短与形式。

(4) 平面画时期。能如实地描绘所见之物,但不能表现事物的远近和明暗。

(5) 立体化时期。能分辨高、深、宽三个维度,能画出远近与明暗的变化。

(二)白特的儿童画发展阶段

白特在其《心理与学业测试》一书中所划分的儿童画发展阶段被里德看作是最有系统的儿童画进化的发生学理论纲要。白特划分的发展阶段简述如下:

(1) 涂鸦阶段。2~3岁,3岁时为巅峰。

(2) 划线阶段。4岁,视觉控制已达一定程度,常画蝌蚪人。

(3) 图形的象征阶段。5～6岁,人物已画得相当正确,但仍是概略的象征性图形。

(4) 图形的写实阶段。7～8岁,儿童画他所知道的而不是所见到的,图式趋于细节。

(5) 视觉写实阶段。9～10岁,根据自然状况绘画,先画平面后画立体。

(6) 抑制阶段。11～14岁,兴趣由绘画转移到以语言为媒介进行变现,若继续绘画,已偏爱传统的样式。

(7) 艺术复现阶段。青少年早期,绘画成了真正的艺术活动。

白特认为,对于大多数人,只能达到抑制阶段,而永远达不到艺术复现阶段。

(三) 赫伯特·里德的儿童画发展阶段

赫伯特·里德在其著作《通过艺术的教育》中把儿童绘画能力分为如下七个阶段:

(1) 错画阶断。这一时期又可以细分为,一是无目的的铅笔画,通常由右至左、由上而下,是肩部的肌肉动作;二是有目的的铅笔画,能注意自己所画的线条,并说出所画线的名称;三是模仿铅笔画,手腕的动作代替了手臂的动作,手指的活动代替了手腕的活动,通常努力模仿成人作画的动作;四是部位错画,试着画出对象的特征,是由错画到划线的过渡阶段。

(2) 划线阶段。4岁,视觉控制有了进步,喜欢以人为主题。大体上已能画出人的形态,以圆为头部,点为眼睛,两条单线为腿,但人的各部分的结构不完整。

(3) 图形的象征主义阶段。5～6岁,人像已能画得相当正确,但只具有任务的象征性图形。在这一阶段,儿童逐步形成自己的图式。

(4) 图形的写实主义阶段。7～8岁,还不能客观地描绘他们所看到的东西,只是画其所知,而不是画其所看,对自己感兴趣的物体会描绘其细节。

(5) 视觉写实阶段。9～10岁,想画得像实物,不但想把轮廓正确地画出来,而且对透视、明暗、立体感也有所考虑,开始由平面造型向立体造型过渡。

(6) 抑制阶段。11～14岁,这一时期的儿童由于自身的发展,对自然的观察有了客观的认识,虽试图对自然进行再现描述,但进步缓慢。对自己不能随心所欲的表现感到失望,因而失去美术学习的兴趣。

(7) 艺术复现阶段。15岁以后,这一时期的绘画中开始有了故事情节。绘画题材具有性别差异性。男孩对技术的、机械的表现产生兴趣,而女生较喜欢浓艳的色彩、柔媚的形式、美丽的线条。但是,大多数人也永远发展不到这一阶段。

(四) 维克多·罗恩菲尔德的儿童画发展阶段

罗恩菲尔德在1947年出版的《创造与心智的成长》一书中将儿童画的发展划分为以下几阶段:

(1) 涂鸦期。2～4岁。

(2) 图式前期。4~7岁。

(3) 图式期。7~9岁。

(4) 写实萌发期。9~11岁。

(5) 拟写实期。11~13岁。

(6) 青春危机期。13~17岁。

将罗恩菲尔德划分的儿童画发展阶段与皮亚杰的儿童认知发展阶段做一比较，可以发现两者之间有着惊人的对应性。这种对应性表明：尽管这两位学者研究的领域有所不同，但是儿童发展遵循的规律是一致的，可以以儿童画作为指标，研究儿童认知的发展规律。

二、我国学者关于儿童绘画发展阶段的理论研究

受欧美相关研究的影响，我国的儿童绘画发展阶段研究兴起于20世纪20年代。其中，具有代表性的理论主要有以下几种。

（一）陈鹤琴的儿童绘画发展阶段理论

我国儿童心理学家陈鹤琴在其著作《儿童心理之研究》中，根据对其长子陈一鸣的431张绘画作品的分析，将儿童画的发展分为如下四个时期：

1. 涂鸦期

涂鸦期分为波形图、乱丝图和圆形图三个阶段。波形图是一种从左到右的连续弧形线条，而且这些线条总是略微向上的；乱丝图是由于儿童无法表现不同方向的直线和曲线而画出的类似乱丝似的涂鸦；圆形图是在儿童执笔作画有了相当经验以后出现的，儿童画圈的方向一般是顺时针的。

2. 象征期

在这个时期，儿童的画图由圆形逐渐分化，所画的图画仅具有象征的意义。象征期可以分为普遍性的象征阶段、类别性的象征阶段和个别性的象征阶段。在普遍的象征阶段，儿童所画的图画具有普遍性的象征意味，如以一个圆代表所有的物体，既可以是水果或房子，也可以是人或其他任何东西；在类别性的象征阶段，儿童所画的图形开始代表某一类物体；在个别性的象征阶段，儿童的图画已能表现出某个东西的特征，让别人一看就能明白，而不需要解释。

3. 定型期

这时期的儿童绘画，从简单到复杂，从正面到侧面，从呆板到有生气，有了性别和年龄的区别，出现了时间观念和空间概念，图画里开始表现出人的动作，图画中有了情节。

4. 写实期

儿童这个时期的绘画基本上能反映客观的现实。随着儿童生活范围的扩大和生活经验的丰富，儿童图画的内容较定型期丰富了许多。

(二)黄翼的儿童画发展阶段理论

我国的儿童心理学家黄翼在《儿童绘画之心理》一书中将儿童绘画发展分为如下四个时期:

1. 涂鸦期

婴儿在未能作画之前,先能涂鸦。这时,儿童所画的是一些无意义的笔画。

2. 象征期或过渡期

这是介于涂鸦和真正的图画之间的一个时期。儿童所画的线性虽然还和涂鸦一样,但儿童开始为自己的作品命名,说自己画的是某一事物,但成人很难辨认出儿童所画的事物。

3. 定型期

定型期是儿童绘画发展过程中的一个主要时期。在这一时期,儿童所画的形象与实物有些相像。他们画的人、动物、房子、树和花都经历了从不分化到分化,从笼统到具体的过程。从儿童所画的人来看,最初画的是蝌蚪人,然后是逐渐完善的正面人和侧面人,最后是能表现具有动态的人。从儿童画的动物来看,起先大都是画狗、猫、马、牛等四足动物,而禽类次之,画动物的发展步骤和画人极为相似。从儿童画的房屋来看,最初画房屋以类似"梳子"的线条代表屋顶,以后逐渐出现瓦片、烟囱、门窗等,屋子里的家具、人物、电灯也一一罗列出来,并使所画房屋朝着立体化发展。

4. 写实期

大约10岁左右,儿童开始写实。在这一时期中,有两种不同的发展情况,一些有天才和有机会受到良好训练的儿童会继续发展,进入写实的、艺术的境界,但大多数儿童由于一般的训练不足难以弥补先天的不足而没有进一步朝着艺术的境界发展。大多数成人也许一生都未能达到写实期。

(三)屠美如的儿童绘画发展阶段理论

屠美如在其1991年出版的《学前儿童美术教育》一书中,将儿童绘画发展分为以下几个阶段:

1. 涂鸦期

1岁半~4岁,属于无目的乱笔画,反映在画面上的是杂乱的线条,缺少视觉控制的肌肉运动。涂鸦后期,出现简单的目的,但不能成形,不注意色彩变化,常常使用单色笔,偶尔换另一种颜色笔涂画。

2. 象征期

4~5岁凭主观知觉印象描绘出物体的粗略形象,以象征物体的外形轮廓,多半是不完全的、遗漏的,表现的是瞬间的、不明确的感情和意图。

3. 概念画期

5~8岁,也称写实期,以自我为中心观察现实生活,用画来传达各种概念,多半用线条勾出平面的二次元轮廓,形象较完整,并注意用相应的色彩表达。

(四) 杜玫的儿童绘画发展阶段理论

杜玫在其著作《儿童绘画与智力开发》中,将儿童绘画能力划分为如下五个阶段:

1. 涂鸦期

1~2岁,儿童开始画出的线有波形线、乱丝线、直线、圆形线等。作画时大部分由肘部、腕部用力,由左到右,顺时针方向,作画无目的和意义,乱画不成形,是一种游戏。儿童对绘画的运动感觉兴奋,对纸上出现的线条在视觉上感到愉悦。

2. 象征期

3~4岁,3岁以后的儿童肌肉控制能力逐步增强,这时儿童能把分离的、乱涂的线条连结起来成为一些基本形态。最先出现的是圆和椭圆,接着出现较长的垂直线、水平线,以及近似的长方形和正方形。图像逐个出现,形象非常粗略,外形轮廓不明确,情感、意图不稳定。儿童对自己所画图像常加以语言解释,并把自己的动作和想象结合起来画。

3. 图式期

5~7岁,儿童所画图像逐渐生动,结构逐渐完整。这些图像代表了儿童脑中的实际物体。这时期,儿童组织画面的能力也不断发展,所画形象从最初罗列的、分散的、毫无联系的,到后来能积极思考图画的情节出现。但他们对大小关系不太关心,对空间关系还很不理解,综合能力也很不够。因此,表现出一种以自我为中心的倾向,往往把现实与非现实的东西交织在一起。这时,儿童的主观幻想、创造欲望强盛。这是儿童绘画的特殊阶段。

4. 拟写实期

7~9岁,儿童作画动机有了明显的改变,由游戏变成了有意识的造型活动。美感意识增强,造型、色彩有了丰富的变化。这时,他们能把自己的画画得与外界事物比较接近,画画中已去掉基线,改用地平线,能表现物体简单的大小、远近关系,人物、动物出现了性别、年龄等个别差异。可以说,这个时期是主观表现与客观表现的综合期,写实倾向开始萌芽。此时,儿童的求知欲望强盛,为了把画画得逼真,他们希望学习绘画技能,并对自己的作品非常重视。

5. 写实期

10~12岁左右,儿童心智发展已开始进入推理阶段,但绘画内容仍以具体的事物为主。造型特征的表现和对客观事物的观察能力增强,理性占上风。这一时期的儿童已经能把画与实物之间的差异细致明确地分辨出来,对自己的画与别人的画也能从审美的角度进行评估判断。作画已由平面表现进入立体表现。空间观念、视觉感受力逐渐精确,但理解能力高于绘画的表现能力。

第二节 学前儿童绘画能力发展过程及特点

一、涂鸦期儿童绘画的发展特点及相关研究

一般两三岁的幼儿,无论是国内的还是国外的都爱拿他们能接触到的工具,如蜡笔、铅笔、粉笔、钢笔,甚至是树枝、木棍等,在能留下痕迹的平面材料上,如纸、书、墙、地板等上又涂又画,当他们看到自己的线条时就感到非常的高兴和满意,这就是涂鸦现象。涂鸦阶段,显示漫无目的的涂鸦,逐渐过渡到有控制的涂鸦,在发展到命名涂鸦,每一阶段都有各自的发展特点和规律。

最初,当儿童有机会接触到画笔、纸时,会在纸上乱涂乱画。他们还不懂得手中的笔是能够供自己驱使的,其结果便显示为无控制的涂鸦,只是依靠手臂在纸上有节律地来回移动。因此,涂鸦的第一阶段是随意涂鸦或无控制的涂鸦。由于此时他们的肌肉控制能力较差,动作还不协调,经常把线条涂到纸的外面。从他们的涂鸦作品中,很难看到线条的起始点。不过,孩子们却对涂鸦乐此不疲。为此,有人不明白为什么孩子会在纸上重复地画那些无意义的线条。其实,孩子感到有趣的不只是一种机械运动,还有笔在纸上留下的各种痕迹。第二阶段是有控制的涂鸦,大部分儿童发现自己的眼、手能协调配合,手中的笔运用得较为自如。这种发现刺激他们不断地画出新东西来,在他们的涂鸦作品中,逐渐出现了各种封口及不封口的圆圈、复线圆圈、涡形线等。当有一天,儿童在涂鸦时开始对着自己画的东西讲故事,如指着画上的圆圈说"这是马路,这是树",虽然我们认不出他们所画的是人还是树,但是可以肯定儿童已进入涂鸦的命名阶段。国内外许多学者进行了研究,结果不尽相同,但一般认为涂鸦阶段儿童画出的线条可分为以下四种:

(一)涂鸦线的种类

1. 杂乱线

杂乱线是幼儿最初画出的线条,杂乱线中很少有重复画出的线条,一次画出的线条中包含着横线、竖线、斜线、弧线,还有点、锯齿线、螺旋线等掺杂在一起;线条长短不齐,也极不流畅,手的动作显得毫无把握,不过,这却是人类的一个新生命最早画出的线条(图2-1)。

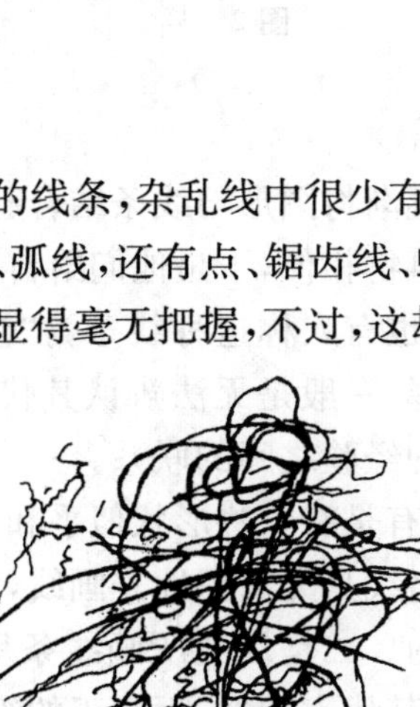

图 2-1

2. 单一线

经过一段时间的涂画以后,幼儿能重复地画出长短不齐的螺旋线。这表明,幼儿对手已经有所控制,知道用同样的动作可以画出同样的线条,但把握不大,主要是体验重复动作的节奏,因此有些外国学者又称这种线条为"控制线"(图2-2)。

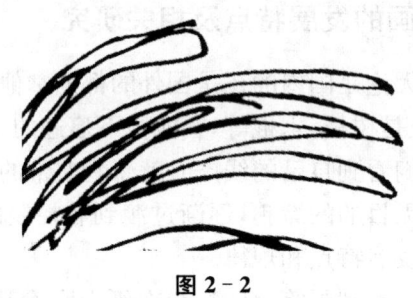

图 2-2

3. 圆形线

随着幼儿在涂画中对自己动作和结果逐渐加深了解,他们开始重复地画出各种大大小小、封口不封口的圆形。从作品中可以看出幼儿在努力地控制动作的方向、力量和幅度,但又不十分有效。圆形线的意义在于线条开始封闭成圆形,它虽然简单,但是幼儿首次画出的图形(图2-3)。

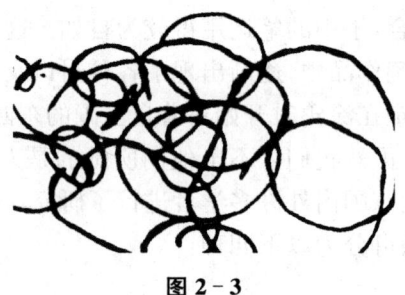

图 2-3

4. 命名线

幼儿在不断涂画的过程中逐渐将图形与线条结合起来,偶然地从中认出某形状,发现与他们自己经验中的某些事物相似,于是他们给自己画的线条和图形起名字,自言自语地进行注释和说明,因此也有人称这种线条为"注释线"。成人在观看这种作品时如果离开了儿童的语言解释,一般是无法辨认其代表是什么。但是幼儿开始朦胧地意识到他所画之物与自己的经验之间的联系。

有一点需要注意,命名线中有是有一些形状似乎和某种事物很相像,但是它与成熟的造型有本质区别。一是命名线是无意识地先画线,后发现其与物体的联系,而真正的绘画从一开始就是有目的的。二是幼儿所画线条呈现的形,如果离开语言的解释就失去了现实意义,无法确定其代表什么,而真正的绘画是无需解释的。

图2-4是一位三岁幼儿画的飞机,这是一张比较典型的命名线作品。

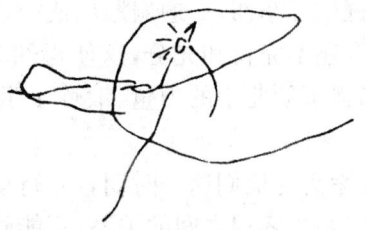

图 2-4

(二) 涂鸦期的设色

幼儿出生在充满色彩的世界中,但对色彩的感受却是随着他们的感受力的增强而逐步充实和丰富的。三个月的婴儿能在排除明度干扰的情况下,分辨红、黄、蓝、绿四种基本色。三至四岁的幼儿分辨红、橙、黄、绿、天蓝、蓝、紫七种颜色的百分率为97%,四岁以后达到100%。同时,对颜色的细微区别能力在四岁后逐渐发展。也就是说,四岁前,幼儿可分辨基本色;四岁后渐渐区别颜色的深浅和色调倾向。这一步步的发展为幼儿对色彩的运用提供了前提,在运用色彩的过程中,幼儿对颜色的敏感性和表达情感的能力又有所增进。

以画面色彩与再现客观事物或表现主观感情有无关系及关系密切程度为标准,幼儿对色彩的运用可以分为三个阶段,这就是涂抹阶段、装饰阶段、再现和表现阶段。年幼的幼儿,约四岁之前,属于涂抹阶段,喜欢摆弄画笔,用颜色涂涂抹抹,但这大多与再现事物的客观色彩和表现主观情感无关,幼儿是在探索和认识色彩。

幼儿用画笔描绘事物的初期,不大考虑画笔的色彩,用什么都行,这时的画一般都是单色的;经常是幼儿能得到什么颜色的画笔,画中就更多地出现什么颜色。渐渐地,幼儿对一两种色彩产生喜爱或讨厌的情感,于是开始更多地选用自己有好感的色彩,而拒绝用他们不喜欢的颜色。有时会出现这种情况,幼儿执意要成人给他某种颜色的画笔,通常是红的,如果一时找不到,幼儿就会显出十分着急渴望的表情,而拿到喜爱的画笔以后,就会满意地画起来。进入这一阶段以后,画中经常出现的大多是他们喜爱的色彩。

(三) 涂鸦的实质与原因

从幼儿实际的涂画行为和过程上看,涂鸦是没有表现意图的画线活动。也就是说,在涂鸦时幼儿没有绘画构思和目的,是他们感知动作有了一定发展与协调之后对环境做出的新探索,是一种新的动作练习。从涂画结果上看,涂鸦的线条是凌乱的,不成形的,不代表任何事物。

我们说幼儿的涂鸦没有表现的意图,只是一种画线活动,而且涂鸦线条是凌乱的,不成形的,也不代表任何事物。那么出现这种现象的原因是什么呢?

从生理方面来看,幼儿到了两岁左右,手的骨骼和肌肉已有所发育,有了一些力量和较为准确灵活的小动作,神经系统也有所发育;脑、眼、手之间的协调关系基本建立,脑和视觉对手有所控制和调节,于是幼儿开始了新的动作练习,尝试控制一些简单的物体。比如重复地抓握摆弄东西,一遍遍抛出或拉动物品等,涂鸦即是这一时期的动作练习之一。由于发育还不完善和充分,这使得幼儿不能画出准确的线条和图形,因此形成涂鸦。涂鸦增强了幼儿手的力量,锻炼了手的灵活准确性,为以后真正的绘画打下基础。

从心理方面来看,幼儿涂鸦与他们这一时期直觉行动思维的心理水平有关;处于这一阶段的幼儿在行动中感知主客观之间的关系,不能脱离行动在头脑中构成形象。这样,幼儿在涂画的过程中,不会把自己的动作和外界事物相联系,而仅仅关注当前的动作和动作留下的痕迹,因此,他们画出的东西既不成形也不代表任何事物。但是,在不断涂画过程中,幼儿在纷乱的线条中认识一些形状,在表象功能进一步发展的条件下,他们会发现画出的痕迹和记忆中的某些事物相像,于是去重复这些形状,用它们代表记忆中的那些事物。到了这个时候,不管画得多么不像,他们都进入了新的时期——象征期。因此,涂鸦也从心理方面为真正的绘画创造了条件。

(四) 关于涂鸦的其他解释

对于儿童早期为什么会涂鸦,许多学者进行了研究,其中有一些著名学者的解释,现介绍如下。

1. 心理分析学派

根据心理分析学派的解释,幼儿涂鸦是一种报复和反抗的行为,借此引起母亲的注意和关怀。他们把这种行为比作幼儿弄脏衣服、弄坏各种各样的玩具,以引起成人的注意,吸引母亲的注意。

如何看待心理分析学派对涂鸦的解释呢?应该说,这种解释是不全面的。从两岁左右的幼儿涂涂画画中看不到明显的反抗和报复的情绪,相反,他们在涂涂改改时表情专注,甚至带着成功的喜悦。心理分析学派的解释不适合大多数正常幼儿的涂鸦行为,可能只适合一小部分在心理上有问题的幼儿中出现的非正常的涂鸦行为,他们也正是这个学派的研究对象。虽说我们认为这一学派对涂鸦的解释不够全面,但我们从中可以得到一个提示,那就是,儿童的绘画与他们心理活动是有联系的,可以从绘画中分析儿童是否存在心理问题。

2. 模仿说对涂鸦的解释

儿童涂鸦的起因是模仿。持这一观点的学者认为,成人或其他幼儿画画、写字引起幼儿模仿动机。当幼儿看到哥哥、姐姐写字时,他自己也想画画看,但他并不会使用笔,有时把笔放在口中,或是把纸弄脏、弄破。在这种观点看来,幼儿涂鸦并非完全无意识的纯动作活动,而是当幼儿的智力和肌肉运动发展到一定程度,外来刺激使他开始模仿他人用笔在纸上涂。在涂抹的过程中他一方面感受到那种有节奏的主动的动作快感;另一方面,有色彩的线条出现产生强化的作用,促使他加强练习,希望这种涂鸦成为一种表达方式。

模仿是否是幼儿涂鸦的原因呢?现实中确实有一些孩子的涂鸦是从模仿开始

的。成人的活动有时是孩子涂鸦的诱因,但不一定所有的孩子都是从模仿开始的,模仿说无法证明和解释这样几个问题。其一,在没有模仿条件的情况下,是否就不产生涂鸦行为。不存在模仿的条件下,幼儿依然产生涂鸦行为,模仿即不能作为涂鸦的唯一原因。其二,幼儿涂鸦是在成人的诱导下出现的,那么,他必须已具备了某种生理和心理基础,否则,为什么小一些的孩子没有涂鸦行为,而在大一些的孩子也不涂鸦,涂鸦只出现在特定的年龄?这提示我们,涂鸦是幼儿在一种特殊的生理和心理条件下产生出的一种特殊的行为。而实际上,我们也看到,一般幼儿有意识地模仿他人涂画是在经历了一段更为初级涂鸦练习之后,这也说明涂鸦另有更基础的原因。其三,孩子对成人的模仿只是模仿外部动作,涂涂画画,并不能模仿成人写出字或画出东西来。

以上种种,都说明在涂鸦的背后还有更深层的心理原因。它指出了促使孩子涂鸦的外部因素,良好的文化活动环境有利于涂鸦这种新活动的产生和进行。

(五)柏特和罗恩菲尔德等美术教育家的观点

柏特和罗恩菲尔德等认为肌肉运动所产生的满足与快感是幼儿涂鸦的原因,这与他们的心理学观点相一致。他们认为幼儿享受"动"的经验可以分为两个方面:被动的快感——母亲轻轻摇动摇篮,产生有节奏的被动的快感;主动的满足——当他们自己睡在小床上,脚扑腾扑腾地蹬,这种无控制的四肢运动使他们感到满足。这种主动地"动"的快感对儿童发展具有极大的意义。

罗恩菲尔德认为,幼儿开始涂鸦时只是享受蜡笔在纸上涂抹的那种有节奏地、主动地"动"的快感,是一种无控制的动作,没有任何创造的意象。渐渐地,他发现了自己的动作和纸上的线条相关联,这种发现增强了他对涂鸦的兴趣,在手、眼、脑之间产生了协调,他开始想要在纸上画一些东西。因此,涂鸦是达到动作协调的关键,也是导向创造的桥梁。

这种观点指出涂鸦的根本原因是幼儿主动地"动",这是非常有价值的。因为主动地动是主体发出的,这也就是说,这一观点指出了涂鸦的内部原因;而这主动地"动"又是生命属性,因此,这一内部原因又是根本性原因,可以说这种观点触到了涂鸦的实质处。同时,这一观点还指出了涂鸦在幼儿美术发展上的意义,这样就使我们对幼儿的美术发展有一个完整的认识。这种观点的不足之处在于它没有深入说明"动"的内部心理过程是怎样的。

(六)皮亚杰对涂鸦的解释

按照皮亚杰的理论,涂鸦是感知的运动水平上的活动,涂鸦的性质和感知运动水平上唯一游戏——练习性游戏的性质是一样的,是重复习得的动作,以适应外界,取得欢乐。而真正的绘画需要具有象征功能,处于涂鸦期的幼儿还不具有这种功能。因此他们不能模仿客体,不能创造出形状象征他物,只能是重复图画的动作。应该说,皮亚杰的理论进一步解释了涂鸦的心理实质和心理过程。

二、象征期儿童绘画的发展特点

象征期是一个过渡时期,发生于学前初期。大约在三岁左右,幼儿开始产生表现的意图,能用所掌握的极简单的图形和线条将事物的特征表现出来。幼儿在象征期的绘画线条特征大体有两种表现。第一种表现是意念线的出现。线条开始分化,偶尔能根据不同的对象用不同的几何线来表现形体,画面中可同时并存两种或两种以上的合乎形体特征的规则线。绘画时幼儿往往随心所欲,边画边用语言加以补充。第二种表现是意愿线的出现。幼儿这时已经能够运用各种的集合来表现较为复杂的内容,线已不再是语言的符号,已成为独立的绘画表现特征。它代表着一定的内涵,并与客观事物产生联系。幼儿表现的内容开始迅速拓宽,如人物、动物、风景、建筑等,已成为他们经常表现的对象。但他们仍然不能正确处理构图、透视关系,不知道应该怎样才能画得更好。幼儿在象征期的绘画特征体现以下特点。

(一)象征期儿童绘画构思过程的特点

1. 先动笔后构思

幼儿常常在涂画的时候,突然发现自己画的动作痕迹与某物的外形相似,于是,想起要画这一物体。比如,幼儿涂着涂着,突然觉得涂出来的东西很像气球,于是想画气球。又涂着涂着,幼儿觉得它很像一个人,于是想起要画小人。这表明幼儿开始时并不是很有意识、有目的地想好要画什么,然后下笔画,而是由某些动作,痕迹刺激,触发引起表象,才决定画什么,形成动笔后构思。这说明他们造型的目的性还不强(图2-5)。

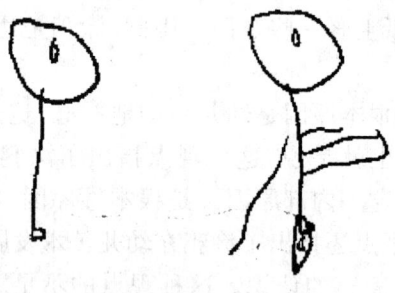

图 2-5

2. 事先构思和随意涂画穿插

事先构思和随意涂画穿插又分两种情况,一种是不同张画纸上的画,有些是幼儿事先想好了画的,有些则是随意涂画的。另一种情况是在同一张画纸上,有的东西是幼儿事先想好画的,有些却是随便涂抹的。遇到这种情况,成人有时觉得孩子要么没有好好画画,要么就是退步了。其实,是这一时期是幼儿构思不稳定的表现。

3. 绘画内容转移

绘画内容转移的表现是幼儿画着画着某样东西,突然就停止不画了,如画飞机,画了一半就不画了,转而出去画太阳,造成画面的不连贯。这种现象是因为幼儿只进行了局部的构思,而未能进行全面完整的构思造成的。

4. 形象含义易变

幼儿画出的形象含义经常是不稳定的。他们往往在画好的形象上再加上几笔就说成是别的东西。如,幼儿开始是画小人,后来在头部——大圈圈上加上些小圈圈、小点点、就说成是大树。这一方面是由于幼儿运用的形状比较简单,可塑性强,容易变形,形状的组合稍有变动就可以构成新的形象。另一方面,幼儿构思不够稳固,不能事先完整构思的结果(图2-6)。

图 2-6

5. 易受他人影响

幼儿画什么,受他人影响比较大。有的孩子本来想画小花,看到别的小朋友在画汽车,他也画汽车,但汽车刚画几笔,听见另一个小朋友说"我想画太阳",他也说"我要画太阳"。经常有这种现象,邻座的几个小朋友画的画都很像。另外,教师的提问和提示,小朋友的回答对构思都有影响。

象征期是一个短暂的时期,但是,对于幼儿绘画发展是一个重要的阶段。在这一阶段,幼儿开始尝试用他们涂鸦时掌握的图形表现自己的经验,其表现动机和信心都很脆弱,对成人的反应也很敏感。如果这一时期的尝试比较成功,幼儿将树立起艺术表现的信心,这对他们进入下一阶段至关重要。因此教育者切忌以看成人作品的习惯眼光去看幼儿的作品,更不要去挑剔幼儿画中那些不合习惯的地方,而应多给儿童以鼓励和支持,使他们树立起用美术这一新的媒介进行表达的信心。

(二)象征期儿童绘画的图式特征

1. 曼陀罗与"太阳"

曼陀罗(mandalas)在梵语中是"魔圈"的意思,它有时用来指所有那些包括圈形主题的符号再现。荣格把曼陀罗看成是人类大脑的结构及人类意识和无意识的终极根源,是一种最高和谐的印象。里德则把曼陀罗看作几十万年以来残留在人类内心深处的原型遗址中的一种。曼陀罗具有圆满、完整无缺、统合的映像,它包含了无尽的冥想(图2-7)。

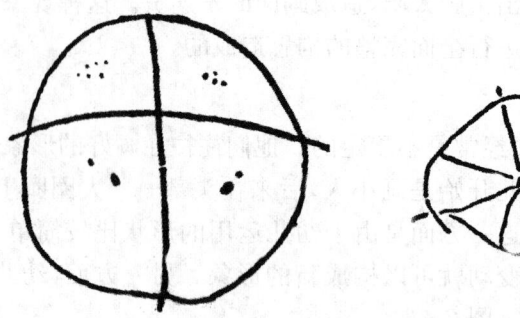

图 2-7

在象征期的儿童,绘画作品中更多地出现了这样的集合体的曼陀罗,以椭圆(含圆)、矩形(含正方形)与正或斜十字构成的集合体居多。此外,同心圆和同心方形等结合体或集合体也是这一时期儿童常见的曼陀罗。这样的曼陀罗是儿童和成人共同喜爱的,具有良好视觉形象的、平衡而协调的图形结合。儿童会把它储存在记忆中,并在以后的美术活动中不断地加以重复运用。

二三岁的幼儿已经能画出直线和曲线,这些直线和曲线都可以成为儿童画"太阳"的组成成分,虽然"太阳"的结构看上去很简单。凯洛洛在研究中观察到,儿童在能够画出曼陀罗之前没有出现过像"太阳"这样的形状,这是儿童画发展的顺序。而凯洛洛所谓的"太阳的脸"和"太阳人"原来是"太阳"和圆的集合体。"太阳的脸"和"太阳人"中的五官、胡须、睫毛等多是成人的想法,儿童也将它称为五官和毛发,只是出于对成人说法的认同。这就是说,儿童之所以画这些线条,是由于儿童受到了自己以前描绘的"太阳"的刺激所致(图 2-8,图 2-9)。

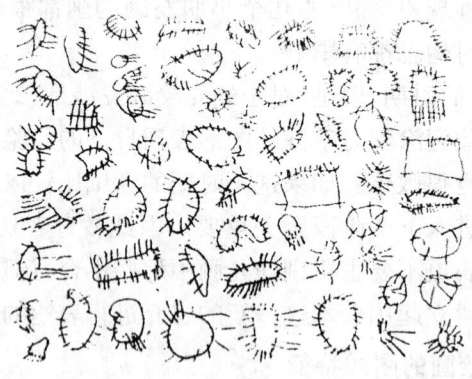

图 2-8

图 2-9

曼陀罗和"太阳"这样的儿童喜欢的图形,常成为儿童后来表现较为复杂的事物时的组成单位。例如:有的儿童将"太阳"作为人的手,把曼陀罗作为的人的躯干(图2-10)。

图 2-10

2. 蝌蚪人

儿童美术教育工作者通过大量的调查发现,"人"是儿童美术作品中最为常见的一个题材。儿童早期的"人"使人联想到蝌蚪,光光的脑袋上着长长的尾巴,于是人们便称之为"蝌蚪人"(图2-11)。

图 2-11

在成人的眼里,"蝌蚪人"是不完全的,不是缺少了躯干部分,就是缺少了上肢,或者缺少了身体的其他一些部位。对此,人们提出了各种假设:有人认为,幼儿往往粗枝大叶,所以漏画了部分肢体;有人认为儿童以为躯干部不重要,因而有意将其省略;也有人认为,儿童运动发育不成熟,绘画技能低下,不能完全表现人物形象;还有人认为,儿童运用了夸张和省略的手法,强调头部的重要性,而将身体的其他部位用两条竖直的线条表示。其实,这些说法只是站在成人的立场去假设儿童画蝌蚪人的理由(图 2-12)。

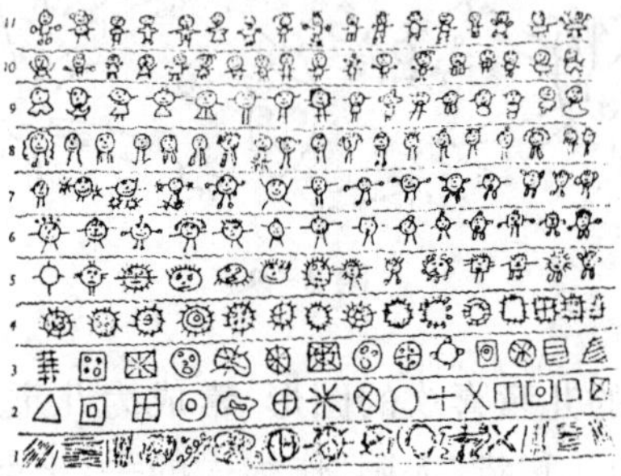

图 2-12

阿恩海姆从他的"直觉分化"理论出发,解释儿童画"蝌蚪人"的理由。根据阿恩海姆的理论,早期儿童由于知觉尚未分化,其绘画样式十分简化。随着儿童的成长,其知觉能力不断分化,绘画样式也趋于复杂。在早期阶段,儿童用圆表现的不只是人的头部,而往往是整个人体。在儿童的知觉里,人体的各部分尚未分化。随着儿童的成长,儿童所画的图形的象征意义才越来越狭窄,越来越明确,越来越具特定的含义。3~4 岁的幼儿一般都会根据成人的要求指出人体的一些部位和器官,或者在别人所画的人物中找出这些部位和器官。但是,儿童绘画的样式仍服从于其知觉分化的水平,用圆和最简单的图形表现人体的各个部位。这时,如果让儿童在蝌蚪人上画出肚脐眼或衣服的纽扣,儿童会不假思索的在"蝌蚪人"嘴的下方,或两条竖线的中间添画上小圆圈。由此可见,儿童所画的"蝌蚪人"中的圆和两条竖线都代表了躯干和下肢。

3. 人以外的其他初期图形

除了"人"以外,初期的儿童画还有"动物"、"植物"、"建筑物"、"交通工具"等(图 2-13、图 2-14、图 2-15)。在儿童初期的绘画中要区别这些物象是很难的。这些形状都和"人"很相似。几乎都是涂鸦线、图形、集合体、"太阳人"这一条途径发展的。

由于这时幼儿使用的形状有限,类似的形状在每个幼儿的作品中或同一个幼儿的不同作品中可能代表着极不相同的事物。例如,常见的圆加放射线的形状,在有的作品中代表的是红彤彤的太阳,有的则是一盏吊灯,有的甚至是一棵树、一间住有人的房子。在这些图形里,经常含有曼陀罗和"太阳"等样式的成分。这时,成人仅凭作品难以确定幼儿画的是什么,但幼儿已能明确地说出他画的东西。在这一阶段,还可以观察到一种现象,即幼儿在画画时,边画边自言自语,饶有兴趣地讲述他画的东西。

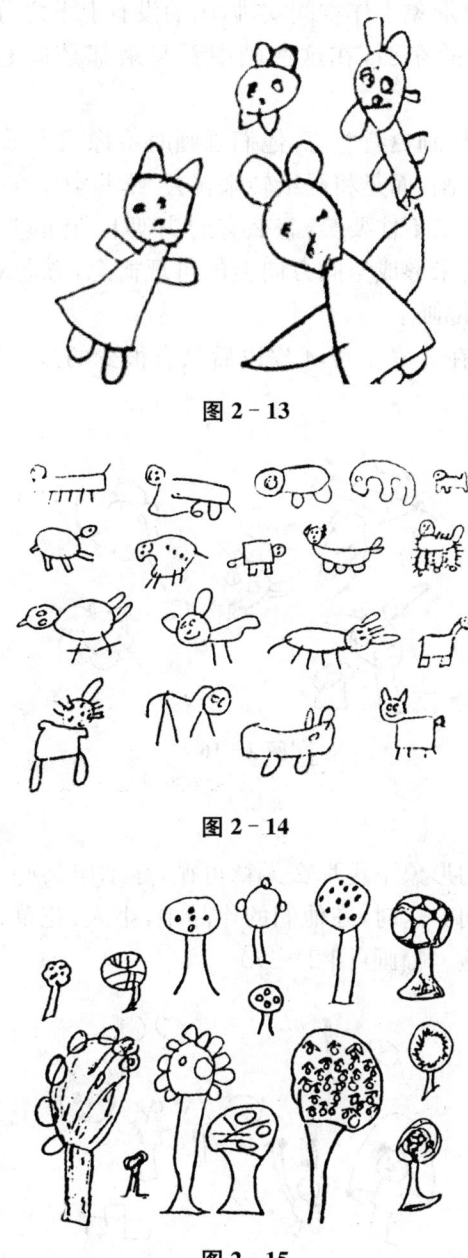

图 2-13

图 2-14

图 2-15

要区别象征期儿童画中的人、动物和植物是困难的,因为他们所画的动物、植物和人十分相似,都是由涂鸦线、图形、结合体、集合体、"太阳"、"太阳人"这样的途径发展起来的。

(三)象征期儿童绘画的构图特征

1. 零乱式构图

在幼儿绘画构图的发展中,初始阶段的构图是零乱式。所有的孩子都是由此开始。在这一时期,幼儿对形象不作空间安排,画面没有上下之分,更无前后之别,原来生活中有一定方向秩序的东西,在这些画中看起来都是横七竖八,失去了原有的秩序。

观察这一时期幼儿作画更有意思,他们画画时不像成人或年长的孩子那样把画纸稳固住,按一个方向去画,而是将画纸转来转去,哪儿空就在哪儿画。结果,当我们按平时的习惯去看时,就禁不住要笑,怎么有的头朝下,有的头朝上,还有的歪躺着。原因就在于,这时幼儿还未形成空间方向上的再现概念,方向对他们来说并不重要,重要的是把想画的东西都画上。

这种构图大约出现在3岁左右,4岁以后只有很少的孩子这样画,5岁以后则完全消失(图2-16)。

图2-16

2. 平行式构图

很快的,幼儿画中的形象不再那么无章可循,显示出某些一致性,形象相互垂直平行,有上下一致的方向。这时,在他们的作品中,小人、花草、树木、飞禽、走兽都头脚一致地竖立着,就像这一幅画(图2-17)。

图2-17

如果观察这一时期幼儿作画,就会发现,他们不再像前一阶段那样,把纸转来转去地画了,而是像成人那样把纸摆正来画。

幼儿采用的平行式构图表现了生活中最简单的方向关系,即各物体与地球引力方向一致互相平行竖立着。平行式构图的出现表明幼儿开始表现物体的空间关系了,但还是很初级的,有很大的局限性。在这种构图中没有水平关系,因此,有时原本在生活中高的东西画在了画纸低的位置上,原本低的东西却画在了画纸高的位置上,画面中的形象看来有一种飘忽不定的感觉。

这种构图一般是出现在 3 岁以后,这时候有比较多的幼儿开始采用这种构图排列方式。以后逐渐减少,但直到 5 岁后仍有少数幼儿停留在这一水平。

处在象征期儿童的绘画水平不是很稳定的,有时好时坏的现象。有时,在一幅作品中,有些形象画得很复杂,而另一些形象却十分简单。还有时,前一阶段已能画得较完满,不久,又退回到老样子,画中的形状变得很单调。这类不均衡与不稳定现象不是孩子退步或故意不好好做,而是因为他们正处于尝试探索之中,不稳定是必然的。因此,看待幼儿的作品不能仅凭一时之见,而要全面衡量。当然,有时不稳定也可能是成人对孩子不理解和干涉形成压力而造成的,如果是这样,成人要及时调整自己的教育方式(图 2-18)。

图 2-18

(四)象征期儿童绘画的设色特征

经过涂鸦阶段的玩色和单纯地运用色彩以后,幼儿对颜色的认识达到一定程度。进入象征期的儿童对色彩产生极大热情,喜欢的颜色多起来,如,在他们喜爱的色彩中又扩充进了橙色、粉色、天蓝色、草绿色等;不喜欢的颜色也随之增多,扩大到深蓝色、紫色、棕色、灰色、土黄色等。这时,他们画中色彩也多起来,幼儿把自己认识和掌握的颜色到处运用,画什么东西都涂得五彩缤纷。有些研究者将此称为"花哨涂染"或称"结构性涂染"。这是幼儿期绘画中一种很普通,很突出的现象,此时,幼儿对色彩的运用,没有再现或表现的意图,主要是满足个人美感的需要,有明显的装饰性。

幼儿对色彩的美感主要取决于各种色彩的知觉特征与个人气质特征之间的关联。例如,红、橙、黄、绿比较温暖明快,与幼儿活泼旺盛的生命力相一致,因此为一般幼儿所爱;而黑、灰色显得比较沉闷,很多孩子把它们视为反面色彩,不喜欢它们。

此时,有些对色彩较敏感的幼儿,开始将色彩同他们对事物的情感联系起来,用自己喜爱的色彩描绘自己喜爱的事物,而把不好的颜色画在自己不喜欢的物体或无足轻重的东西上。用孩子自己的话来说就是,"那些好的,自己喜欢的事物要画得漂漂亮亮的,越美丽越好;那些坏东西,自己不喜欢的就要把它画得难看的"。如一次幼儿园组织郊游中,有几名幼儿不幸掉入游乐场的水池中,有的孩子还喝了水。事后,孩子们用画笔记录下这一次经历。明显地,这些画中色彩是暗淡和冷坏的,与他们平时的画作大相迥异。这些画作似乎具有了某种表现意味,但是要注意的是,幼儿此时对色彩的运用有很强的主观好恶倾向,而无理性积淀作为指导。

三、形象期儿童绘画的发展特点及表现方式

四岁左右,幼儿进入形象期,他们开始有意识地用所掌握的图形和线条表现自己的经验和愿望。在整个形象期,幼儿绘画有极大的发展,从下面介绍中可以看出这一发展过程。

(一) 形象期儿童绘画构思过程的特点

在讨论幼儿象征期绘画发展时,我们已初步谈到构思方面的情况,现在,当我们进入到幼儿真正的绘画时期时,需要对构思做一个界定。什么是构思呢?构思讲的是创作中作者对绘画整体的思考活动,对表现的主题内容、形式方法的思考。幼儿的绘画经历了一个没有构思、在画的过程中构思和事先构思的过程。涂鸦期属于没有构思的阶段;象征期的儿童边画边构思,属于在绘画过程中构思;形象期,幼儿进入事先构思阶段。在这一进程中,幼儿的绘画构思也从简单向复杂,从零散向有内在联系的方向发展。下面我们分阶段看一看幼儿进入形象期以后构思方面发展的情况。

1. 学前初期后段

学前初期后段也就是小班第二学期,幼儿基本进入形象期。在教师的教育下进过多次绘画练习,逐渐地,不少孩子不仅能做到在动手绘画之前能有个简单构思,而且在绘画过程中能坚持原设的内容不变,像第一学期那种涂着涂着才想起要画什么或画着画着又变起花样的现象大大减少。

2. 学前中期

学前中期大致相当于中班时期,此时,幼儿构思的稳定性进一步加强,能够做到在整个绘画过程中较少地受他人及环境的影响,有始有终地将画画完。

3. 学前末期

一般到中班末期和大班时期,幼儿绘画的构思就比较稳定了。他已能在动手之前想好要画的主题,然后按照主题去画或做。比如,一个五岁的孩子在绘画之前告诉老师他要画什么,而且他会照所说的一直去画,画完后,能清楚完整地讲出他的想法和他画的每一件东西,以及为什么要画这样的画(图 2 - 19)。

图 2 - 19

(二) 形象期儿童绘画的造型特点

画面的造型探索的是幼儿以何种方式构成图中的每一个形象。总结起来说,就是指幼儿绘画造型经历了一个分化发展的过程。这一发展体现在以下方面:构成形象的形状的发展变化,形状组成关系的变化,形状在表现物体深度关系上的变化,以及由于以上变化带来的形象的发展。

1. 形状的发展变化

进入形象期,幼儿继续用简单的形状组成形象。所谓简单形状即简单的几何形,如直线、方形、三角形等。这些简单形状在他们以一定的方式组织起来的时候具有表现意义,可以代表某些事物,而当局部离开了整体的时候,就不再代表任何东西,只是简单的几何形。

幼儿的这种画法与成熟的绘画或成人的画法有很大的不同。成人作品中形象的各个局部被融入以共同的轮廓线,这样构成的图形比简单的几何形要复杂。在这形象中,局部融合为一个整体,每一个部分都含有整体的信息,即使被分割开,仍能从片段中分辨出它属于整体的哪一个部分。在这种成熟的画法中,形状与形状各有区别,互不一样,特定的形状代表特定的形象,因此,能将各种事物的特征独立地表现出来。但幼儿作品中,形象与形象的区别主要是通过增减形状实现。

图 2-20 是常见的幼儿画手的典型方法,画的是手指向外伸开的巴掌,从中可以看出其和成人画法的区别。

虽说在形象期,幼儿是用简单形状组成形象,但与前一阶段有所不同,他们能用越来越多和难度越来越大的形状组成形象,这样画出来

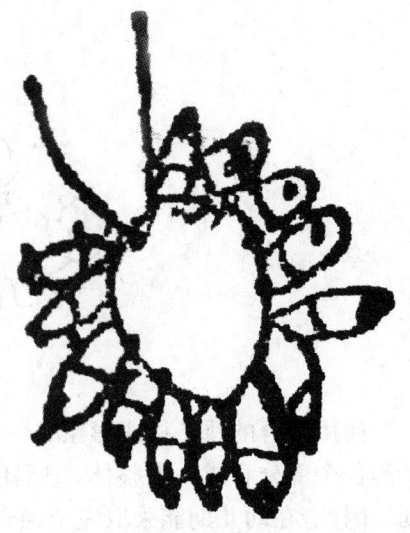

图 2-20

的东西就越来越容易辨认了。幼儿运用简单形状的本领在这一阶段发展很快,以致他们能用那些很简单的形状组成相当复杂的形象(图 2-21、图 2-22)。

图 2-21

图 2-22

经过一个时代以后幼儿能够将简单形状构成的形象的某些部分融合成为一个共同的轮廓线。图 2-23 是一个孩子前后相隔一段时间所画的两幅同一题材的作品,从中我们可以看出幼儿运用图形方面能力的发展。

图 2-23

使用融合的线条构成形象有一定的难度,需要眼睛与手同时进行,眼睛要能将复杂的各个部分看成一个整体,把握住它的轮廓线,引导着手沿着形象的整个轮廓运动。因此,在幼儿期能采取完全融合的线条构成形象的孩子几乎没有,仅在大孩子的作品中看到局部融合痕迹的形象。

2. 形状组成方式的发展变化

我们说幼儿是用简单形状组成形象,那么,这些简单性又是怎样的关系组合在一起的呢?让我们来看一下幼儿在这方面的发展过程。

首先,在幼儿的画中,形状以放射的关系结合在一起,即从一个中心点发出,将若干线条或形状结合起来。这种方式在象征期就产生了,到了形象期幼儿仍采用这种方式组成形象,只是放射的中心点或主题增多,各个放射的图形再由放射的关系组织起来,形成较复杂的形象。放射关系只能表现出部分和中心的关系,不能很好地区别形象各部分之间的方向关系(图 2-24)。

图2-24

其次，经过一段时间以后，幼儿开始用垂直水平关系将形状结合起来，即无论物体成多少度夹角，他们都用90度去表示（图2-25）。

图2-25

垂直水平的表现方式在幼儿的作品中是大量而且很突出的。这种方式对表现物体的角度关系有很大局限，不能将各种角度有区别地表示出来。于是有人说幼儿的话是刻板、生硬的，但是幼儿的意图并不是要表现事物刻板生硬性或是故意要把事物表现成这样，之所以这样画与其心理发展水平有关。

皮亚杰做过一个实验，他们用一根细长的木棍，让他如同表针走动那样作90度的旋转，或是让一根管子翻跟头，也就是作180度旋转，然后用语言把这件事向幼儿清楚地描述一遍。但幼儿全然不顾木棒运动这种事实，他们都在画中把木棍或管子的运动轨迹画成直角，直角恰好是木棒运动开始和终止的位置。他们画不出从开始到终止运动过程的中间阶段，也画不出两条直线成其他角度相交。皮亚杰的解释是，出现这种情况与表象的性质有关。运动表象出现之前表象都是静止的，因此幼儿难以画出垂直水平以外其他的角度。运动表象一般要达到七八岁后才出现，要到那时幼儿才能准确地画出其他角度。

渐渐地幼儿学会有区别地表现其他角度。进入这一阶段后，幼儿的作品中开始出现有倾斜关系的形象。当幼儿能画出有倾斜角度的形象时,他们的画中再出现 90 度时,就不代表一切角度了,而只是代表 90 度,这时角度都可以有区别地表现出来。幼儿学绘画任意角度以后,他们的作品就更生动有趣了。下面是一个女孩时隔一年所画的同一内容的两幅作品(图 2-26、图 2-27)。

图 2-26　　　　　　　　　　图 2-27

任意地画出各种不同的角度有一个过程,开始时幼儿只能画出大约是直角的二分之一的角度。这种中间形态,一开始往往出现在装饰画中。以后,他们渐渐地学会用更精细的角度去表现物体各个部分在方向上的差别。

3. 表现的深度方面的发展

我们知道,绘画是在平面上进行表现,绘画的表现媒介是二维的。如何利用一个二维的媒介表现出物体的三维性不是一件简单的事情,需要有一些方法,才能使平面的图形看起来有立体感。幼儿在表现物体的深度上有一个渐进发展的过程,可以分为如下几个阶段。

(1) 统为一形

最初,幼儿画出的形象不但方向感差,而且没有深度感。幼儿画一样东西是对其多角度观看之后,觉察到它的重要结构特征,形成一个视觉概念,在绘画时,再用于这一视觉概念等同的形状或线条。

例如,很多时候,幼儿用一个圆形或椭圆形代表人的头,这是他们在一次次见过各种各样的头后,觉察到人的头是圆形的,于是形成了一个关于人的头的圆形性的视觉概念,然后,用具有圆形性的线、图形、形体去代表人的头部。

这样的形象,缺乏各个面与深度关系,仅可见物体的重要视觉特征和各个部位之间的功能与连接。例如图2-28,这是一个三岁零九个月的女孩画的一幅再现骑马的画。画中的大椭圆代表马,水平线代表骑马,水平线代表骑马者坐的位置。

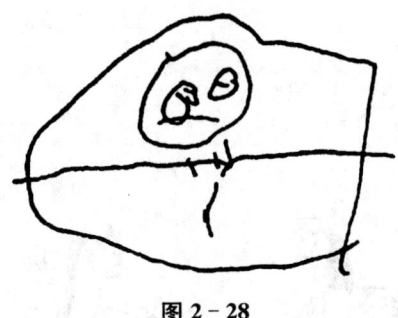

图2-28

（2）正侧面同在

渐渐地,幼儿觉察到物体各个面,希望画得更完善一些,于是他们把物体的正面、侧面,甚至背面的东西都并列在画面上,这样,画立方体的时候就出现了如图2-29所示的情况。画人和房子时也会出现这种情况。

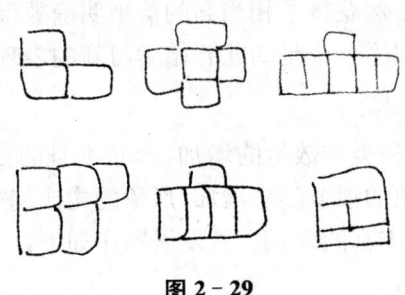

图2-29

这种方式虽然表现出物体的多个面,但形象的立体感显得含混。原因在于画面缺乏统一的空间关系,面与面的方向难于显示出来。这是幼儿尝试抛弃前面简单的方式,向复杂完善的形式努力的中间环节。因此,有的学者将其称为"丑陋的过渡形式"（图2-30）。

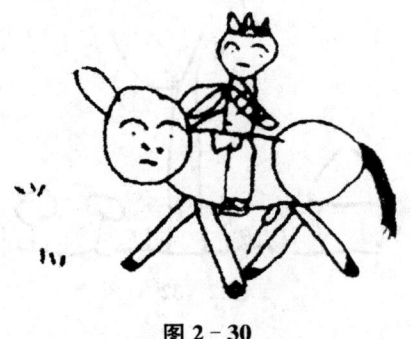

图2-30

(3) 单一性

为了避免正侧面同在表现上的模糊性,追求明确性,幼儿开始放弃力求完整表现的企图,舍弃其他的面,只表现从一个角度看物体时所见的单一面。这时会出现图2-31式样的作品。

图 2-31

这种单一面的形象,虽然获得了相当高的清晰明确效果,但在表现物体的立体感方面却有缺陷,形象过于扁平。于是幼儿开始学习新的表现方法。

4. 画面形象的发展变化

随着幼儿运用形状的种类与数量的增加,形状本身的变化以及形与形结合关系的发展,他们的作品中形象的细节随之增加,形象的构成越加高级和复杂,于是,也就能表现出更多的东西和更丰富的含义。其发展顺序如下:

(1) 简略形

幼儿最初画出的形象极为简单,画出的人好像只有头和脚,画出的树木分不出枝与叶。有些人因此认为幼儿开始画的形象是残缺不全的。事实上,这是幼儿所画的形象只是未分化,在这种简单的形象中包含了所有的成分(图2-32)。

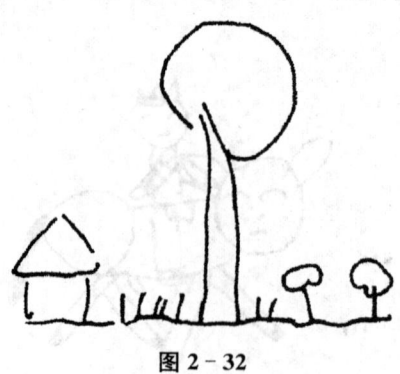

图 2-32

(2) 功能形

幼儿进一步发展是所画的人分化出头与躯干、四肢和五官,画树木时分化出枝与叶,画建筑时分化出门和窗。这一阶段的特征是幼儿将物体的主要功能部分画出,而没有更多的细节和装饰(图2-33)。

(3) 细节和装饰形

与前一阶段相比,此阶段的特征是形象上出现了装饰性的细节。人物身体的各部分被饰以服装并画出扣子、衣袋,小动物的身上也装饰了花纹,建筑上画有窗户格、门把手或其他饰物。装饰与细节是这一阶段的基本特征,如图2-34。

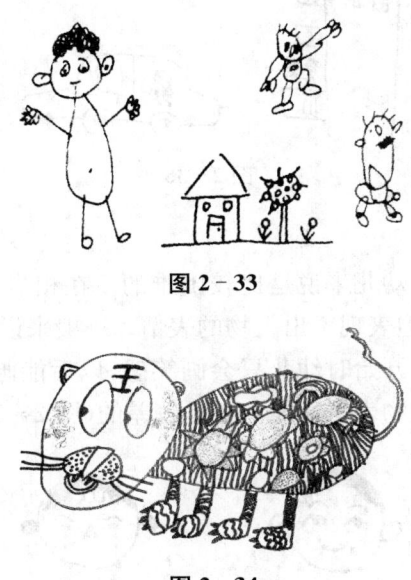

图2-33

图2-34

(4) 同类物体中出现自然差别

进一步的发展是幼儿在图画中表现出同类物体中的自然差别,其明显的标志是在画人时能区别出男女、长幼。比如,幼儿能画出妈妈和孩子。

(5) 借物表现之动作

继而,幼儿开始表现人的动作。最初,动作是借助它物表现出来的,人物本身并无肢体的变化,单独来看,看不出有动作变化。如图2-35所示,在一个小人旁边画一个皮球,表示小人在拍皮球;在一个小人上方画一条弧线,表示小人在跳绳;花在小人旁边画一只小猫,表示小朋友在喂猫,等等。

图2-35

(6) 社会角色

随着幼儿对周围生活理解的加深和造型能力的发展，他们在表现人物时能区别出他们的社会职能。如图 2-36 所示，幼儿在一幅表现街景的图画中能画出指挥警、司机、行人等，在一幅关于幼儿园生活的作品中能画出老师和小朋友。在作品中表现出人物的社会分工是这一阶段的特征。

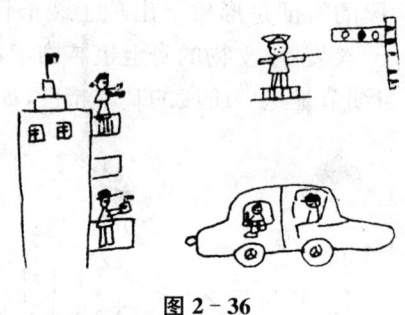

图 2-36

(7) 表情

表现出人物的表情对幼儿来说是比较困难的。在相当长的时间内，大部分幼儿能够表现很复杂的形象，但表现不出人物的表情。一般来说，幼儿是在成人的教育之下学会画人物的表情的。开始时幼儿只会画笑怒，以后能画出更多一些表情。但总的来说大多数幼儿表现人物表情的能力还是较差的（图 2-37）。

图 2-37

(8) 独立表现之动作

同表情的表现一样，独立的表现人物的动作也是较难的。独立表现动作指无需借助其他物体即能使观看者看出形象有动作变化，这需要打破原来画人物时两侧对称的画法，将四肢画得不对称或是有倾斜，这样才能表现出动作（图 2-38）。

图 2-38

幼儿作品中形象的发展变化受教育条件及环境因素、个人兴趣的影响比较大,因此,不像形状以及形状结合方式的变化那样阶段性比较确定。形象的发展变化一般依照上述顺序进行,但有时有的幼儿可能会跳过一个阶段先进入下一个阶段。例如,还未绘画人物的动作而先注意人物的表情。另外一些幼儿会在某一阶段上成果累累,而迟迟不向前迈进,例如,有的幼儿将人物装饰得五彩缤纷,却不顾及他们的动作和表情。还有些幼儿可能几种水平同时出现在一幅作品中,这时就要对作品加以综合分析。

(三) 形象期儿童绘画的构图特点

这一时期,在一幅幼儿作品中,往往不止出现一两个形象,有时有三四个甚至更多的形象。以何种方式将这些形象组织起来,我们称之为构图。不同的构图表示不同的含义,这与幼儿能力发展的许多方面有关。在这方面,幼儿也经历了一个由低到高的发展过程。

1. *形象数量增加*

一般来说,随着幼儿年龄的增长,知识经验的增多,以及美术表现能力的增强,他们每幅作品中形象也逐渐增多。

从形象的数量看幼儿美术能力的发展,有一如何计数的问题,这有两种方法,一是以一完整形象为一单位,简单的计数。但是,在很多时候,幼儿会在作品中重复某些形象,而这些形象又往往是一些次要的形象,例如,小草、小树、燕子等。如果在一幅作品中这样的形象占很大的比重,就无法同那些重复形象少的作品相比较。因此,为了避免简单计数对分析结果可靠性的影响,我们采取以形象种类为单位的技术方法,一类形象为一计数单位。这样就可以把幼儿美术作品中形象数量的多寡划分为以下级的等级:

(1) 一个形象;

(2) 一种形象;
(3) 2～3种形象;
(4) 4～5种形象;
(5) 众多形象。

以上等级的划分是在分析了大量幼儿作品的基础上得出的,这些等级与作品的直观质量相一致。按照以上标准分析作品时,可能会遇到不知如何划分形象种类的问题,这就要注意形象间的区别。划分美术作品形象的种类不能以我们日常关于事物的种类概念去做,而要仔细分辨幼儿的表现意图。只要在形象上有明确清晰的区别就因划归为一种。例如交通工具,小汽车、公共汽车、卡车就应划为不同种类。只有那些完全重复的形象才划为同一种类。另外,也有些幼儿只发展单个形象,将其画得细致入微,并不追求形象的数量,因此,作品中形象的增长就是考察幼儿美术能力的参考标准。

2. 画面形象的排列方式

形象排列方式的发展变化是幼儿构图发展的重要方面。所谓排列方式,是形象在画面上的位置关系和形象相互之间的关系。不同的排列方式都有着鲜明的直观特征,反映着幼儿空间概念的不同水平。其发展顺序如下。

(1) 并列式

并列式构图的画面有一个非常醒目的特征,所有生活中地面上的物体都在画纸的下部排成一队(图2-39)。有的紧贴着形象的底部还画有一条长长的棕色的线条作为地面的标志。在有些幼儿的作品中,天上、水中的物体也排成一排,画在纸的上部或者更低的位置上。幼儿在进行这种构图时,非常严格,几乎没有什么疏漏。

图2-39

在这种构图中,把形象画在画面同一排表示他们是处于同一水平高度,画在不同排则表示这些物体处于不同的水平高度上。

构图有了这种新关系以后,物体的空间关系比较清晰多了,不会再发生地上的东西看起来要飞到天上,天上的东西要掉到地上的误会。但是并列式构图依然存在局限,有时使人把画中排成一排的形象误解为是现实中排成一列的物体。实际上那条棕色的线条代表的是宽阔的地面,形象也并非排成一排,而是矗立在地面上。之所以会使人产生误会,原因就在于这种构图的排列方式不具有深度关系,正像有的学者所说,"这是一种只有'竖式空间'的构图,即只有上下高低,没有远近前后",因此,他不能将地面的纵深显示出来。

并列式构图会有一些特殊的表现,遇到画矗立在倾斜面上的物体时,如长在山坡上的树、建筑物上的烟囱、滑梯上的小人、幼儿会以斜面为参照物,将形象画成与所处的斜面垂直,这样与画面反倒成了倾斜的。因此,我们有时称这种构图为"基线式"构图。

以这种方式构图时,还会出现一种情况,就是画围成一圈的物体时,如池塘边的树、花坛、拉成一圈跳舞的人、围着餐桌吃饭的人,幼儿会将形象画的与圆形或方形的基线相垂直,这样就出现画中形象展开的样子。这种构图常被称作"展开式"构图。这种画面也是只有一种空间关系,即只有水平空间,看这种画好像从空中俯视物体。

总体来看,二维性并列式构图的特点,它或者是竖式的,即垂直的,或者是水平的。

并列式构图是幼儿期孩子的主要构图方式,4岁以后开始出现,直到6岁左右还有三分之一以上的幼儿采用这种构图方式。

(2) 散点式

并列式构图进一步发展,画面中原来处于一排的形象分解离散,分布在画面下部的广大部分。在许多幼儿作品中还出现了一个有趣的现象,紧靠着形象的底部画有一条短直线。

在此以前幼儿的几种构图方式都是二维的,好像正视图或者是俯视图,当然,不是严格意义上的。现在出现了第三维,画面开始立体化,也就是说在这种画面上同时存在着竖式空间和水平空间。画面上的同一个位置既是一个高度又是一个水平点。如图 2-40 所示,鸟的位置如果换上树木或行人就是在空中,否则就是大地上的一点了。利用这种构图,幼儿可以表现很复杂的大场面。

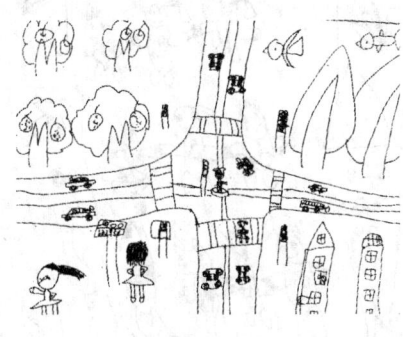

图 2-40

(3) 多层并列式

这似乎是一个回复,在散点式之后,在有些幼儿的画上出现多层并列式的构图

(图2-41)。这种构图与单纯的并列式和散点式既相同又不同,在这种构图中各排内部是并列关系,排与排之间是散点关系,因此,它是并列式与散点式的结合。这种构图的画面上出现若干排并列的形象,这时我们就好像看到了一组组不同的景色。

图2-41

在这种构图中,形象成排成排地出现在画面上显示的是分离与邻近的关系。形象处于一排表达它们相互临近,而处于不同排则表示互相分离。采用多层并列式构图的作品在表现物体层次上有了进展,画面的节奏感增强了。

在幼儿期能采用这种方式构图的幼儿很少,4岁以后出现,直到7、8岁只有百分之几的幼儿采用这种构图方式。

(4) 遮挡式

遮挡式是这一时期最高的构图形式,以这种方式构图的画面有了清晰明确的前后关系(图2-42)。我们知道,当我们从一个固定角度看物体时,前面的物体势必要遮挡住后面的物体,因此,让一些形象部分遮挡住另一些形象,最能体现出物体的前后关系。而在此之前,幼儿的作品都有一个特点,就是形象与形象互不遮挡,在不影

图2-42

响物体功能的前提下幼儿会将形象拉开距离,完整地表现出来。如果拉开距离会影响物体功能的表现,幼儿就干脆把物体画成"透明"的。由于没有形象之间的遮挡,画面中物体前后关系显得含糊不清。随着幼儿空间概念的发展,他们开始从一个固定角度去表现物体的空间关系,就出现了有着遮挡关系的构图。

幼儿末期,有少数孩子开始采用遮挡式构图表现物体的空间关系。出现遮挡关系的作品不仅在构图上,而且在其他方面也都很出色。

3. 形象主次关系的发展

形象主次关系发展是指画面中诸形象如何分化成主体与背景的过程,这与构图方式的发展紧密相关。当然,这也与幼儿对事物之间关系的感知和理解以及组织形象能力的发展分不开。这一方面的发展大致呈现为以下几种水平。

(1) 罗列形象

最初,幼儿作品中的各形象之间无太多的关联,他们只把想画的东西画上,又画一个,这些东西可能是他们影响中较深的或与他们有某种情感上的关系,但他们并不把这些形象联系起来表达什么。

(2) 以空间关系安排形象

经过一个时期以后,幼儿开始以物体在空间上关系安排形象,这种空间关系是有局限的,仅满足于空间上的准确性,如鸟与云朵在天上,鱼在水中,人与植物、建筑在地面等(图2-43)。此时,幼儿作品中的形象除了有空间上的联系与区别之外,在画面上都显得同等重要。

图2-43

(3) 形成背景与主体

进一步发展之后,幼儿作品中某些形象成为主体,而另一些形象构成背景。一般来说,主体是通过更加精心的描绘显示出来的。例如,幼儿采用同高级的造型方式,增加细节,加以修饰等。而背景形象一般比较简陋,无太多特色,大多是一般的花草、树木、房屋、太阳,这些东西可以与任何主体相配合,构成图画。

(4) 形成特定环境

最后,幼儿作品中出现了特定的主体和与之相配的特定环境场景。这是主体的角色特征以及活动与其环境成为密不可分的统一整体,表现特定的事件(图2-44)。

图2-44

4. 情节的发展

就幼儿作品来讲,所谓的情节是主要形象之间的活动联系。而幼儿作品中的主要形象一般是由人和动物构成的,他们之间的活动关系形成作品中的情节或事件,其发展过程如下。

(1) 无活动

最开始,幼儿的作品表现不出人物或动物的活动,他们只是在画面上画几个独立的个体,而且,这些个体自身也无明显动作变化(图2-45)。

(2) 独立活动

经过一段时间以后,幼儿的作品中会出现独自活动的人物或动物。这种独自活动是由主体与某些在画面上的接近或有功能上的联系显示出来的,主体与主体之间还未发生活动中那种不可分割的联系(图2-46)。

图2-45　　　　　　　　　　图2-46

(3) 共同活动

进入共同活动以后,幼儿作品中会出现若干个主体形象同时进行一项活动,如乘同一列火车,同看电视,集体做早操等。这种活动往往通过用一项工具将各主体联系

起来显示出来,或是以群体活动的方式用同一动作来显示。(图2-47、图2-48)

图2-47　　　　　　　　　图2-48

(4) 相互作用之动作

相互作用之动作只在一个画面上,各形象的动作活动虽有不同,却都是为完成一共同的动作,可以说是分工合作,这样就形成了有主题的作品。能够创造这样的作品说明幼儿对活动中的主体之间关系的认识加深了,即组织画面情节能力提高了,但在幼儿时期能够画成如此复杂画面的孩子不多。

同画面形象的发展类似,幼儿在构成作品的情节方面受教育和个体差异的影响较大。

(四) 形象期儿童绘画设色的特点

1. 选色

这一时期,有些幼儿会萌发出表现事物的客观颜色的愿望,也就是说,一些幼儿有了再现事物固有色的想法。例如,大些的孩子在画熊猫是必用黑白两色,画小鸡时必用黄色。因为,这是他们意识到,不这样赋色,这两样动物看起来就不像了。但在那些大量的不用固有色,并不影响表现的真实性的情况下,幼儿还是尽其所愿地给形象施色。如画衣服、交通工具、建筑等人造物时,按个人的爱好赋色,不会影响事物的真实感。因此,还是有大量的事物可供幼儿装饰和美化,满足他们的美感需要。

幼儿依美感选色表现了他们天真烂漫的童心,在教育中,不应将其作为幼儿的弱点或缺点加以克服纠正,强制纳入按固有色赋色的轨道。幼儿运用色彩表达情感的方式虽然简单原始,但并不错误,相反,它产生的独特的美感是值得欣赏的。艺术旨在表现人的情感,按物体的固有色赋色并不是美术的目标。正确的做法是保持幼儿对色彩的兴趣和热忱,启发他们体验色彩的美感,鼓励他们大胆地运用色彩去"说话"。

2. 涂色

在我国,幼儿经常使用的绘画工具是彩色墨水笔、油画棒、蜡笔和彩色铅笔。近年来,水粉、水彩等颜料和工具的使用在逐渐增多。使用这些工具绘画一般是先画好轮廓,再在轮廓内涂色。幼儿在这方面的发展如下。

(1) 涂色面积的变化

随着幼儿对画笔运用熟练程度的提高和对色彩兴趣的增长,在老师的指导下,幼儿会给画中形象的某些部分涂上颜色。一般四岁以上的幼儿开始会给形象大面积地涂色。

五六岁以后,除了用笔更加熟练以外,运用色彩表现的愿望也增强了。他们开始给形象大面积地涂色。有些幼儿会将画面渲染的五彩缤纷。

(2) 涂色质量的变化

三四岁的幼儿涂色是非常杂乱无章的,不仅笔画不分化,而且涂的也不均匀。结果是有的地方挤在一起过于浓密,有的地方又过于稀疏留下许多空白;还经常涂出轮廓线。

逐渐地,随着手的动作的灵活性和准确性的提高,幼儿能够控制手的动作,能顺着形象的轮廓,用方向一致的线条均匀地涂色,不留空白,不出边。有不少幼儿五岁左右能这样做,大多数幼儿五六岁以后都能做到这样。

第三节 学前儿童手工活动及发展特点

学前儿童手工一般包括泥工、纸工和综合制作。手工在构思、造型、构图和设色上与绘画发展的一般规律一致,其特殊性来自材料的特质。手工材料是丰富多彩的,有可塑的柔软材料,也有自身具备可资利用的形状的材料,还有的有着丰富的质地和色彩。这一切都极大地吸引着幼儿,激发着他们的想象和创造。

一、学前儿童的泥工活动

小孩子最初拿到黏泥时只会无目的地用手拍、抓,或者把泥掰成一小块一小块的。孩子这时是把泥当作一种玩具,觉得这东西和别的东西不一样,很好玩,能够变形。至于要做出什么,孩子很少考虑。

孩子在不断地团团搓搓的过程中,发现团搓后的泥块与以前感知过的什么东西相像,比如,长的泥条像筷子,圆的泥团像苹果。这样,他们手的动作和动作的结果与经验发生了联系,于是转而想做一些东西,把泥放在手中搓一搓,搓成泥条就是面条或小香肠;团一团,团成泥球就是苹果或者皮球;再把它拍一拍、压一压就是饼干、烙饼。当然,孩子这时塑造出来的形象是非常粗糙的。小香肠一段粗、一段细,皮球也不圆。渐渐地,孩子的感知越来越敏感,察觉到的东西越来越多,并注意到物体的细节,他们会进行比较,对动作的结果更加注意,希望做出来的东西与真的一样。同时他们手的动作也越来越精细,从手掌动作发展到手指的动作,这样塑造出来的形象也就丰富和复杂起来。四五岁的孩子已能塑造出小动物,还能塑造两个以上的形象组成简单的情节。

二、学前儿童的纸工活动

幼儿的纸工包括折纸、贴纸和剪纸。孩子纸工的能力较绘画和泥工能力发展要晚一些。

(一) 折纸

一般来说孩子要到四岁才开始学习折纸。当然,自发的折纸会早一些,但他们很难折出成形的东西。孩子学习折纸,需经成人的悉心指导。开始时,他们用正方形或长方形的纸折叠一些简单的物体和玩具,如书、房子、飞镖、钢琴,但时常折不好,边角不齐,折缝不直,松松垮垮不挺括。可是孩子折纸能力的发展很快,到五岁时,能折出比较复杂的东西,如皮球、小兔、振翅鸟、花篮、小狗等,而且折得比较平整端正。

(二) 贴纸

贴纸是将现成的图形拼贴成画,包括在图形背面抹糨糊、将图形贴在纸上、把图形压平三个步骤。开始时,孩子时常不注意图形的正反面,拿起来就抹糨糊,有时抹在了图形的反面,有时就抹在了图形的正面,结果贴起来就反了。另外,他们不注意糨糊的用量,有时抹得过多,有时又抹得过少,还常常把糨糊堆在图形中间或者点成几个疙瘩,这样在粘贴时就会弄脏、弄皱。在把图形往纸上贴的时候,很多孩子不考虑粘贴的顺序和位置,拿起图形来就往纸上贴,然后用沾有糨糊的手去扶按图形,结果,贴出的图形常常主次位置不当、起皱,颜色蹭到画纸上。

在成人的指导下,五岁左右的孩子能准确、适量、均匀地把糨糊抹在图形的背面,会用干净的手掌或布盖在图形上轻轻按压。但掌握不好粘贴顺序和位置的事还时有发生。

(三) 撕纸和剪纸

幼儿的撕纸有一个由无意识的玩纸到有意识地撕出一定的图形的发展过程。开始时,孩子拿着纸翻来覆去地玩或是一点一点地把纸撕成小块。以后他们模仿大孩子撕出洞,蒙在脸上嬉戏,或者把纸撕成条条贴在嘴上作胡须;还有的把撕成的纸条粘成链圈套在脖子上。之后他们能学着撕一些比较复杂的形象,如小鸡、小鸭、小兔等,再就是用对折的方法撕成对称的图形。

剪纸也始于自发的练习活动,渐渐发展成为有目的的学习活动。一般四五岁的孩子剪出的图形都是非常简单的,大多是气球、苹果、房子这样一些轮廓变化不大的形象。这时孩子不大会用剪子,尤其是不会配合剪的动作,每到转弯处,常常以撕代剪。要经过比较长的一段时间的练习,孩子才能灵活自如地运用剪刀,稳当地顺着轮廓线剪。五六岁的孩子能剪出像热带鱼、轿车、熊猫这样一些形状复杂轮廓曲折的形象,剪出的边缘也比较光滑匀称。但形状太复杂细小的部分,孩子剪起来还是比较困难的,常常剪断弄坏。

三、成品材料的综合制作

在生活中各种材料都有其内在的美,成品材料是指那些随着购买商品而走进家庭的材料,如生活用品和食品的纸包装、塑料包装、玻璃瓶等。这些材料随手丢掉实在可惜,把它们收集起来,加上巧妙的构思和制作就可以创作出新颖别致的手工作品，真是一举多得的趣事。

幼儿园的手工教学中，成品综合材料质地丰富，不同的物质材料各有其特性，有的材料坚硬冰冷，有的材料柔软光滑。材料的特性引起主体的特定感受，从材料特性出发进行创作这就是所谓的"因材施艺"，即由材料的属性联想到某些事物，顺应材料的特点创造出形象来。如明人魏学洢所做《核舟记》记："明有奇巧人曰王叔远，能以径寸之木，为宫室、器皿、人物，以至鸟兽、木石，罔不因势象形，各具形态。"这里所说"因势象形"即含有因材施艺的意思，文中所描绘的核舟，即是依细长核桃的形状雕刻而成。因此，从材料的特性出发进行创作较多出现于手工之中。因材施艺有"迁想状物"、"借迹造型"、"借形造像"等形式。"迁想状物"即根据眼前物体的色、行、质地联想到其他的事物；而"借形造像"是按照材料的形状构思而塑造出形象。

这种因材施艺的创作方式特别适用于废旧物品造型，如废旧包装盒、瓶、桶、绳、纸和各种小物件等材料，但是最主要的是利用其形状。在感受时，教师要引导幼儿运用多种感官，静静地深入体会材料的特性，将不同的材料比较，感受其细微差别。在这一步中教师可以穿插提问和讨论。在充分感受之后，教师引导幼儿由材料的特性回忆、联想、想象有关的事物。教师可以问幼儿，你看到或摸着这些材料有什么感觉呢？它们像你见过的什么东西？你想到了什么？你可以用它们做些什么呢？等等。在幼儿有了初步的构思之后，再开始操作。在操作时，教师因提醒幼儿先做出形象的主体部分或有代表性的部分，添加其他部分和细节，如前面所述，边构思、边制作、边修改，直到完成作品。

总之，成品材料的综合制作要从材料特质出发，带有更多设计的成分，有利于培养幼儿对材料的敏感性和艺术通感，既适合年龄小的幼儿，也适合年龄大一些的大班幼儿。

思考与练习：

1. 中外学者关于儿童绘画发展阶段的理论研究有哪些异同处？
2. 涂鸦期儿童绘画的发展特点有哪些？
3. 象征期儿童绘画的发展特点有哪些？
4. 形象期儿童绘画的造型特点有哪些？构图方式有哪些？
5. 学前儿童的手工活动有哪些内容？

第三章 学前儿童美术教育的涵义与发展

学习目标和要求

通过本章的学习,掌握学前儿童美术教育的涵义和不同取向的儿童美术教育。了解近现代西方儿童美术教育及中国儿童美术教育的发展状况,了解近现代儿童美术教育史上有影响的代表人物和他们的教育思想。

第一节 学前儿童美术教育的涵义

美术教育的实践虽然在中国已有较长的历史,但是美术教育这一术语则起源于19世纪的德国。人们对美术教育这一术语含义的认识不尽相同,一般认为,美术教育至少包括对美术家的教育、对美术爱好者的教育、对美术工艺人员的教育,以及对接受普通教育的儿童的教育。

学前儿童美术教育的对象是学前儿童。学前儿童美术教育具有美术教育的一般涵义,但它又具有不同于一般美术教育的一些特征。

学前儿童美术教育的涵义可以通过美术和教育这两个方面体现出来。根据对美术和教育这两个方面的不同侧重,可以将学前儿童美术教育相应地分为美术取向的学前儿童美术教育和教育取向的学前儿童美术教育。

一、美术取向的学前儿童美术教育

美术取向的学前儿童美术教育着眼于美术本身,即以美术为本位、以教育为手段,对学前儿童传授美术知识和技能,以发展和延续美术文化。

人类的美术活动脱胎于人类早期社会普遍的造型活动。从那时起,美术就成了人类的文明行为之一,被用来表达观念,传达愿望和情感。在客观上,它也为人类活动的历史提供了记录。

美国著名的美术教育家艾斯纳在论述美术的功能时指出,美术的第一个功能是为人类提供视觉感。该功能的实现至少靠两条途径:首先,美术常被用以表现人类最美好的视觉意向,被用作通过塑造形象而将人类精神变得形象化的手段。当美术发挥这种功能时,它会将个体难以用言语表达的东西转换为别人能理解的东西,于是对文化的理解就有了共同的意义。其次,美术还被用来表现人类特有的视觉意向,为其恐惧、梦幻和回忆提供视觉隐喻。艾斯纳认为,美术的第二个功能是使人的感觉敏锐,能提供训练人潜能的题材和媒体。艾斯纳提出的第三个功能是美术能使其他事物变得生动,美术构成了人的视野、捕捉了瞬间。

艾斯纳指出,美术的功能还不止以上这些,它还能帮助人们发现视觉世界的涵义,发展感知的活力;它还能借助打动情感的力量,在人与人之间传播亲情,制造凝聚力。

作为人类文化的重要组成部分,美术在人类适应和改造环境的实践中发挥了难以取代的作用,同时它还帮助人类不断充实和完善自身。

作为延续和发展人类美术文化的主要方式,美术教育是伴随着美术的诞生而诞生的。从原始人类从事美术活动起,人类就通过各种方式传播已有的美术活动的经验和知识。美术文化和美术的诸多功能正是在这种教育的过程中发展起来的。美术的诸多功能也正是在这种教育的过程中得到增强的。现代美术教育日益分化和完善。按涉及的领域分类,美术教育包括绘画、雕塑、建筑、工艺、服饰设计等的教育和教学;按涉及的学科分类,美术教育也包括美术理论、美术史、美术评论等的教育和教学;按针对的教育对象分类,美术教育包括学前儿童美术教育、中小学美术教育、艺术学院美术教育等。美术取向的学前儿童教育是为了延续和发展人类的美术文化而实施的早期教育。这种价值取向将美术本身及其功能视为首要的东西。幼儿阶段是实现这种价值的最初阶段,它为这种价值的完全实现打下了基础。

二、教育取向的学前儿童美术教育

教育取向的学前儿童美术教育着眼于教育,即以美术作为教育的媒介,通过美术教育,追求一般幼儿教育的价值。具体来说,就是通过学前儿童美术教育,顺应儿童的自然发展,促进儿童身心健康成长,培养儿童的道德感、审美情趣、认知能力、意志品质以及创造性等。

不少思想家、教育家都论及美术教育的德育功能。在人类的早期社会中,德育与美育尚未分化。以后,两者即使"各司其职",却仍保持千丝万缕的联系。美术教育对道德教化起了很好的宣导作用。席勒在其著作《美育书简》中反复强调:"人必须从单纯物性的境界,通过审美的境地,而达到理智的或道德的境界。"他认为:"审美的境界本身并无重要意义——它的全部作用在于使人复归于他自己,从而它能把他自己塑造成他所希望的样子。"他的所谓"他所希望的样子"就是具有足够的社会道德意识。鲁迅先生在论述美术教育之间的关系时指出:"美术可以辅以道德美术之目的虽与道德不尽相符,然其力足以渊邃人之性情,崇高人之好尚,亦可辅以道德以为治。"我国近代美术教育家丰子恺先生则认为:"道德与艺术殊途同归。所差异者,道德由于意志,艺术由于感情。故立意做合乎天理之事,便是道德。"美与善相辅相成,在以美术为媒体的教育中,培养儿童高尚的审美情趣,才能使儿童从小摆脱俗流,避免罪恶,形成良好的道德品质。

一些思想家、教育家也认识到美术教育具有发展职能、培养创造意识和形象思维的教育功能。法国启蒙思想家卢梭从美术教育的教育学意义出发,着重强调美术教育的智育功能。他认为,美术教育的着眼点并不在美术本身,而在于使儿童获取正确的视角和敏捷的手法,以帮助他们更好地认识和把握周围的一切。人们在研究科学家爱因斯坦的思维方式时发现,他的知觉深深根植于古典几何学之中,他有一种非常视觉化的心灵,他是用意象在进行思考。用爱因斯坦自己的话来说:"书面与口头语言所用的文字在我的思维机制中似乎并没有起什么作用。有的还很强烈。"罗恩菲尔德则认为美术教育对培养儿童创造力有更重要的价值,他明确地提出:"在艺术教育中,艺术只是一种达到目标的方法,而不是一个目标;艺术教育的目标是使人在创造的过程中变得更富有创造力,而不管这种创造力将用于何处。"美术教育除了具备其他学科教育所具有的一般智育功能外,还具有其他学科教育所不具有的智育功能特点,它能给儿童提供一种有别于抽象思维形式的直觉思维。它是感性的,但积淀着理性,能引导儿童对感性形式及其意味的整体把握和领悟,有益于形象、想象等方面能力的培养。

几乎没有人会否认美术教育的美育功能。学前儿童美术教育是学前儿童美育的主要途径之一。教育取向的学前儿童美术教育的特殊和主要功能毫无疑问在审美方面。具体来说,学前儿童美术教育旨在培养幼儿的审美观点,丰富其审美感情,发展他们对美的感受、理解、鉴赏以及创造能力。

德国教育家福禄贝尔十分重视美术对儿童的培养和性情的陶冶。他认为,绘画对儿童的发展是很有价值的。不论儿童或成人,其绘画的官能都是天生的,都需要进一步发展和培养。儿童爱好绘画,对于绘画有一种本能的欲望,儿童在绘画过程中会感到欢愉和满足。福禄贝尔认为,作为一个终极统一体,艺术是人的内部的表现。儿童具有艺术修养,并不是说儿童必须专门学习艺术,成为艺术家,而是说他要懂得艺术。由此可见,福禄贝尔将美术教育看作是对儿童心灵和情操的开发。福禄贝尔还认为,儿童的心灵美、情操美对儿童的发展有重要影响。席勒指出,包括美术教育在内的教育,是使人从感觉的被动状态到思想和意志的主动状态过程中一个不可缺少的桥梁。要把感性的人变成理性的人,唯一的途径是先使他成为审美的人。席勒还指出,现代文化最大的弊病是抑制人性,而美育则能弥合人性的分裂,使人性变得完善。美术教育的美育功能是由美术的审美结构和特点所决定的。在美术教育中,儿童在视觉形象的欣赏、表现和创造活动中领悟审美思想和审美形态,从而逐步完善自己的审美心理结构。

总之,教育取向的学前儿童美术教育立足于真、善、美的和谐统一,要求艺术渗透整个教育,使幼儿能按其本来面目健康成长,最终成为艺术的、完美的人。

三、学前儿童美术教育的涵义

美术取向的学前儿童美术教育和教育取向的学前儿童美术教育反映了人们对学前儿童美术教育涵义的认识存在着不同的倾向性。前者更多地考虑学前儿童美术教育的社会性功能,后者则更多地顾及学前儿童美术教育的个体性功能。汲取学前儿童美术教育这两种取向中的有价值部分,使之有机地统一起来,能使我们在更高层次上把握学前儿童美术教育的涵义。

德国哲学家康德(I. Kant)认为,美的本质特征是非概念性和非功利性的。在艺术的诸多特征中,没有任何特征能像这一特征一样得到如此广泛的认同。人们普遍认识到美术必须发扬人的精神,而不是对精神进行说教。

众多哲学家、人类学家、心理学家和教育家试图论证,人的自我表现的一切形式,特别是艺术表现形式,与游戏是一致的。例如,康德认为,艺术是一种自由的游戏。福禄贝尔认为,儿童游戏和艺术活动基本上是同一件事。他把艺术看作是人的内部潜在力量的表现。一个沉醉于游戏中的儿童,正是根据其内在的需要和冲动,最美地表现其生活。英国教育家斯宾塞也将艺术看成满足爱好和感情的、由内在动机引发的游戏活动。它没有目的,超脱个人利害,具有唯美特征。席勒则确信,艺术,只有艺术,才能使人从精神的必然性中而不是从物质的需求中去获得自由。里德和罗恩菲尔德也都认为,艺术和游戏在本质上有相通之处。所不同的是,罗恩菲尔德把艺术看成是游戏的一种形式。

一个尚未社会化的幼儿,以其自身的思维和行为方式去适应社会是会遭遇到很大障碍的。这就是说,在使自己适应一个按承认的兴趣、习惯和思维方式组成的社会过程中,幼儿不可能像成人那样有效地满足情感上和智慧上的需要,为此,幼儿需要游戏。在没有任何强制的条件下,儿童通过游戏实现现实生活中得不到满足的需求,从而达到情感和智慧上的平衡。在游戏中,幼儿完全不考虑事物的客观特征,而只是为了满足自我的需要和愿望去活动和表现。但是,幼儿尚不能运用成人的语言符号系统,充分地表达自己的需要、经验和情感。在这种情况下,幼儿就创造出属于自己的、能满足其自我表现需要的符号系统。"美术语言"就是幼儿自己创造的视觉的或造型的符号系统,它是幼儿创造的诸多符号系统中的一种。在游戏中,包括"美术语言"在内的各种象征性语言能够按照幼儿自身的需要而加以改变,能使幼儿唤起过去的经验,使自我得到满足,而不是被迫去适应现实,从而解决了在适应客观世界过程中的情感冲突问题。正如里德所说:"思想与理解的本质以及人格与性格的一切变异大多有赖于这种适应的成功或准确。"儿童在游戏中实验自己的行为、行动和知觉,无须害怕失败或报复,从而使整个身心处于自由和谐的运转状态。游戏中的反复尝试与体验,使难以理解和适应的周围世界变得可以被理解和适应了,从而达到了情感上的满足和认知上的平衡。

游戏是学龄前期儿童发展的主要源泉。游戏是幼儿的基本活动,是幼儿园的重要教育手段。我国幼儿教育家陈鹤琴指出:"游戏从心理方面说是儿童的第二生命,游戏从教育方面说是儿童的优良教师。他从游戏中认识环境、了解物性,他从游戏中强健身体、活泼动作,他从游戏中锻炼思想、学习做人。游戏实是儿童的良师。"

儿童从2岁左右起,受其内在的动机驱使,开始在纸上或沙土上画涂鸦线,以其自己创造的视觉符号系统表现自己,以满足自身的需要。这种自由创造活动没有社会功利目的和社会实用价值,重活动的过程而不重活动的结果。从本质上讲,它是一种美术游戏,它具有在游戏中发展和教育儿童的一般价值,又具有美术游戏具有的特殊教育价值。学前儿童美术教育与其他年龄阶段人群的美术教育具有许多共同之处,也具有一些不同的地方。而最为本质的区别就是,学前儿童美术教育赋予儿童自发的美术游戏以极大的教育价值,使儿童能在这种具有明显的审美特征的游戏活动中愉悦自己、满足自己、表现自己,使幼儿人格的"种子"通过美术游戏这一自然生长的土壤得以发芽,为形成健全人格奠定基础。

然而,学前儿童美术教育的涵义并非只在美术游戏的价值方面。美术是人类文化和经验的一个十分独特的方面,美术教育的价值还在于它能增加儿童对世界的特殊经验和了解。视觉艺术处理是人类经验中其他领域所无法触及的一个方面,那就是视觉形象的审美思考。

包括美术游戏在内的游戏,反映的往往是幼儿直接经历过、体验过的生活。在游戏中,幼儿所能选择的内容有较大的局限性,有时甚至还会带上世俗的陋习。学前儿童美术教育后一方面的价值需要通过有目的、有计划的美术教育活动得以实施。美术教学能使儿童潜移默化地从世俗的现实生活中超脱出来,不再局限于其自身的经验,在对可见、可触的外观的把握中去追求秩序和形式美。

幼儿视觉审美能力的培养,是通过幼儿实施美术教学而不是美术游戏得以实现的。学前儿童美术教学虽然还只能局限于较低的层次上,但是同样需要通过形体感、色彩感、线条韵律感、材质感、构图感和空间感等方面的培养,使幼儿从视觉形象的欣赏、表现和创造性活动中提高审美能力。在美术教学中,幼儿所表现的自由不像其在美术游戏中那样局限于自身的经验,而是一种经过修正的、理想化的现实。儿童从经验、观念到情感的这一过程在艺术化的过程中得以完成。由此可见,美术教学不仅在现实生活层面上,更重要的是在对美的追求的层面上,使幼儿逐渐感受和理解真、善、美,排斥和去除伪劣、邪恶及丑陋的事物,引起幼儿的情感律动,给幼儿以美的享受和性情的陶冶,促使幼儿在认知、情感和人格等方面得到健康的发展。

广义的学前儿童美术教育作为一种社会化现象,也包含对整个社会文化环境间接的影响作用,如通过学前儿童美术教育去影响社会文化氛围、改变生活和生存环境、发展和延续美术文化等。学前儿童美术教育的终极目标在于为培养全面发展的人打下基础。学前儿童美术教育是对学前儿童实施的全面发展教育的一个有机组成部分。

第二节 学前儿童美术教育发展概述

一、国外学前儿童美术教育发展概述

(一) 国外美术教育发展历史概述

在美术教育这一术语产生之前,实质意义上的美术教育的理论和实践已经有了相当的发展。

西方美术教育可以追溯到古希腊时代。雅典的教育重视智育、德育和美育,通过这种教育,培养身心和谐发展、能履行公民职责的人。在雅典的教育制度中,儿童从7岁开始就可以进入文法学校和音乐学校学习。在文法学校中尚未熟悉字母轮廓的儿童,便依照教师所写的描画。图画教学不是传授谋生的技艺,而是旨在促进儿童身心和谐发展。

古希腊的哲学家德谟克利特将艺术看成是可以改变人的重要手段,主张对儿童的艺术教育既要注重天赋,又要强调勤学,这样能使儿童在掌握技能的同时培养思想品质。古希腊的另一位哲学家亚里士多德认为,绘画能培养儿童对美的欣赏能力和判断力,教儿童绘画应是为了发展儿童丰富的感情。古希腊的哲人强调"文雅教育",将和谐发展的重点放在美育方面。这种摒弃狭隘功利主义的教育思想对以后的美术教育产生了深远的影响。

中世纪西方的美术教育几乎成了一种纯技艺性的工匠教育,学徒们在画坊从师学艺,以掌握技能、谋取生路。

文艺复兴时期,美术家的地位提高了。在人文精神的感召下,人们对美术教育有了新的认识。在此时期,很多教育家都提出了艺术教育的要求,主张通过美育全面发展儿童的身心。

捷克教育家夸美纽斯的著作《大教学论》为在学校中实施美术教育做了铺垫。他主张对儿童实施一种周全的教育,即从道德、知识、身体和艺术等方面去发展儿童。其中,艺术教育则主要是发展儿童的首创精神,培养儿童的艺术才能。夸美纽斯推崇美术在教育中的作用。他认为,美术对儿童有较强的吸引力,能诱发其内在动机,激发儿童主动学习。他说:"一切儿童都有一种要画图画的天生欲望,这种练习就可以给他们快乐,他们的想象就可以从这种感觉的双重动作中得到激发。"在述及艺术教学法时,他提出凡是应当做的都必须从实践中去学习,要"从雕刻中去学雕刻,从画图中去学画图"。

在近代教育史中,许多著名的教育家都对儿童美术教育发表了有价值的见解,对幼儿美术教育的发展产生了较大影响。

法国启蒙思想家卢梭在自然教育的基础上,根据自己对儿童发展的自然进程的理解,将儿童教育分为四个阶段。四个阶段中的第二个阶段(2—12岁)的主要任务是发展感官。卢梭将感觉经验看作是对儿童实施智育的前提。在第二阶段对儿童实施美术教育是以感觉和形象训练为目的的。绘画活动能训练儿童观察的敏锐性和触觉的真实性。

德国教育家赫尔巴特认为,艺术是人的本能,是人内部生命的表现,因此培养充分和全面发展的人的教学计划应根据儿童的审美兴趣开设文学、唱歌、图画等学科。开设这些课程的目的并不是让儿童成为艺术家,而是让儿童学会欣赏艺术、掌握多重能力。

18世纪初,欧洲的一些新式学校开始将美术列入课程。到了19世纪,英国、德国、法国、美国、俄国等一些西方国家在学校普遍开设了图画课。

(二) 美国现代学前儿童美术教育发展概述

美国现代美术教育的先驱是富兰克林。早在1749年他就主张将美术引入教学计划。他认为，美术教育不是要教儿童画漂亮的图画，而是为了满足于发展中国家的需要。他主张对美术教学的内容进行选择，要选择最为有用的内容传授给儿童。当时，美国正是一个迅速崛起并走向工业化的国家，强烈的物质主义和实用精神左右着人们的思想。美术就是因其具有实用性而被获准走进学校的。

19世纪最后30年，对美国东海岸各州美术教育促进最大的是一名叫史密斯的英国美术教师。他接受马萨诸塞州教育委员会和波士顿学校委员会的邀请，担任了波士顿第一位图画指导老师和麻省的第一位图画督学。当时，美国的工业产品在销售上遇到其他国家产品的竞争，工业界强烈要求政府为所有成人和儿童提供免费绘画教育。史密斯的美术教育计划在工商业人士的帮助下卓见成效。史密斯认为，绘画教学也要像书写一样，由基础开始，循序渐进。绘画教学的主要问题不在于训练教师，而在于提供一套系统的练习。这样，哪怕教师没有受过专业训练，也可以利用一套有系统的练习教好儿童。儿童学会了必需的技能，就获得了谋生的本领。

直到20世纪的早期，工业绘画仍是美国美术教育的主流观念。但是，这种观念在儿童研究运动和进步主义教育思想的转变是一个缓慢的过程。在强调儿童美术作品的创造性的表现主义对美国产生影响之前，美国美术教育的那种僵化的工业绘画体系并没有发生革命性的变化。

表现主义的代表人物之一是奥地利的儿童美术教育者齐塞克。1904年，他任职维也纳应用艺术学校，创办了儿童美术班。齐塞克首先提出儿童的基本绘画能力是天赋的，人的绘画天赋的发展一般起始于儿童期。他的观点得到了美国少数美术先驱者的赞同，其中包括美国著名美学家芒罗。不少美国的教师到维也纳观摩了他的教学。

在齐塞克创办的儿童美术班中，他取消了酷似自然物的绘画教学，而是鼓励儿童用视觉形式表达他们对生活中事物的反应。在齐塞克的指导下，儿童以玩的方式表现自己，并做那些真正使他们感兴趣的事情。传统的几何图案或透视画，被儿童自己创造的、具有独特魅力的视觉形象所替代。齐塞克将发展儿童的创造力作为美术教育的一个目标。他的工作表明了儿童用独特的、具有创造性和可以被接受的方式表达他们的情感及认知。

19世纪后半叶，美国正经历着重要的工业发展时期。经济的发展呼唤着教育新思维的产生。儿童研究运动的先导霍尔的思想得到了杜威（J. Dewey）的支持。杜威被认为是美国教育史上最有影响的教育家。杜威的进步主义教育思想在美术教育领域内也产生了重大影响。根据杜威的意见，儿童的兴趣是教育过程中最为重要的因素，因此采用进步主义教学法的教育家应让儿童在美术课中去做他喜欢做的事；杜威欣赏儿童的发展过程以及有限的经验，因此在美术教育中教师不应干涉，也不必提供指导；杜威提倡培养儿童创造性智能，因此采用进步主义教学法的教育家应利用美术培养儿童的"一般"创造力；杜威认为经验是整体的，因此在计划教学时，应将美术和其他科目合为一体。

与史密斯强调有系统、有组织的美术课程，以让儿童获取职业技能的想法不同，那些受进步主义教育思想影响的人更关心通过美术为儿童提供表现自我创造性的机会。尽管杜威及其追随者的理论在美国得到了广泛的传播，但实施起来却相当困难。要有效地运用这种教育理念，教师须具有丰富的教学经验和技能，特别是要对杜威的理论有较好的把握。杜威的教育思想到20世纪20年代才开始运用于教育实践，而其对美术教育产生的影响主要发生在20世纪30年代到50年代。美术教育与进步主义教育的联系不是由杜威完成的，而是由一些美术教师通过他们的实践活动完成的。他们以创造性自我表现的目标实施美术教育，这种做法主要来自于表现主义美术家的艺术观念。

在整个二战时期，一些美术教育家将艺术的自我表现与保存民主生活方式的战争目标等同起来。尽管由于第二次世界大战的影响，美术教育的自我表现观念受到了干扰，但是战争结束时，美术教育又回到了自我表现的轨道。在此期间，有四本极有影响力的美术教育专著出版了。它们是柯儿的《教室内的美术》、达密柯的《美术创造性教学》、罗恩菲尔德的《创造与心智的成长》和里德的《通过艺术的教育》，特别是后两本书的影响力更大。这些专著的一个共同主题是，美术教育最主要的任务是使儿童的创造性得到发展。从1930年至1950年的20年中，美国美术教育的主要目标在于发挥教育对儿童人格及其一般行为的影响与效果，这在学前教育阶段表现得更为明显。许多幼儿教师都认同，儿童美术是一个自然的发展程序，对幼儿实施美术教育应强调儿童在从事美术活动时的创造性和潜在能力。教师应尊重儿童的需要和自我表现，教师的作用是对儿童进行启发和引导。

20世纪50年代，进步主义教育运动已呈衰败之势，加上苏联的人造卫星上天，促进了以科目为中心的教育思想的产生。美国教育家布鲁纳在他的《教育过程》一书中首先提出了"学科结构"的概念，科目变成了美国课程改革的焦点。而巴肯则将布鲁纳的主张引入美术教育领域，他努力尝试在美术中发现作为课程发展要素以及与科学知识相同的结构形式。他认为，作为科目的美术教学课程内容必须包括画室学习、美术批评和美术史。他的思想影响了艾斯纳和格里。

美国斯坦福大学教授艾斯纳认为，美术教育的主要价值在于它对个人经验的独特贡献。儿童美术能力不是自然发展的结果，必须经过学习才能获得，而严格的课程设计是美术教育取得良好效果的前提。与艾斯纳的观点相似，格里主张以美术学科的基本内容作为美术教育的课程内容。在他发表的一篇题为《一种以科目为中心的美术教育：将美术作为一种科目研究的方法》的文章中引用了"以科目为中心的美术教育"（简称DBAE）的术语，反映了20世纪60年代提出的、80年代重新强调的以学科为中心的美术教育思想。

近些年以来，注重创造性表现的美术教育思想正在接受来自不同立场的学者们的批评。心理学研究也证明创造性的发展不只局限于美术领域，而儿童审美经验的获得大多是学习得来的，不是与生俱来的。人们越来越以怀疑的目光看待长久以来被认可的教育理念,并开始注意美术在人类经验上的价值。虽然,不少教育机构的美术教育仍在强调个人的表现,但是许多教育工作者已在关注艺术家及其作品的视觉与象征性品质、教育目标中开始融入人类生活对美术经验的特征。美术教育中的这种变化也在一定程度上影响着学前儿童美术教育实践。

总的来说,美国幼儿教育机构具有相当强的独立自主性,每个机构可以再有选择适合各自需要的课程,包括美术教育的课程。美术教育在美国的教育体系中没有稳固的地位。近些年来,这种情况有了改善,特别是在幼儿驾驭层次,美术教育的概况是困难的。上述对美国美术教育发展过程的概述只是一种总的趋向。美国幼儿美术教育的实践活动在很大程度上是受这种总趋向左右的。

(三) 德国现代学前儿童美术教育发展概述

作为美术教育发源地的德国,从 19 世纪起就比较重视美术教育对人素质的影响,将美术教育看成是一种文化哲学的应用学科。其目的在于纠正科学理性主义给社会及人带来的负面效应,以完善人格、表现个性、陶冶情操、提高审美情趣。德国教育家对美术教育的理解与同时代的美国人、英国人大相径庭,后者一开始就带有浓郁的实用主义色彩。在德国,也有使用工艺需要的问题,但是德国人赋予美术教育的意义超越了为工艺服务的要求。与美国人和英国人一贯务实的思路不同,德国人习惯思辨,因此他们根据教育理论演绎了美术教育的目标。中古代教育家夸美纽斯以及近代教育家裴斯泰洛齐和福禄贝尔等人都强调美术教育能对儿童进行视觉和手的感觉训练,有益于儿童获得对形的正确认知。德国的教育家们就以这种认知教育理论为依据将美术编入课程。

德国的美术教育的基本出发点虽与美国、英国不同,但是教育实践在形式上却比较类似。例如让儿童练习画图,首先从画垂直线、水平线和斜线开始,再进入三角形、正方形、矩形的描绘。教师示范这些线和形,让儿童模仿和练习。这种教育实施了将近半个世纪,一直延续到大约 20 世纪初期。

当时的心理学盛行儿童研究。德国教育家们从儿童的自由画中发现,一向被成人认为是拙劣而无聊的儿童画反映了儿童完全不同于成人的表现特征。在多项研究中,可思修泰纳的研究最具代表性。他在慕尼黑任督学时,用了一年的时间拟定计划和方法,并花费了七年的时间研究了儿童美术的发展。研究的结果使学者们一致要求对美术教育进行改革。一些学者认为,幼儿自由自在地描画自己所想的东西,而当今的教育却扼杀了幼儿作画的兴趣,破坏了他们想要画画的纯真的本能欲望。他们认为,幼儿园应该任凭儿童自由地按照自己的想法画画,而不要过早地教导儿童线和形的画法,应抛弃以几何图法为基础的图画教育。

由齐塞克开创的自由与创造的美术教育当时影响了西方许多国家,德国也不例外。可以说,齐塞克对美国教育的改革与德国学者们的构想不谋而合。

造型艺术有描绘与构成两个层面。齐塞克的工作开创了将美术中的描绘提高到艺术境界的高度,并带动了美术教育的革新。而由德国建筑家格罗比乌斯在 1919 年设立的包豪斯,形成了受世人瞩目的构成教育。

与其他国家的儿童美术教育相似,德国的美术教育也主张在浪漫表现倾向和科学理性倾向的两种潮流中取得某种平衡。德国的儿童美术教育工作者认识到在教育实践中创造性表现的目标被强调得太过分了。这种过分夸大地评价儿童自发性表现的结果,反而使儿童失去了自我表现的机会。近些年来,德国实施所谓的"源于艺术的教育"以及"面对艺术的教育",以具有强烈情绪性的艺术作品为教材,让儿童从小便能生活在美的创作环境中,发展独立分析能力,积累造型艺术的基础性经验与概念。

(四)日本现代学前儿童美术教育发展概述

与美国、英国等的美术教育相类似,明治初期日本的美术教育也十分重视实用功利,目的在于培养产业后备军。受西方图画教育的冲击,日本绘画局限于用铅笔练习描绘正确的图形。这一时期被称为铅笔画时期。

1886年前后,一位名叫费诺洛沙的美国人和冈仓觉三等人极力倡导国粹主义,反对盲目西化,主张在图画教育中舍弃铅笔画,回归日本风格的毛笔画。在以后的十多年中,铅笔画和毛笔画的优劣争论不休。

1902年,日本文部省成立了图画教育文员会,并于1904年发表了一份对日本美术教育的发展产生深远影响的报告书。该报告书提出美术教育的作用和目的,科学地区分了美术教育在怡情养性及实用方面的不同目标,主张在培养欣赏能力的基础上,重视训练儿童的观察能力和动手能力。根据这一观念,日本文部省出版了一系列国定教科书。

国定教科书的出版并未从根本上改变日本的美术教育。尽管教材中安排了一些写生、记忆和创造的内容,但是基本上未脱离临摹的主要方式。1919年,日本画家山本鼎发起了自由画教育活动。当时日本民主思想刚抬头,而欧美推崇个性和创造的"儿童中心"的教育思想冲击了日本的美术教育。山本鼎对出版已达十余年并仍在继续使用的国定教科书进行了猛烈的抨击,将其称之为"干涸的临画帖"。他主张摒弃临摹,朝向自然写生,迈向创造。

山本鼎的自由画教育思想虽然受到官学派的强烈反对,但是随着日本社会的进步,山本鼎的主张获得了越来越多的人的认同,特别是得到了众多不满现状的进步教育家的支持。舍弃临摹、迈向自然的风潮逐渐高涨,并最终摧毁了定型化的图画教育。山本鼎曾于1919年在长野县举办了首届儿童画展,轰动一时,其影响迅速蔓延到了日本各地。

然而,山本鼎的自由画教育主张以矫枉过正的方式对待过去的不足,片面、绝对地强调自己的喜好,甚至认为乱涂一番的画才是新式的自由画。因此,山本鼎领导的自由画教育运动导致日本美术教育处于无序状态,受到了一些人士的批评,也遭到文部省的反对。这场运动虽然没有最终形成气候,但是它毕竟是日本美术教育的一个里程碑,对日本美术教育产生了深远的影响。

当时,德国的包豪斯构成教育思想也影响了日本,使日本美术教育者认识到美术教育不是狭隘意义上的图画教育,必须涵盖绘画以外的工艺、建筑、雕刻等,应对一切人的造型美感与构成提供理解力、鉴赏力及技能等方面的训练。

1941年,太平洋战争爆发后,日本施行了"国民学校会",对学制、内容和方法作了很大的改变,规定了"艺能科中的图画,以认出、表现形象,培养鉴赏作品之能力醇化国民情操,涵养创造力为目的"。二次大战后,图画与劳作合为一体。1951年颁布的学习指导要领中规定:"图画劳作教育,由造型艺术方面,提供有关日常生活所需衣、食、住与产业等之基础性理解与技能,养成开朗、丰富的营生能力、态度与习惯,培养身为个人或社会成员均能从事和平、文化的生活资质。"战后日本美术教育的最大特征是美术教育被认为是具有重要教育功能的一个科目,其教育价值获得了很高的评价。

1952年,由美术评论家久保贞次郎等人发起,创办了"创造美育协会"重新提倡山本鼎所主张的自由画教育运动精神,呼吁日本美术教育工作者对旧的做法加以彻底反省,以建立新的美术教育,鼓励及培育儿童的创造天赋。有"创造美育协会"推行的美术教育改革运动引起了全日本的反响,赞成者与日俱增。此项运动获得了两项丰硕成果:其一,再次强调了培养儿童创造力的重要性,由齐塞克开创、里德推进的"通过艺术的教育"的潮流在日本再次兴起;其二,促进了以心理学观点看待儿童画,超越了以往从教育或艺术角度看待儿童画的方式。

然而,由"创造美育协会"倡导的创造美育也遭到了批评,其中来自川村浩章等人创立的"造型教育中心"的批评最为激烈。该团体认为,造型教育不可单凭自我表现,教育应有系统化,应大力推行造型基础学。

总的来说,日本学前儿童美术教育赋予幼儿自我表现以很高的价值,并注重选择适应学前儿童心智成长的教学内容和成长。涉及的教学内容相当广泛,有绘画、摹写、拼贴、堆积、手工制作以及鉴赏活动等。各类教学内容之间不是孤立的,而是有机联系的整体。在美术教育中,透过艺术的教育,结合造型基础教学,这两者的统合,可能是日本学前儿童美术教育正在探索的路线。

二、中国学前儿童美术教育发展概述

(一)中国古代和近代美术教育发展概述

中国美术教育的历史,是从先秦时代提倡制礼作乐开始的。巫术礼仪即为礼,诗、歌、乐、舞就是乐。原始人通过礼乐,表达对自然、群体和自我的认识,以及自己的思想、感情和意念。先秦时代的儒家强调礼乐的美育作用,认为礼能使外在行为得到规范,乐能使内在精神得到修养。礼乐为当时六艺之首,礼乐的特点是"纯其美",其美育的意义和作用十分显著。

孔子是思想家,也是教育家,他对艺术教育有精当的论述。他说过这样一句话:"兴于诗,立于礼,成于乐。"孔子认为仁人君子修身的完成是通过艺术的学习达成的。孔子能否绘画虽无据可考,但他深谙画理,善于鉴赏,则是世人皆知的。然而,当时的统治阶级奉行"德成而上,艺成而下"的观念,对以物质性为特征的工艺采取了鄙视的态度,使工艺的传授只能以世代相继的方式进行,这就是所谓的"世业"。由是,中国古代美术教育形成了以精神为主旨的美术教育和以实用性为主旨的美术教育,前者被称为重"艺"的美术教育,后者则被称为重"技"的美术教育。

从奴隶社会到漫长的封建社会,中国美术教育是以重"艺"为特色的。重"艺"的美术教育浮泛于上层社会和文化人中,主要作为一种提升道德、陶冶性情的精神文化活动而存在。基本的学习内容是绘画和书法;主要教学方式是师徒式和类学校式的,如画院等。

重"技"的美术教育主要沉落于社会中属于"匠"的一类人。此类教育以实用性为特征,包括画、塑、铸、剪、刻、雕、磨、贴等,技艺特色浓郁。

中国近代美术教育发展迅猛,其直接的动力是科学与实业的发展。人们从科学与实业中认识到美术对社会物质产生的促进作用,于是在洋务派创办的新式学堂中设立了图画手工科。1904年1月,清政府颁布的"癸卯学制"中,图画和手工也进入了学校。由于政府对美术教育的态度带有明显的实用功利性,美术教育属于"技"的一类受到前所未有的重视。

(二) 中国现代学前儿童美术发展概述

中国现代美育的开创者是王国维,他学贯中西。他的美学观既有西方美学的思辨色彩,又有中国美学的直观特点。他开创的现代美育,既有西方美育的科学因素,又有中国美育的伦理成分。如果说王国维开了中国现代美育的先河,那么对中国现代美育发展做出了重大贡献者,应当首推蔡元培。1912年,蔡元培担任教育总长时,提出了"对于教育方针的意见",把美育提高到了前所未有的地位。他致力于通过美育提高人的审美能力,培养高尚情操,丰富精神生活。他设置美术馆,举办全国儿童艺术展览会,召开儿童艺术展览会审查会,编印《儿童艺术展览会纪要》和《儿童艺术展览会报告》。在奥地利的齐塞克开始推行儿童美术教学时,中国当时的教育部于1908年派人将儿童作品带去展览,曾引起英国人的效法。在众多的对中国现代美术教育做出贡献的人物中,陶行知是杰出的一个。他把创造真善美的人作为教育的最高目标,指出在塑造真善美的人时,需要教育者按照美的原则密切合作,要合于节奏、达到和谐。陶行知认为,为了在教育中"真、善、美合一",首先要创造艺术环境。他在《湘湖教学做讨论会记》中指出,烧饭是一种美术的生活,做一桩事情、画一幅图画、写一张字,如能自慰和慰人就叫作美。他还认为,真、善、美合一的教育,必须是知、情、意合一的教育。

陈鹤琴对中国学前儿童美术教育的研究做出了杰出的贡献。他于1925年所著的《儿童心理之研究》中有一章内容是"儿童的绘画"。在其概论中,他写道:"凡属人种都有图画之贡献,凡属儿童都有绘画之兴趣。绘画是言语的先导,表示美好的良器。要知儿童心理,不可不研究儿童的绘画。考诸欧美,研究儿童绘画者人数较多,唯独吾国研究的人很少。因此我们宜急起直追,以助教育儿童之不及。"他以自己的长子为研究对象,进行了长期的、连续的研究,得出了有关儿童绘画能力发展的有价值的结论。陈鹤琴对幼儿美术教育的研究,在20世纪50年代初有了更大的进展。他的一些研究报告,如《从一个儿童的图画发展过程看出儿童心理之发展》等,在中国学前儿童美术教育领域具有举足轻重的影响。

尽管中国现代的一些思想家、教育家对学前儿童美术教育提出过一些很有价值的教育思想，但是由于受中国传统教育思想的影响，在幼儿美术教育实践中，临摹和记忆是最为常用的方法，缺乏对幼儿创造性和自我表现价值的强调，重结果、轻过程，以功利性为目的。近年来，学前儿童教育改革的思潮使传统美术教育受到了冲击，上述状况有所改善。

三、幼儿园美术教育的价值

（一）幼儿园美术教育满足了儿童内心世界

每个儿童的内心都需要并喜爱着美术，就像他们天生沉醉于游戏一样，美术与游戏都是他们内心世界与外界触摸联系的本能需要。康德认为艺术是一种自由的游戏的产物，在《判断力批判》中论述了"诗"不过是"想象力的自由游戏"，音乐和颜色艺术是"感觉游戏的艺术"。席勒继承了这一观点，并提出"人应该同美仅仅进行游戏，人也应该仅仅同美进行游戏。"儿童的生活与游戏密不可分，可以说游戏就是他们的生活，所以在我们成人眼里艺术是一门独立系统的学科，而在儿童的生活中艺术就是他们自然状态的活动表现。

儿童的艺术是他们内心世界真情实感的流露。这种流露在马斯洛看来是一种审美需要的冲动，"审美需要的冲动在每种文化、每个时代都会出现，这种现象甚至可以追溯到原始的穴居人时代。"洞穴壁画、巫术舞蹈都是原始人在他们面对所处的环境时而自然产生的活动，而后被称为人类艺术的起源，实则都是他们自身在接触飞鸟走兽、山川水流、花鸟鱼虫的过程中自然而然产生的情绪表达。边霞认为，"在儿童那里，这种与肉体生命同时而来的创造力可称为原创力。正如原始人一样，他们的原创力是先天的，没有人工痕迹，属于一种自然美和质朴美。"罗恩菲尔德也指出"幼儿美术是幼儿心理表象的图示化，他们通过美术来反映自己的内心世界。"

也有学者探讨幼儿美术教育时，从艺术本身这一角度来分析。艺术本身就应该是个性化的精神表征。如，赫伯特·里德认为，"艺术从根本上说是一种本能；如果人们过分刻意地对待这种本能，本能就会缩进无意识的贝壳之中。"他强调出于功利目的对于本能的压迫带来的伤害。席勒也曾批判实用对艺术自由带来的伤害。"实用是这个时代的巨大的偶像，一切力量都要侍奉它，一切才能也要尊崇它。在这架粗俗的天平上，艺术的精神功绩没有分量，而且艺术得不到任何鼓励，她便正在从本世纪的喧嚣的市场上消失。"幼儿园美术教育归于儿童，其目的就是为了让艺术教育落脚至艺术自身，让艺术成为真正的艺术。所以，儿童的艺术是他们内心强烈而主观的表现，不受世俗功利影响。

因而，开展幼儿美术教育最重要且最不能违背的基础就是去满足他们真情实感的精神需要。

（二）幼儿园美术教育培养了儿童的感受力

感受力这种由感官采集信息的能力，看似简单、人人与生俱有的能力还需要学习和培养吗？在这个时代需要得到重视吗？

感受力是人感性而主观的情感体验。席勒在《审美教育书简》中当谈到感受力时，他认为当人的诗性逻辑被理性眼光一点一点吞纳，那么科学的界限无限扩张，而艺术的界限也就越来越小。在他看来，艺术教育一定要重视个人的感知能力，"而不是由一个把人的洞察力束缚得死死的公式无情地严格规定的。用死的字母代替了活的知性，而且训练有素的记忆力比天才和感受更为可靠地在进行指导。"在他看来，艺术是可以去点燃人与世界沟通的火光，去丰盈人的自然本性。

同样地，罗恩菲德在1947年发表的《创造与心智的成长》著作中也强调，学生全面发展尤其注重培养学生的审美能力，他意识到美术教育的目标不在于美术本身，而在于通过美术学习使学生获得审美感受，并且能够活学活用，将美的感受运用到将来的环境中。

而在现代科学不断快速发展的潮流中，人们乐于用理性客观的方式去把握世界，割裂了艺术与科学，从而淡化了在教育中培养儿童的感受力。1931年，英国作家阿道司·赫胥黎在《美丽新世界》中就设想了这样一个科学技术高度发达，人们被标准统一格式化，缺乏感受力地去生活，可以想象，在一个机械文明的社会中，没有情绪、没有个性、没有体验，从而人与人之间没有真情实感，人性也在机器的碾压下灰飞烟灭。可见，感知与感受是思考的源泉。格式塔心理美学的代表人物阿恩海姆在《视觉思维》一书论证了：感知，尤其是视知觉，具有思维的一切本领。

而艺术教育就具有这样的价值，能够培养儿童的感受力。边霞认为，艺术教育注重的是直接的感觉经验，在艺术这里，非冥想的闪念、直觉和顿悟也是一种知识的合理来源。幼儿的美术教育培养了儿童的感受力，这份感受力不仅是对美的感受，更能帮助他在与世界产生联系时，运用感受感知来思考。

（三）幼儿园美术教育呵护了儿童的想象

幼儿美术教育正在呵护幼儿的想象与创造。罗恩菲德的美术教育思想被美术教育学界称为"儿童中心主义"，他在著作《创造与心智的成长》中将儿童绘画发展阶段做了划分和具体说明。他认为3～6岁的儿童绘画水平大多处于涂鸦阶段和样式化前阶段。因此，对于这个年龄阶段幼儿的美术教育就不能要求临摹或是仿画，强调教师去启发幼儿的体验，表现其想象的空间。"儿童必须经过自己的体验，而后才能进入有创意的工作。"里德在讨论艺术有着想象的功能时，也提出"我们有自由的意志，借这种自由我们努力去避免自然法则固定而有规则的特征，而表现一个我们自己的世界——一个反映我们感觉与情感的世界，反映复杂的本能和思想，即我们成为人格的世界。"其实，也就是说艺术本身就具有表达我们自由想法、保护我们本能想象的价值。尤其是在幼儿阶段，思维处于具体形象阶段，而在这个阶段表现的明显特征就是丰富的想象。边霞认为，儿童的美术作品是一种诗的直觉行为，就是因为"儿童本身有着未受理性或推理思维影响的目光，有接纳不相容联系的目光，接纳那种非召唤而来、未经观察和检验而来到心灵中的自足意象的目光。"她所描述的这种值得我们成人尊重的目光，其实就是超越逻辑理性的想象。

美术本身就是一种创造，而创造的前提就是个体大胆的想象。因而，幼儿美术教育的价值之一，就是呵护了儿童的想象。

综上，通过对美术教育目标与教育价值的文献梳理可以看出，幼儿美术教育是正在不断追求完整的人的教育。在幼儿美术教育目标上，是克服以往的功利主义倾向，逐渐强调受教育者的独特体验与想象创造。在美术教育的价值方面，以儿童为中心，基本从三个角度：儿童的内心世界、儿童的感受力与儿童的想象来思考美术教育。这让研究者在接下来的研究中更明确了方向，在儿童美术教育中应该如何去信任儿童的艺术潜能，并为之点亮。

思考与练习：

1. 美术取向的学前儿童美术教育的本质是什么？
2. 教育取向的学前儿童美术教育的本质是什么？
3. 认为艺术与游戏在本质上是一致的学者，其理论依据是什么？
4. 结合实际谈谈为什么说学前儿童美术教育的涵义并非只有在美术游戏的价值方面？
5. 我国幼儿园美术教育存在哪些误区？可以采取怎样的对策？

第四章 幼儿园美术活动的目标、内容与实施

学习目标要求

通过本章学习,了解儿童美术活动目标的取向及制定依据,以及美术活动的分层次目标体系,掌握学前儿童美术教育的内容。

第一节 学前儿童美术教育活动目标取向及制定依据

学前儿童美术教育活动是一个包括目标、内容、方法、组织形式以及评价在内的完整体系。实施学前儿童美术教育活动,首先就要制定明确科学的目标体系。学前儿童美术教育活动的目标是指导学前儿童美术活动设计与实施过程的关键准则。确定学前儿童美术教育活动的目标的基本依据是确保学前儿童美术教育的各项目的能在学前儿童美术教育活动中得以体现。

一、学前儿童美术教育活动目标制定的依据

制定学前儿童美术教育活动目标的依据主要是学前儿童美术发展的规律、学前儿童美术教育科目本身的性质,以及社会文化对学前儿童美术教育的要求。

(一) 学前儿童美术发展的规律

制定学前儿童美术教育活动目标的重要依据之一是学前儿童美术发展的规律。学前儿童美术的发展有其共同的规律,它能从视觉符号和视觉形象的角度,反映出儿童认知、情感和社会发展的水平;每一个儿童美术的发展又有其独特性,它能从视觉符号和视觉形象的角度,反映出儿童个体与众不同的个性、兴趣和需要。学前儿童美术教育活动的目标,既要顾及全体幼儿的发展水平,又要顾及儿童个体之间存在的差异,使所设立的目标能真正有益于儿童的发展。

我国台湾学者陈武镇说过:"美术教育是一把双面的刀刃,教得多了,学生极易成为教学内容与教师偏好的奴隶,难以挣脱,有幸挣脱,亦已身受伤害;教得少了,期待自然开花结果,却常见学生为技巧不足的挫折感所苦,学习的过程空有刺激而没有收获。"学前儿童美术教育活动目标的制定面临这样一个两难问题,即既不能教得太多,又不能教得太少。因此,学前儿童美术教育该教的时候就教,不该教的时候不要去干扰儿童的活动。

苏联心理学家维果茨基认为,教师至少应该确定儿童的两种发展水平:"现有发

展水平"和"最近发展区"。他批评了传统的教育学,认为它是以儿童的现有发展水平为依据的教学,定向于儿童思维已经成熟的特征,定向于儿童能够独立做到的一切,然而这只是教学的最低界限。他指出,除了最低教学界限外,还存在着最高教学界限,这两个界限之间就是"教学最佳期",它是由"最近发展区"决定的。他认为,发展过程并不总是符合教学过程的,发展过程跟随着建立"最近发展区"的教学。教学必须走在发展的前面,促进儿童的发展,这样的教学才是有效的教学。

儿童美术教育工作者们的研究已经揭示了迄今为止人们对儿童美术发展过程的认识。教师可以依据儿童的美术活动过程和作品,判断儿童美术发展的水平和状况。学前儿童美术活动的部分目标应立足于幼儿现有的发展水平,让幼儿在这样一种水平上自由地表现自我,满足自身的需要,使幼儿能在这种美术游戏中实现完善自我的价值。这样的活动目标,主要应以过程目标和表现目标的方式加以陈述。

学前儿童美术活动的另一部分目标应超前于儿童的发展水平,设置在最近发展区内。这样的活动目标能激发和形成儿童目前还不存在的心理机能,使幼儿美术的表现日趋接近合乎美学基本原理的表现方式。这样的活动目标,主要应通过行为目标的方式加以陈述。

(二)学前儿童美术教育科目本身的性质

学前儿童美术教育科目具有与其他科目不同的基本概念、逻辑结构、学习方式和发展趋势。因此,对学前儿童美术教育这一科目的性质的认识也是制定学前儿童美术教育活动目标的一个依据。

学前儿童美术是幼儿从事的视觉艺术活动,通过自己发展的或者习得的"美术语言",如线条、造型和色彩等,创造可视的形象,以表达幼儿对周围客观事物的认识和感受。在学前儿童美术活动中,如何既尊重幼儿自发创造和发展的美术符号系统和美术形象,又要让幼儿的美术表现手法逐渐纳入符合美学原理和原则的创作轨道;如何在活动中既要给予幼儿充分的自由,让幼儿有强烈的创作动机,又要顾及美术技能技巧的学习过程,符合美术教育这一科目的特点,有序地、循序渐进地进行学习,这些问题与活动目标的制定有着十分密切的关联。

(三)社会文化对学前儿童美术教育的要求

学前儿童美术教育活动的目标直接或者间接地反映着社会文化对学前儿童美术教育的要求,或多或少地打上了时代的烙印。个体儿童的发展总是与社会的发展交织在一起的。社会在任何时候都有这样的一种需要,即把社会文化遗产传递给下一代。作为社会文化的一个组成部分,美术历来被视为人类文明的精华和标志,有必要将美术加以传递、保存和更新。社会文化对教育的这一要求应体现在学前儿童美术教育活动的目标之中。

二、学前儿童美术教育活动的目标取向

由于人们对幼儿发展的规律、教育的社会需要,以及知识的性质和价值的看法存

在着差异,在制定学前儿童美术教育活动的目标时,也存在不同的目标取向。

(一)行为目标

行为目标是指在设计和实施学前儿童美术教育活动时,以行为的方式陈述美术活动的目标。课程论专家泰勒(R. W. Tyler)认为,陈述目标最为有效的形式是既要指出要使儿童养成的那种行为,又要说明这种行为运用的生活领域或者内容。泰勒对课程目标的贡献是强调以行为方式来陈述目标。

在陈述学前儿童美术教育活动的目标时太过含糊或笼统是没有意义的,如"美术教育的目标是帮助儿童发展美术潜能,通过美术经验实现创造性的成长",这样的目标即属于这一类型。同样,在陈述目标时,如果描述的是教师的任务和行为,例如"美术教育的目标是为幼儿提供美术材料",这样的目标也不妥当。泰勒认为,应该运用一种最有助于指导教学过程的方式来陈述目标,以行为目标加以表述,能明确儿童通过活动将会学到一些什么,如"给幼儿一张硬纸,幼儿能在教师的指导下,用它制作一个立方体"。这样的目标直截了当地指出了学前儿童美术教育活动期望达到的结果。

学前儿童美术教育活动的目标采取行为目标的表述方式,其长处在于它的具体性和可操作性。但是,在学前儿童美术教育活动中,并非所有的内容都可以用能被观察到的行为加以表述。这种目标取向在陈述美术教育活动的目标时,必然会遗漏许多很有价值的内容。

(二)过程目标

过程取向的目标关注的不是预先规定的目标,而是强调教师在活动过程中提出的目标。如果说行为目标关注的是活动的结果,那么过程目标注重的则是过程。

英国学者斯滕豪斯认为,教育由四个不同的过程构成,分别为:技能的掌握、知识的获取、社会价值和规范的确立、思想体系的形成。如果说,前两个过程尚能用行为目标陈述的话,那么后两个过程则是无法用行为目标表述的。他认为,设计教育活动时不应以事先规定的目标为中心,而要以过程为中心加以展开。

学前儿童美术教育活动的目标采取过程目标的方式,在理论上是十分吸引人的,在实践中却缺乏可操作性。由于过程目标是在学前儿童美术活动的过程中展开的,这就要求教师不仅要熟悉学前儿童美术发展的规律、美术表现的特征,以及美术教育学的学科体系,还要具备一定的教育科研能力,并愿花费大量的时间和精力。

(三)表现目标

在美术教育活动中,教师较少地期望儿童产生预期的行为,是希望儿童能独特而富有想象地运用和处理美术材料。在解决问题方面,也不存在单一的正确答案。因此,艾斯纳发明了表现目标,以此补充行为目标,而不是取代行为目标。

艾斯纳认为,行为目标陈述的是儿童的特定行为。只要儿童在美术活动中展示了特定的行为,它即可被有效地予以叙述和确认。但是,当教师要求儿童想象性地运用技能,创造出与众不同的视觉形象的时候,应为儿童设立表现目标。艾斯纳认为,这两类目标是相辅相成的。他指出,表现不仅是感情的宣泄渠道,而且把感情、意象和观念转变并托付给了材料。通过这一转变,材料成了表现的媒介。在此过程中,技能有不可或缺的重要性。没有技能,转变就不可能发生。这些技能,有的可在教学中得到发展。儿童获得了技能,便能运用于自己的表现活动中。因此,行为目标使儿童得到了系统的技能训练,使表现成为可能;而表现目标则鼓励儿童运用已有的技能,拓展并探索他的观念、意象和情感。表现目标关注的是儿童在美术活动中表现的某种程度上的首创性的反应形式,而不是预期的结果。它只为儿童提供活动的范围,活动的结果是开放性的。例如"利用纸上已有的矩形,画一幅你最喜欢的画",这种目标可让儿童摆脱行为目标的束缚,鼓励幼儿去表现自我,探索自己感兴趣的问题。

表现目标在美术教育活动中是有其价值的,这与美术这个科目的属性有关系。然而,表现目标也比较模糊,并非任何教师都能操作。因此,表现目标往往难以对学前儿童美术教育活动的设计与实施起到指导作用。

学前儿童美术教育活动的三种目标取向各有其长处,也有其短处。一般而言,行为目标的形式有利于儿童获取基础知识和基本技能;过程目标的形式有益于培养幼儿解决问题的能力;表现目标的形式则能鼓励儿童的创造精神。应该看到,每一种目标形式在有效地解决某类问题的同时,也会产生难以避免的负面影响。因此,在制定学前儿童美术教育活动的目标时,应特别注意各种形式目标的互补性,扬长避短,从而有效地实现学前儿童美术教育活动的目标。

第二节 学前儿童美术教育活动的分层次目标体系

一、学前儿童美术教育的总目标

2001年,我国教育部制定并颁布了《幼儿园教育指导纲要(试行)》(以下简称《纲要》),把幼儿园教育划分为健康、语言、社会、科学、艺术五个领域。《纲要》明确规定了幼儿园艺术教育的目标:

(1) 能初步感受并喜爱环境、生活和艺术中的美;

(2) 喜欢参加艺术活动,并能大胆地表现自己的情感和体验;

(3) 能用自己喜欢的方式进行艺术表现活动。

为能达到这一目标,《纲要》还列出了幼儿园艺术教育的内容和要求,具体如下:

(1) 引导幼儿接触周围环境和生活中美好的人、事、物,丰富他们的感性经验和审美情感,激发他们表现美、创造美的情趣。

(2) 在艺术活动中面向全体幼儿,要针对他们的不同特点和需要,让每个幼儿都得到美的熏陶和培养。对有艺术天赋的幼儿要注意发展他们的艺术潜能。

(3) 提供自由表现的机会,鼓励幼儿用不同艺术形式大胆地表达自己的情感、理解和想象,尊重每个幼儿的想法和创造,肯定和接纳他们独特的审美感受和表现方式,分享他们创造的快乐。

(4) 支持、鼓励幼儿积极参加各种艺术活动并大胆表现的同时,帮助他们提高表现的技巧和能力。

(5) 指导幼儿利用身边的物品或废旧材料制作玩具、手工艺品等来美化自己的生活或开展其他活动。

(6) 为幼儿创设展示自己作品的条件,引导幼儿互相交流,互相欣赏、共同提高。

从中可以看出,《纲要》从社会对未来人才的要求、艺术学科本身的特点、儿童发展的年龄特征出发,提出了健全和完善儿童人格的审美教育要求。结合布卢姆的教育目标分类学理论,《幼儿园教育指导纲要(试行)》中对艺术教育的目标定位和要求,以及我国学前儿童美术教育的实践,我们把学前儿童美术教育的目标分为认知目标、情感目标、技能目标和创造目标。

(一) 认知目标

学前儿童美术教育活动的认知目标如下:

(1) 让幼儿知道不同的材料、技巧以及活动过程之间的差异;

(2) 让幼儿能够讲述不同的材料、技巧以及活动过程会产生的不同效果;

(3) 让幼儿知道运用美术媒介和技巧,通过活动过程,与人交流情感思想,表达情感;

(4) 让幼儿知道以安全和适当的方式使用材料和工具;

(5) 让幼儿懂得视觉形象特征之间的差异,知道美术表达想法的目的;

(6) 让幼儿能够初步讲述不同的表达特征和组织方式是如何导致不同的结果;

(7) 让幼儿知道从美术作品中能获得各种经验,能享受到视觉艺术的美;

(8) 让幼儿体验视觉艺术与各种文化之间存在着历史的或其他特殊的联系。

(二) 情感目标

学前儿童美术教育活动的情感目标如下:

(1) 让幼儿喜欢用"美术语言"表达自己的想法和感受;

(2) 让幼儿能体验美术作品的线条、形状、色彩、质地等;

(3) 让幼儿对美术活动能感兴趣,并积极投入创作、欣赏和评价活动;

(4) 让幼儿能产生与美术作品涵义相一致的感受,并能表达这种感受;

(5) 让幼儿喜欢各种不同风格的美术作品。

(三) 技能目标

学前儿童美术教育活动的技能目标如下:

(1) 让幼儿能选择材料和象征性符号表达自己的思想和情感;

(2) 让幼儿能初步学会运用线条、形状表现力度、节奏与和谐;

(3) 让幼儿能初步掌握一定的秩序和变化规律进行美术创作;

(4) 让幼儿能初步感受和欣赏到美术作品中形象的美学特征;

(5) 让幼儿能对自己或他人的美术作品作粗浅的美学评价。

(四)创造目标

学前儿童美术教育活动的创造目标如下：

(1) 让幼儿能根据自己的意愿,自由地进行美术创作；

(2) 让幼儿能使用各种象征性符号,并加以组合和变化,创造与众不同的艺术形象；

(3) 让幼儿能使用色彩,自由表现自己的情感和幻想；

(4) 让幼儿能综合运用多种美术媒介进行美术创作；

(5) 让幼儿在欣赏和评价自己或他人的美术作品时,能讲述自己独特的观点。

二、学前儿童美术教育的年龄阶段目标

学前儿童美术教育活动的上述目标还是比较笼统的。在实施美术教育活动时,要根据不同的活动(如绘画、手工、欣赏等),以及不同的教育对象,细化成为每种类型活动的年龄阶段目标,甚至细化成为每个教育活动的具体目标,这样才能便于操作。

(一)各年龄阶段绘画活动目标

1. 小班儿童(3~4岁)绘画活动目标

(1) 认知目标

① 初步认识绘画的工具和材料；

② 学会辨别红、黄、蓝、绿、橙等几种基本的色彩,并能说出名称；

③ 学会辨别和感受直线、曲线、折线及各种线条的变化。

(2) 情感目标

培养儿童对绘画的兴趣,能愉快大胆地作画。

(3) 技能目标

① 学会使用蜡笔及各种线条水彩笔、棉签等工具进行涂染；

② 能画出直线、曲线、折线,并能表现线条的方向、粗细、疏密；

③ 学会用圆形、方形、长方形、三角形等简单图形表现物体的轮廓特征。

(4) 创造目标

① 引导儿童在涂抹过程中把画面画满；

② 初步学会用图形和线条组合创造各种图式。

2. 中班儿童(4~5岁)绘画活动目标

(1) 认知目标

① 能比较准确地把握形状的基本结构,理解形状符号的象征意义；

② 认识常见的固有色,说出它们的名称。

(2) 情感目标

喜欢用自己独特的绘画语言表达自己的想法和感觉。

(3) 技能目标

① 学会运用图形组合的方法,表现物体的基本部分和主要特征；

② 会选择与物体相似的颜色,初步有目的地设色、配色;
③ 在教师的引导下能围绕主题安排画面,能表现出物体的上下、左右位置。
(4) 创造目标
能大胆地按意愿作画。

3. 大班儿童(5~6岁)绘画活动目标
(1) 认知目标
① 认识物体的整体结构和各种空间关系;
② 增强配色意识,提高对颜色变化的辨析能力;
③ 知道运用不同的绘画工具和材料能表现不同效果的作品。
(2) 情感目标
在安排画面的过程中逐步体会均衡、对称、变化等形式美。
(3) 技能目标
① 能较灵活地表现各种人物、动物的动态;
② 能运用对比色、相似色、同种色等多种配色方法,注意色彩的整体感与内容的联系。
(4) 创造目标
① 能将图形融合,尝试用轮廓线创造多种图画,形成自己的图式;
② 综合运用多种绘画工具和材料进行绘画创作。

(二) 各年龄阶段手工活动目标

1. 小班儿童(3~4岁)手工活动目标
(1) 认知目标
① 初步熟悉泥工、纸工等工具、材料;
② 了解泥的可塑性质;
③ 了解纸的性质。
(2) 情感目标
通过玩泥、撕纸等活动,体验手工活动的快乐。
(3) 技能目标
① 掌握泥工中团圆、搓长、压扁等基本技能;
② 学习撕纸、粘贴,初步撕出简单形状并粘贴成画;
③ 初步学会用自然材料(石子、豆子、树叶等)拼贴造型;
④ 学会用印章、纸团、木块等材料,蘸上颜色在纸上敲印。
(4) 创造目标
能大胆地运用印章、纸团、木块等材料在纸上按意愿压印。

2. 中班儿童(4~5岁)手工活动目标
(1) 认知目标
进一步熟悉泥工、纸工及自制玩具的工具和材料。

(2) 情感目标

通过泥工、纸工及自制玩具的活动来积极投入手工作品的创作,并培养幼儿对手工活动的兴趣。

(3) 技能目标

① 能正确使用剪刀剪出方形、圆形、三角形及组合形体,并拼贴成画;
② 掌握折纸的基本技能,折出简单的玩具;
③ 学习用泥塑造出物体的基本部分和主要特征;
④ 掌握撕纸的基本技能,撕出简单的物体轮廓。

(4) 创造目标

① 能大胆地运用泥工材料,按意愿塑造;
② 能大胆地运用纸,按意愿撕、剪出简单的物体轮廓。

3. 大班儿童(5~6岁)手工活动目标

(1) 认知目标

① 了解各种纸张的不同性质,知道不同性质的纸张具有不同的表现效果;
② 对自制玩具的材料加以分类,以获得选择、收集这些材料的经验。

(2) 情感目标

① 体验综合运用不同手工材料制作作品的快乐;
② 喜欢用手工来表达自己的想法和情感。

(3) 技能目标

① 用泥塑造人物、动物等较复杂结构的形体,能表现出物体的主要特征和细节;
② 能集体分工合作塑造群像,表现某一主题或场面;
③ 能用各种纸张制作立体玩具;
④ 能使用无毒、安全的废旧材料制作玩具并加以装饰。

(4) 创造目标

能综合运用剪、折、撕、粘、连接等技能,独立设计制作玩具。

(三) 各年龄阶段美术欣赏活动目标

1. 小班儿童(3~4岁)欣赏活动目标

(1) 认知目标

知道从自然景物、艺术作品中能享受到视觉艺术的美。

(2) 情感目标

① 喜欢观看、欣赏艺术作品;
② 对美术作品、图书中的各种形象感兴趣;
③ 初步体验作品中具有不同"性格"的线条;
④ 通过欣赏老师及同伴的作品培养对欣赏的兴趣。

(3) 技能目标

初步学会运用线条表现力度感、节奏感。

(4) 创造目标

初步运用动作、表情等表达自己欣赏后的感受。

2. 中班儿童(4~5岁)欣赏活动目标

初步运用动作、表情等表达自己欣赏后的感受。

(1) 认知目标

通过欣赏作品,了解作品的主题和基本内容。

(2) 情感目标

① 能体验作品中线条、形状、色彩、质地等;

② 通过欣赏产生与作品相一致的感受。

(3) 技能目标

① 感受作品的色彩变化及相互关系;

② 感受作品中形象的鲜明性和象征性,并体验其情感;

③ 感受作品的构成,体验作品的对称、均衡、节奏。

(4) 创造目标

通过欣赏,说出自己喜爱或不喜爱作品的理由,并对作品做简单评价。

3. 大班儿童(5~6岁)欣赏活动目标

(1) 认知目标

① 通过欣赏,了解作品的形状、色彩、结构等美术要素;

② 了解作品的表现手法、艺术风格和创作意图。

(2) 情感目标

喜欢各种不同风格美术作品。

(3) 技能目标

① 能感受作品的色调、色彩之间关系的变化;

② 能感受作品中形象的象征性、寓意性;

③ 能感受作品中的形式美。

(4) 创造目标

在欣赏和评价他人的作品时,能讲述自己独特的观点。

三、如何制定学前儿童美术教育活动目标

具体的学前儿童美术教育活动目标是教师依据美术教育的总目标、各类型美术活动的年龄阶段目标,以及幼儿美术发展特点,并结合活动的具体内容来制定的。一般说来,具体的美术教育活动目标既是对活动结果的预示,也是对幼儿提出的具体活动要求。教师在制定美术教育活动目标时应注意以下几点。

(一) 目标制定的角度要统一

活动目标制定的角度要统一,是指一个活动中目标内容都从教师角度或幼儿角度出发。例如,中班图案装饰活动"美丽的桌布"的活动目标为:

(1) 引导幼儿在圆形纸的中心和边缘，用已学过的或自己喜爱的花纹作对称、均匀的组织和排列；

(2) 引导幼儿选择自己喜欢的同种色或对比色进行装饰，培养其色彩的感受和运用能力。该活动目标是统一从教师角度入手来表述的。

又如，大班手工活动"剪窗花"的活动目标为：

(1) 感受剪纸作品夸张的造型，了解剪纸是中国特有的民间艺术；

(2) 学习用折叠剪的方法来表现美丽的窗花。该活动目标是统一从幼儿角度入手来表述的。教师可根据自己的表述习惯采用不同的角度来制定活动目标。

（二）目标的制定要着眼于幼儿的发展

美术活动目标的制定应着眼于幼儿的发展，把幼儿原有的水平与新活动提出的发展目标联系起来考虑，使活动目标既适应幼儿已有发展水平，又能促进幼儿达到新的发展水平。同时，教师在制定目标时还要考虑，在发展幼儿美术能力的同时，还要发展幼儿的学习、个性、社会性等方面的能力。如中班的绘画活动"小猪盖房子"，在制定该活动的目标时，教师考虑到幼儿已有的关于小猪与房子的知识经验，提出了"尝试选择不同的图形组合表现小猪的基本结构和特征，并根据故事的内容添画背景"这一美术技能发展方面的目标，而且还从如何通过此活动促进幼儿情感、个性发展等方面出发，提出"体验不怕困难、坚持到底、获得成功的快乐"的目标。由此可见，该活动目标较具体地把促进幼儿的发展作为目标制定的一个落脚点。

（三）目标内容要有系统性

美术活动目标的系统性具体体现在两个方面：一是活动目标中应当包含认知目标、情感目标、技能目标和创造目标。在制定一个具体的美术活动目标时，要综合、系统地体现以上四个方面的目标，既不能过分强化某一方面，也不能忽视遗忘其他方面。一般来说，认知方面的目标主要反映的是美术知识、技能的获得，以及美术能力的发展；情感方面的目标主要是指情感、态度、积极的个性、社会性方面的发展；技能方面的目标主要反映的是学习技能、策略的获得及学习能力的发展；创造目标主要是指创造性、想象力、综合运用各种工具和材料的能力的发展。二是具体的活动目标在方向上应与总目标、年龄阶段目标等相一致。具体活动目标是从上一级目标中逐步分化出来的。因此，教师在制定具体的美术活动目标时，要根据儿童的年龄和发展水平，由浅入深、循序渐进地提出目标，体现目标的层次性。

（四）目标要具有可操作性

目标的表述要具体，具有可操作性，避免出现空泛而笼统的目标。如某位教师在一份大班手工活动计划中将目标制定为"引导幼儿学习用彩泥塑造人物"、"引导幼儿恰当地使用辅助材料和工具"、"培养幼儿的想象力、创造力"三条。虽然此目标统一从教师角度出发来表述，但目标中没有体现具体的行为，也没有指出行为发生的条件，因此也就无法反映出教师是通过何种具体活动来体现和落实对幼儿各种能力的培养的。由于目标过于笼统，只指出了教育的方向而没有具体的教育活动的目标内容,因而缺乏可操作性,对教师的教学失去指导意义,也不便于实施后的评价。如果我们把上述目标调整为"引导幼儿先将彩泥团圆,搓、压成球体、长方体、长条形等,再组合成自己设计的人物"、"引导幼儿学习用彩色纸、小棒、牙签等辅助材料装饰自己塑造的人物"、"引导幼儿在观察人物形象的基础上塑造出自己喜欢的人物"三条,便具有了可操作性。

第三节　学前儿童美术教育的内容

学前儿童美术教育的内容是实现学前儿童美术教育目标的媒介,是美术教育目标能否达成的关键。学前儿童美术教育的内容涉及绘画、手工和欣赏,它们是各自独立但又相互联系的三个领域。

一、选择学前儿童美术教育内容的原则

(一) 整合性原则

整合性原则是指教师选择的美术教育内容应使美术教育这一领域的不同方面的内容与其他不同领域的内容之间产生有机的联系。一方面是把美术教育各个领域的内容,如绘画、手工制作、美术欣赏等有机的整合。例如,美术活动"森林中的小鸟",教师先让幼儿学会做折纸小鸟,在折好的小鸟身上添画上羽毛和眼睛,使小鸟更加生动,然后在底纸上画上树林,最后把小鸟贴在底纸上。在这个活动中,教师把绘画和折纸有机地结合起来,通过折、粘贴、绘画,制作出一幅半立体的作品。另一方面是把各种不同教育领域的内容通过一个有主题的美术活动加以适当的整合。例如,美术欣赏活动"哈里昆的狂欢",先让幼儿用语言描述自己看到的米罗的作品《哈里昆的狂欢》的内容,以及看了这幅画后的感受想象自己是舞会上的一个小怪物,在音乐的伴奏下,用肢体动作来表现,用画笔描绘想象中的舞会。在该活动中,通过形象生动的语言描述,边欣赏大师作品边创造性地进行想象等形式,将欣赏活动、绘画活动、音乐活动和语言活动等内容有机地整合在一起。

(二) 适应性原则

适应性原则包含两层含义:一是教师在选择美术教育内容时要以学前儿童的生活经验为基础。幼儿的生活经验较为贫乏,其主要来源是实际生活中的直接感受。教师在选择美术教育内容时应从幼儿的直接经验入手,选择那些幼儿熟悉的、感兴趣、有愉快情绪体验的内容,而不是从教师的主观愿望出发,片面强调美术知识的获得和技能的训练。因为只有那些儿童直接感受过的美术教育内容才能被他们同化到自己的审美心理结构中去。二是教师在选择美术教育内容时要以学前儿童的实际发展水平为基础。教师在选择美术教育内容时还应考虑到儿童的实际发展水平,包括他们的心理发展水平、美术能力发展水平,以及已经掌握的美术知识和技能。过高或

过低估计儿童的发展水平,都很难实现预期的教学目标和效果。

例如,一个中班的美术活动"会飞的大雁",因为教师选择的绘画内容——大雁是幼儿不熟悉的、也很难观察到的动物,因此孩子们只能临摹教师的范例。结果,全班幼儿画出的都是头朝着一个方向飞的大雁,所画大雁毫无个性可言,更不要说想象力和创造力的发挥了。究其原因,首先,教师选择的绘画内容远离学前儿童的生活经验,生活中很难看到大雁,幼儿没有实际的感受;其次,对中班幼儿来说,表现动物的动态超出了他们美术发展的实际水平,他们更多的是表现动物的主要特征和基本结构,因此活动过程中,幼儿兴致不高,绘画作品如出一辙。为此,教师选择美术教育内容时,一定要注意结合儿童的生活经验和实际的发展水平,为他们选择乐于接受也能够接受的美术教育内容。

(三)系统性原则

为学前儿童选择的美术教育内容要系统化,因为只有系统化了的内容才有助于儿童心智结构的建构。所谓内容的系统化,是指内容的安排要有序,由易到难,由简单到复杂,层层推进,逐步深化。

例如,幼儿学习造型的顺序可以是这样的:最初是用线和基本形状的组合简单地表现形象;接着是通过各种几何图形的组合来表现形象的基本结构和特征;然后是表现形象的细节和动态,使所画形象更为具体、生动。幼儿学习色彩的顺序可以是这样的:最初是在认识颜色的基础上用基本色来表现;接着是选择自己喜欢的颜色来表现;然后是能够选择与实物相似的颜色来表现,即能够随类赋彩;最后是能够注意画面色彩的搭配和装饰。幼儿学习构图的顺序可以是这样的:最初能大胆地画出单独形象;接着能初步表现物体的空间关系,在画面上安排主要形象和次要形象;然后能把形象有层次地安排在画面上;最后是所画形象能围绕主题,并均衡地安排画面形象。由此可见,学前儿童美术教育领域系统化的内容其依据是学前儿童美术心理发展的逻辑,而不是美术学科本身的知识体系。

二、学前儿童绘画教育内容

学前儿童绘画教育活动是教师引导学前儿童用各种笔、纸等工具和材料,运用线条、造型、色彩、构图等艺术语言创造出视觉形象,从而表达创作者的思想、情感的一种活动。学前儿童绘画教育的内容主要有以下两方面。

(一)绘画工具和材料的认识与使用

学前儿童在绘画活动中要认识各种绘画工具和材料,了解其性质,并能灵活地使用绘画工具和材料。

1. 各种绘画工具和材料

学前儿童经常使用的绘画工具和材料有蜡笔、油画棒、水粉颜料、广告颜料、毛笔、排笔、铅画纸、宣纸、卡纸等。这些工具和材料具有不同的性质,如油画棒的油性、水粉颜料的水性、宣纸的渗透性等。

2. 各种绘画工具和材料的使用

绘画的工具和材料多种多样，其使用方法也各不相同，学前儿童学习绘画工具和材料的使用方法包括：

(1) 涂蜡法。涂蜡法是在画纸上先涂蜡，然后着色的方法。先用蜡笔画上物体的轮廓，并涂满所需部位，再上色。凡是涂了蜡的部位，仍然显露出蜡的本色，既和谐，又强烈。

(2) 点彩法。点彩法是将颜色一点一点地点在画面上，使不同颜色并列一起，产生一种跳动、闪烁的效果。彩点可以是小点，也可以是大点；可以是方点，也可以是圆点，还可以是其他不规则形状的点。点彩法适合表现活泼、热烈的景物。

(3) 粘彩法。粘彩法是一种借用海绵或纸团来作画的方法。用一块小海绵粘上颜色，直接往画面上轻轻按压，就会出现许多形状不同的彩点。随着手中海绵不断改变按压的方向，画面效果则会更加丰富。此法适合表现树叶、山石草丛，处理画面的背景部分。

(4) 刻划法。利用刀片、针尖、笔杆等坚硬、锋利的物体在画面的颜色上刻和划，使画面的某些部分产生或明或暗、或粗或细的线条，从而产生强烈的效果。

(5) 喷水法。其表现力很强，运用得好，十分有趣。先将画面的颜色画好，随即利用喷壶向画面喷水，画中就会出现许多小雨点，此法最适表现雨中景色。

(6) 洒盐法。这是一种具有特殊效果的表现方法。先将画面的颜色涂好，在未干之际，把细盐轻轻洒向画面，待颜色干透后，再刷去未溶于水的盐末，你会发现，画中仿佛有无数的雪花从天而降，效果十分美妙。

(二) 绘画的形式语言

绘画的形式语言是绘画表现的手段，主要包括线条、形状、色彩、构图等要素。美术教育中，学前儿童所要学习的绘画形式语言主要有线条、形状、色彩和构图。

1. 线条

线条是造型的基本要素之一。在绘画中，线条能表现物体的形象，表达作画者的思想和情感，显示个人的创作风格。线条的运动与变化能增加造型的效果。学前儿童对线条的学习主要内容如下：

线条的基本形态可分为直线与曲线。直线包括垂直线、水平线、斜线以及折线。曲线包括以圆弧度的大小、方向转换的不同而呈现的各种曲线。

线条的变化包括直线与曲线有长短、粗细的变化，线和线之间可以交叉、并列、重叠、穿插等，变化无穷。线的变化可以给人一种形式美感。它能根据生活的形象表现出不同物体形象的特征。

2. 形状

形状是对象的外轮廓，是唯有眼睛所能把握的对象的基本特征之一。

(1) 规则形。在形状中，规则的三角形、正方形、长方形、梯形、平行四边形、菱形、多边形等都由直线构成，较为简单明确，因此称为规则几何形状。这类形状常见于人造物，如屋顶、彩旗、门窗等。

（2）自由形。方向不定的弧线、曲线、波状线等自由曲线组成的形状称为非规则的自由形状。这类形状常见于大自然，如波浪、河流、海滩、花、草、枝、叶等。

（3）规则形与自由形相结合的形状。圆形、半圆形、椭圆形、旋涡形、月亮形、心形等，基本上是由曲线、弧线构成的形状。这类形状既简单又复杂，是一种特殊的形状，在自然界与人造物中均常见到，如自然界中的太阳、月亮、海星、卵石、果仁、螺壳等，人造的车轮、扇子、弹子、皮球等。它们是自由形和规则形相结合的形状。

3. 色彩

色彩是绘画的基本要素之一。色彩有表现性、象征性和装饰性三个特点。色彩表达人的真情实感，创作者从自己的表现意图出发，主观地对色彩进行搭配，这就是色彩的表现性。色彩的象征性是人们在长期的社会生活中，对色彩所赋予的特殊情感和象征意味，使色彩成为一种特殊的象征符号。例如，红色象征着热情、喜庆，黄色象征着光明、希望，白色象征着神圣、清净，黑色象征着罪恶、恐怖，绿色象征着和平、青春，紫色象征着优雅、神秘等。色彩的装饰性是指画面上各种色彩的面积、位置，以及与形状之间的协调。例如，民间画诀"红要红得鲜，绿要绿得娇，白要白得净"，就说明了追求大色块、高纯度的民间色彩装饰效果的审美倾向。在美术教育中，学前儿童对色彩的学习，经历了从辨认到运用的过程。

色彩是造型艺术的主要语言，学前儿童通过美术活动，学习辨认色彩的三要素，即色相、色度和色性。

色相是色彩的相貌，指色彩的种类和名称，也是色彩可呈现出来的质的面貌。自然界中的色相是无限丰富的，如紫红、银灰、橙黄等。学前儿童要学习辨认三原色，即红、黄、蓝；三间色，即橙、绿、紫；常见的复色，如蓝灰、绿灰、红灰；无彩色，即黑、白、灰。

色度包含色彩的明度和纯度。色彩的明度是指色彩的明暗程度，如七种基本色相中，紫色色度最暗淡，黄色色度最明亮。色彩的纯度是指色彩的鲜浊程度。纯度高的色彩鲜艳，鲜艳色彩中加黑、加白、加灰则纯度就变低了。

色性是色彩的冷暖属性。不同的色彩给人带来不同冷暖的心理感觉。一般说来，红、橙、黄等颜色称为暖色，而青、蓝等颜色称为冷色，色彩的冷暖是相对的。

学前儿童运用认识的颜色来表现物体形象，并通过颜色的对比、渐变、重复等变化来丰富画面，从而表达自己的情绪、情感。学前儿童在色彩运用方面的学习主要经历了按物择色，通过颜色变化来处理画面上的色彩，色彩的情感表达这几个过程。

按物择色是指学前儿童能运用认识的颜色，正确地表达出带有固定颜色的自然物，选择与实物相似的颜色着色，如小草是翠绿的、海水是蓝的、云是白的等。

色彩的变化是指通过色彩的对比、渐变、重复等的变化来表现画面上的各种形象的颜色与画面底色之间的关系，使画面更明亮、生动。

色彩的情感表达是指运用主观知觉来构成画面的色彩，如用红色表现愤怒时的脸、用白色表现哀愁时的脸、用绿色表现生气时的脸等。

4. 构图

构图是绘画语言要素之一。在儿童的绘画中,构图有着与线条、色彩同等重要的地位。构图是指在一定的空间安排和处理人、物的关系和位置,把个别或局部的形象组成一个整体。构图需要儿童能把握整体并预先构思,因此他们需逐步学习如何处理绘画中形象的分布和主次关系。

(1) 绘画中的形象分布

绘画中的形象分布是幼儿构图中一个重要的元素。形象分布是形象在画面上的位置关系和形象相互之间的关系。不同的分布方式有着鲜明的直观特征,反映了幼儿空间概念的不同水平。按形象之间的关系,绘画中的形象分布由低到高分为以下几种水平:

① 零乱式。零乱式构图是指幼儿对画中的形象是不作空间安排的,只是随机地把物体分布在画面上,画面没有上下之分,更无前后之别。

② 并列式。这种并列式的构图,由一个我们称之为"基底线"的记号表现出来。从这时起,儿童用一种普通的空间关系来包含各种事物,把所有的东西(物体和人物)都放置在基底线上来表现。画面中的各种形象都垂直平行,头脚一致地竖立着,形象之间开始有了上下一致的方向。

③ 散点式。和并列式那种只有上下高低,而没有远近前后的构图方式相比较,散点式构图已摆脱了地平线,开始表现出物体的离散关系,即物体向着四面八方离散开去。幼儿往往将整张画纸作为地面来表现作品中的形象,构图开始具有层次感。

④ 遮挡式。这种形象分布方式是幼儿期最高的构图形式,但是只有很少一部分幼儿能达到这一水平。运用图形之间的相互遮盖或重叠的绘画表现方式,是随着幼儿空间概念的发展而出现的。遮挡式构图的出现表明幼儿开始从一个固定角度出发去表现物体的空间关系。

(2) 形象主次关系

形象主次关系是指各种形象在画面中如何分化成主体与背景的过程。不同年龄阶段的幼儿,在处理画面中形象主次关系时有着极其显著的差异。形象主次关系的处理与形象分布方式的发展密切相关,同时也与幼儿对事物之间关系的感知和理解,以及组织形象能力的发展紧密相连。这方面的发展大致表现为以下几种水平:

(1) 罗列形象。处于该水平的幼儿,常常将事物看作是独立的个体。儿童表现出来的各个物体,在空间关系上实际上都是孤立的,各个物体之间好像彼此没有什么联系,相互之间也不发生任何影响。因此,其绘画具有"列举"的特点。

(2) 以空间关系安排形象。在儿童的空间发展中,最重要且最基本的经验是发现了秩序和相关的空间概念。因此,他们在绘画时开始使一个事物与另一一个事物发生相互的联系。最初,儿童是以十分简单的方式来处理事物之间的关系。这种方式仅仅满足于空间位置中"上下"的准确性,还不能正确地掌握上下、前后、左右三度空间,如鸟与云朵在天上,人与植物、建筑物在地上等。此时,幼儿的作品中各形象在画面上都显得同等重要。

(3) 形成主题与背景。儿童开始注意到了特殊的环境并用不同的方式来处理不同的环境。作品中的主要形象通过增加细节,加以装饰等方法被描绘得更加突出,从而成为画面的主体。此时的作品开始有了一定的主题,且所画形象都与主题有关,画面内容丰富。画面上,一些形象成为主体,另一些形象则构成背景,并有简单的情节。

三、学前儿童手工制作教育内容

学前儿童手工制作教育内容是教师引导学前儿童使用各种手工工具和材料,运用剪、撕、贴、折、塑等手段制作出平面或立体的物体形象,从而发展学前儿童动作的灵活性、协调性,培养他们实际操作的能力以及工作的计划性和条理性的一种教育活动。

(一) 手工工具、材料及其性质

学前儿童手工活动的工具主要有剪刀、放置泥的泥工板、辅助材料等。学前儿童手工活动的材料可以分为点状材料、线状材料、面状材料和块状材料。

(1) 点状材料。点状材料主要有珠子、纽扣、果仁、瓶盖、豆子、石子、沙子等。点状材料可用于作品完成后的装饰,也可通过串联、拼贴、镶嵌等方法制作成平面和立体的作品。

(2) 线状材料。线状材料主要有绳子、线、纸条、橡皮筋、吸管、树枝、电线等。线状材料可通过编织、盘绕、拼贴、插接等方法来制作成平面和立体的作品。

(3) 面状材料。面状材料主要有塑料片、纸、纸盘、布、花瓣、木板、树叶、平面玻璃、铁片等。面状材料可通过撕、剪、折、卷、粘贴等方法制作成平面和立体的作品。

(4) 块状材料。块状材料主要有各种材质的盒子、瓶子、球体,还有水果、蔬菜、泥块、石块、纸杯等。块状材料可通过塑造、雕刻、组合、挖、剪、拼接等方法制作成立体的作品。

(二) 手工材料的基本制作技法

1. 泥工材料的基本制作技法

泥工材料的基本制作技法包括团圆、搓长、压扁、捏、挖、嵌接、分泥和伸拉。

(1) 团圆。团圆指将泥放在手心中,两手配合着来回转动团成球状物。此法可制成苹果、小球、珠子等泥工制品。

(2) 搓长。搓长指将泥放在手心中,两手合拢,前后搓动成圆柱形。此法可搓成面条、麻花、胡萝卜等泥工制品。

(3) 压扁。压扁指将搓成的长条或团成的球状物,放在手心中,用两手掌拍压。此法可做成饼干、花卷、车轮等泥工制品。

(4) 捏。捏指用拇指和食指,互相配合进行捏泥的方法。它能捏出物体的细部,如捏动物的耳朵、嘴巴、器物的边缘等。

(5) 挖。挖指将初步制成的物体用手指按压成小坑,或是用工具将中间泥挖去。此法可制成水果、碗、盆等泥工制品。

(6) 嵌接。嵌接指将团、搓、捏、拉出的物体细部用连接物(牙签、火柴梗等)组合成一体的方法。有粘接(橡皮泥直接粘接)和棒接(用火柴梗、牙签等连接)两种。凡嵌接的物体上半部分量较重时,必须用棒接。

(7) 分泥。分泥指用目测认为大块的泥,按照塑造物不同比例的需要,分出大小不同的泥块,进行塑造。

(8) 伸拉。伸拉指从整块泥中,按照物体的结构伸拉出各部分。

2. 纸工材料的基本制作技法

纸工材料的基本制作技法有折、剪、撕、粘贴、盘绕等,下面根据折纸、剪纸、撕纸、粘贴等基本活动介绍纸工的基本技法。

(1) 折叠。基本折法包括对边折、对角折、向心折等。

(2) 剪。用剪刀沿边线剪出形象,一般先细后粗,先内后外,先密后疏。

(3) 撕。用手将纸按想好的形象撕开,也可先画好形象,沿边线撕开。

(4) 粘贴。用胶水将作品的各个部件粘合在一起,成为一个整体造型。

(5) 盘绕。将纸先搓成细长的纸线,然后按照事先设计的形象盘圈,绕成所需要的形状。

3. 粘贴的基本技法

粘贴是把现成的纸形或几何图形或自然物贴在纸的适当位置上,表现物体形象的造型活动。

(1) 图形粘贴。图形粘贴指把从图书、杂志等上面剪下的实物图形,经过重新组织,拼贴成画。一般由教师提供给小班儿童实物图形。

(2) 几何图形粘贴。几何图形粘贴指用色纸剪成大小、形状不同的几何图形,拼贴出新的图像。

(3) 自然物粘贴。自然物粘贴指把各种植物的叶子或其他废弃物,如蛋壳、瓜子壳等,粘贴在衬纸上,形成新的图像,或拼贴成画。

四、学前儿童美术欣赏教育

学前儿童美术欣赏教育是教师引导学前儿童欣赏和感受美术作品、自然景物和社会环境中的美好事物,丰富儿童的美感经验,培养其审美情感、审美评价能力和审美创造能力的一种教育活动。

(一) 学前儿童美术欣赏对象的类型

学前儿童可欣赏的艺术作品主要有以下几类:

1. 绘画作品

绘画作品是在平面上展现的,以一般的纸、布和笔墨、颜料为工具,运用线条和色彩构成的图像。绘画根据使用材料、工具和技法的不同,分为中国画、油画、版画(包括木刻、铜版、纸版、胶版、石版等)、水彩画、水粉画、色粉画、丙烯画、蜡笔画等。绘画以题材不同,分为人物画(肖像画、风俗画、历史画等)、风景画、静物画、动物画等。绘画以社会作用和表现形式不同,可分为宣传画、广告画、年画、漫画、连环画、组画、插图等。绘画以表现手法不同,可分为抽象绘画、具象绘画、装饰绘画等。绘画根据作画主体的不同,可分为成人画和儿童画。

2. 雕塑作品

雕塑是雕和塑两种制作方法的合称。它以特种刀子在黏土等可塑的或者金属、石、木等硬制的材料上,雕塑出各种艺术形象。雕塑一般分为两类:一是圆雕,占有三度空间的实体,不用背景,从四周观看,有如现实中真的人物或形体;二是浮雕,即浅凸雕。浮雕又有高浮雕、浅浮雕之分。浮雕往往还有简练的背景和道具,古代雕塑多取材于神话、宗教题材,近代雕塑取材极为广泛。

3. 实用工艺

实用工艺是指在造型和外观上具有审美价值,与人类的生活用品或生活环境相关的一类工艺美术品的总称。实用工艺品的范围极其广泛,主要包括三大类:一是经过艺术处理的日常生活用品,如漂亮的绣花枕套、精致的床单、美观的玻璃器皿等,这些用品多是以实用为主,装饰为辅;二是民间工艺美术品,如竹编器件、蜡染织物、泥塑、木雕、剪纸等,既实用又具有观赏价值;三是特种工艺美术品,如景泰蓝器皿、象牙雕刻、瓷器、玉雕等,它们采用的原材料比较珍贵,工艺非常精细,价格也比较昂贵,主要供观赏和珍藏之用。特种工艺品实际上已不具有实用价值,而是主要具有审美价值和艺术价值。

4. 建筑艺术

从建筑功能出发,通过对建筑材料与结构方式的技术处理,使建筑产生一个美的形式即建筑艺术。建筑依其营造的目的——使用功能不同,可分为宫廷建筑、宗教建筑、军事建筑、公共建筑、民居或园林建筑、陵寝建筑等。

5. 自然景物

自然景物是以地理、物象、水文、天象等为主的自然造化。自然界的景物千姿百态,美不胜收。日常生活中可供学前儿童欣赏的自然景物有很多,如动物、花草、树木、山川、河流、星空、高山、海滩、冰雪、晨露、霞光、贝壳、海星等。

6. 周围环境中的美好事物

周围环境中的美好事物是指以人工为主的各种事物,如各类玩具、节日装饰、服装、街道、日用品、环境布置、庭园绿化等。

(二)学前儿童美术欣赏活动中的基本知识与技能

学前儿童在美术欣赏活动中应掌握的知识与技能主要包括四个方面:一是美术欣赏方面的简单知识,如冷色、暖色、变化、对称等;二是用自己的语言对欣赏对象做出适当的描述;三是用各种"语言"表达自己对欣赏对象的感受和认识,如口头语言、形体语言(如动作、舞蹈、戏剧、哑剧等)、美术语言(色彩、造型、构图等)等;四是运用不同的艺术形式表达自己的感受和体验,如绘画、泥塑、粘贴、剪纸、撕纸等。

思考与练习：

1. 学前儿童美术教育的目标取向是什么？
2. 制定学前儿童美术教育目标的依据是什么？
3. 教师在制定具体的美术教育活动目标时要注意什么？
4. 选择学前儿童美术教育内容的原则是什么？
5. 学前儿童绘画教育内容中，形象分布和形象主次关系有哪几种水平？

第五章 幼儿园美术创作活动的设计与指导

学习目标和要求

通过本章学习,了解幼儿美术创作活动的一般规律和对策,了解幼儿园美术各类活动的指导要点,掌握学前儿童美术活动的教学方法。

第一节 幼儿美术创作活动的一般规律与对策

通常因为指导者对儿童美术创作中的心理因素理解的比较单一,不能掌握其中的各项变量,缺乏对儿童美术生活过程的全面把握,造成种种与预料和努力不一致的结果。为了避免这种情况的发生,确认影响幼儿美术创作的因素非单一而是多方面的,这点十分那必要。那么,这些影响因素是什么,他们之间又有着怎样的关系,在美术教育中应采取的恰当做法又是什么,正是下面要谈的内容。

一、影响幼儿美术创作的心理因素

(一)感知

1. 美术形象来源与视觉经验

在美术创作活动中,感知主要是视知觉。也就是说,幼儿通过观看获得的关于事物的种种视觉经验,这是他们美术创作中形象的来源。一幅作品,无论是再现某件事物的还是高度抽象的,都包含着最基本的视觉经验。幼儿画一只飞鸟、一个苹果、一棵大树,这些东西都是他曾经见过的,是视觉经验中所有的。即使是一幅想象性的作品,其中人物、景物和活动,都是幼儿们见到过的,是他们亲身经历过的生活。没有一定的视觉经验,进行美术创作是不可想象的。

2. 知觉力的强弱影响作品形象的深入和精确程度

美术形象来自视知觉,知觉对幼儿美术创作有什么影响呢?知觉力的强弱、敏感与否影响幼儿美术创作的质量。一个对事物的形、色很留心,观察力又强的幼儿画出的形象总是完整入微的。一个空间感很强的幼儿将擅长造型、构图。而一个对色彩敏感的幼儿会将一幅画画得色彩斑斓,具有装饰性。凡此种种,说明知觉对幼儿美术创作有着明显的影响。

3. 美术形象来自视知觉

美术是诉诸视觉的艺术，因此，通过美术活动能有效训练幼儿的视知觉。尹少淳先生在《美术及其教育》一书中提出："视知觉能力无论作为智力发展的一个因素，还是作为质量的一个因素都是十分重要的。因此，从智力发展的角度着眼，训练和发展学生的视知觉能力，的确是教育的一大任务。"在美术活动中的审美感知是视觉器官对欣赏对象的形状、色彩、光线、空间、张力等要素所组成的形象的整体性的把握。美术的形象来自审美知觉，审美知觉不带有功利的目的，因为功利目的的知觉只知觉事物局部少量的有用信息，而不是对事物的整体和情感性的把握，所以难以进入美术表现。

产生审美知觉是有条件的，条件是主体对所感知的事物有一定程度的新鲜感和距离感。在美术活动中，儿童总是选择那些对他们来说富有什么意义的形象及结构特征的对象作为欣赏对象。由此可见，儿童通过美术活动来获得更多的视觉经验，发挥视觉感知的潜力，并以艺术的眼光去发现世界存在的真谛。

（二）情绪与感情

知觉是美术创作中的重要因素，但不是唯一因素。幼儿愿不愿意画，画什么，效果如何还受着其他因素的影响和制约，这其中，就有情感因素。

对幼儿来说，创作愿望的产生，取决于事物与感情的关系性质，还与事物引起的感情的强度有关。当幼儿对某个事物的情感过于强烈时，它倾向于占有、摆弄、操纵它。相反，事物引起的情感过于微弱，幼儿则无意去再现它。只有在适度时，幼儿的心灵处于一种活跃的状态，创作的愿望才会产生。因此，情绪情感的强度必须适度，既不过于强烈也不过于微弱。

情绪、情感还决定着作品的质量。幼儿依情感选择表现的内容，将自己的感情融进了作品中，因此，作品获得丰富和充实的内涵。作品对感情表达是其质量的重要部分，也是评判作品优劣的标准之一。一幅充分表达了幼儿自己感情的作品是生动的，而被动、复制的作品则是枯燥无味的。

情感不但与创作内容有关，还关系着表现形式的作用。幼儿追求高级、完美表现形式的愿望也产生于特定的情绪情感。当幼儿稍长些的时候会主动地追求更高级、完美的表现形式，这也受情绪、情感的推动。以上可以看出，情绪、情感在幼儿美术创作过程中起着重要的作用。

（三）动作活动

动作活动又是一个与创作有关的因素。这里指的是主动地动作活动，我们暂时把它分为一般的活动和美术中的活动来分析。

1. 一般动作活动的作用

动作活动连接了主体与客体，它的作用分为两个方面：一方面，幼儿通过动作活动变革客体，了解客体。同时，另一方面，他也了解自己，体会自己的力量与作用，形成个人的行为方式。

一般来说,在活动过程中,被操作的物体处于被动状态,幼儿通过对它的操作,增加了有关的知识,但随着对它支配程度的增长,它的吸引力降低。因此,它较少划为幼儿作品中的形象。这是我们前面提到过的。而由活动带给主体的变化对幼儿的美术创作具有强烈的推动作用。

早期幼儿画中人物形象的发展可以说明这一点。最初,幼儿画中出现的人,头与身躯不分,但有四肢、眼睛;稍长些以后,将头与身躯分别画出,出现嘴与手指,但身躯仍是混沌一团的。一般,运用得早、运用得多的身体部分优先出现,造型肯定而清晰。而运用得少,动作不明显的身体部分往往难以分化出来。例如,很多幼儿画人时常省略耳朵、鼻子、眉毛、脖子等。罗文菲尔德曾谈到过他启发幼儿画人嘴的经验。他说:"有一次,我参观小学一年级时,看到幼儿画一条线作为'嘴'的符号,我故意在我口袋里装一颗糖果,使它在这袋子里嘎嘎作响后,我问幼儿:'在我口袋里有什么?''糖果。'这是答复,'你想它是硬的还是易于咀嚼的?'从声响中幼儿推断他是硬的糖果,'你喜欢硬的糖果吗'是我的问题,'是的'为一致的答复;把一些糖果放在每一个幼儿的桌上,我要他们在得到信号之前不要放进嘴里,'现在你们可以咬糖果来发现他们是多么硬了。'而所有的幼儿把糖果咬得碎碎的。在经历过这次经验后,我要幼儿画'吃糖果',在教室中的每一位幼儿都在他们的表现中画进去了'牙齿'。这种个人经验开发了他们的消极知识。"将幼儿所画的各类题材的形象比较一下,一定会发现,幼儿画中人物的表现水平提高得最为迅速,大大优于对其他物体的表现。这与幼儿自我体验的增长是分不开的。幼儿关于节奏、平衡等艺术规律的理解也得之于他控制动作活动的体验。

2. 艺术创作中动作活动的作用

艺术创作过程中的动作活动与上述一般的动作活动有所不同,对主客两个方面的了解对幼儿的美术创作都有推动作用,对客体的了解,在这里成为对表现媒介的理解,任何一点对媒介特征的了解,都将增进幼儿对它的驾驭程度。而自我体验使幼儿的创作活动更有目的性和控制力。

幼儿从涂鸦期到形象期的转变有力地说明了这一点。在幼儿两三岁的时候,他还不知道用笔画出形象,拿到笔以后只知道乱涂乱画,画一些零乱的线条。在不断地图画的动作活动中,他熟知自己的动作和动作的结果,了解到笔和纸的性质,特别是了解了线条的特性,这种二维的表现媒介能够形成许多形状,而且与他见过的东西相似。于是他开始重复那个动作,使之产生某些图形,代表印象中的事物。这样,发生了一项根本性的变革,幼儿能够有目的地画某些东西了。

动作活动始终是重要的,它架起了主客体之间联系的桥梁。当幼儿年长些的时候亦是如此。

二、幼儿美术创作活动的一般规律

影响幼儿美术创作的诸多因素,它们之间的关系是怎样的呢?各因素在幼儿美术创作中的关系如下:

(一)动态平衡

在正常情况下,有美术创作中几个关键心理因素处于动态平衡之中,即是说,每个心理因素都处于发展之中,但他们的发展是不同步的,各因素的发展程度存在差距但水平高的因素都能引动水平低的因素,水平低的因素会向前靠拢,保持总体的平衡。当几者的水平距离适中的时候,能出现一个积极、能动的发展结构,实现自动调节,形成良性的发展趋势,这时幼儿能够积极主动地进行创作。

例如,"随着幼儿视觉理解力的增长,他会在自己原来的作品中发展更多的模棱两可性。"于是,产生克服模棱两可性的愿望,促使他去探索高级而又清晰的再现式。再如,当一个幼儿的再现能力发展以后,他将以一个新的方式去察觉外物,更有效地把握事物的突出特征与生动之处。此时他将渴望采用新的方式去表现他的经验。尽管有的时候,他对新方式的掌握并不如原有的方式那样熟练,但由于高级的再现方式较之低级的方式更有表现力,他对幼儿有着极大的吸引力,因此任何新的再现方式的掌握都使幼儿感到愉悦,引动他们的表现愿望。幼儿美术创作就在各因素的交互作用中起伏进行与发展。

(二)低项决定

如上所说,各因素的发展是不同步的,那么,创作的水平取决于什么?是取决于程度高的因素还是取决于程度低的因素呢?

我们说创作水平不由程度高的因素所决定,而是由程度低的因素决定。这有点像蛋白质的生理价值,总是取决于含量最低的那种氨基酸,我们可以把这叫作"低项决定"。

在美术创作中,如果一个幼儿在感知方面处于劣势,缺乏视觉经验,不能觉察外物与自己表现之间的不同,他将只是重复学来的东西,自我满足,不能离开现成的画法,表现个人的独特经验;其表现的形式相对于内容来说显得含糊不清,空洞。如果一个幼儿的表现愿望低于其他方面他的新的视觉经验,他学习的表现方法,都会被搁置起来,不被唤起,难以进入创作状态。他可能勉强地画画,但不会出现动人的作品。再如一个幼儿缺乏相应的再现能力,不能给他的经验与适当的形式,他可能在形象上添画一些细节,画成一些很复杂的结合体,表明他察觉的仔细和敏锐,但结果确实可怜的,不能如愿以偿画出自己希望的样子。

总之,当各种因素水平差距适度时,他们之间产生积极的相互作用,促进幼儿美术创作的不断发展,然而,这种发展又囿于"低项"划定的范围。

(三)两极现象

以上讲的是幼儿美术创作的一般规律。而在某些特殊的情况下,却是不能出现这种能动的调解。如,各因素相距太大时,其中的"高项"不能牵动其他因素,结果是高水平的因素也得不到发挥与实现,美术创作处于较低的水平上。另外,有些时候也可能出现各因素之间的平衡,即使没有差异,呈现一种停滞的状态。

平衡可能出现在各种水平上,但最容易出现在低水平上,即感知、愿望、动作活动、再现的水平都很低。在这种情况下,幼儿不求进步,对美术活动反应冷淡。

当平衡出现在高水平上时,幼儿感知、愿望、动作活动、再现的绝对水平很高,但出现了旗鼓相当的局面,这时,幼儿也会停滞不前。例如,一个幼儿曾对老师说:"我的画已经画得特别好了,不能再好了,前面已经有大墙,不能过去了。"这个幼儿表达的正是一种非常满足不能进步的体验。但这种发生在高水平上的平衡易被打破,好比空中运动,稍有外力,平衡即被打破。老师听了那个幼儿的话以后,拿出一些幼儿画给他看,告诉他:"这是一个三岁幼儿的画,他的年龄比你还小,画得好不好?"他说:"好。"老师又告诉他:"这是一个四岁幼儿画的,他的年龄也比你小,你看都画了些什么,好不好?"他点点头。看了数张之后,教师问他:"你的大墙还有吗?"他说:"没有了。"

由以上可以看出,各个因素的水平适度是幼儿进入美术创作的必要条件,这是因为当这个因素水平相当的时候,他们形成一个良好的关系状态,幼儿保持对所要表现的事物的新鲜感和审美态度,有相当的经验储备,具备表现所需要的能力,在这样的情况下能够进入活跃创作过程中。

三、美术教育活动中对幼儿创造力的培养

创造力是人类最重要和最有价值的一种能力,目前世界各国普遍重视儿童创造力的研究和培养。近年来,我国学者对此领域的研究不断加强并日益扩展,但在学前教育实践中,对儿童创造力的认识仍存在种种误区,直接削弱儿童创造力培养的效果,因此必须更新观念,走出误区,科学理解儿童创造力,从而有效地在实践和应用中加强对儿童创造力的培养和训练,只有这样才能为国家和社会提供更多的创造人才。儿童的心灵是自由的,他们往往不受客观现状的束缚,尽情地"异想天开"。儿童创造能力的培养不是一蹴而就的事情,教师要有耐心,一点一滴、潜移默化地进行培养和启发。在日常的美术教学活动中,处处留心可以激发儿童创造力的机会,引导幼儿用图形、色彩发现其想象力,审美能力发展的本身就是创造性发展的表现。在自由轻松的情境中,积极引导儿童学会观察,鼓励启发他们从不同的角度看待事物,思考问题。在教学中巧设情境,多提问题,主动地从变通性、流畅性、独特性三个方面训练儿童的创造性思维。

无论从智力因素方面还是非智力因素方面,儿童都处于个人发展的关键时期。在这一时期,儿童创造力的发展十分活跃。而同时,他们的好奇心、求知欲又是十分稚嫩脆弱的。教师积极地反应,会促进其继续发展;而冷漠甚至是压抑的态度,也极易使他们的这种创造与热情受到伤害,从而使其退缩。有些教师往往用成人理解世界的方式去束缚幼儿的思维,使幼儿生命早期的心灵自由受到极大限制。荣格说过:"若没有胡思乱想,就没有创造性的成就出现。"因而,要培养幼儿的创造力就应当给他们以思维的自由。避免传统教育中模仿多,启发少,教师讲述多,儿童发言少;集体活动多,自由活动少的弊端。学前期的儿童正处在身心发展极为迅速的阶段,具有极大可塑性。教师应做到以下几点:

（一）全面入手

进行美术教育，首先要明确推动美术发展的因素是不单一的，而是多方面的。教育要从各个方面入手，教育的措施也应是全面的。例如，通过浏览、观察等使孩子获得丰富新鲜的视觉印象；"运用情境—陶冶式教育"激起孩子情感与表现的愿望；通过练习，使幼儿掌握表现的式样，再求探索新的式样；通过欣赏优秀作品，学习表现的方法；采用各种提示方法，启发孩子的意象，等等。

（二）具体指导

其次，对每个幼儿的情况作具体分析，掌握自己在发展的不同时间段的不同因素的变化情况，灵活、不失时机地进行教育。其一，寻找发展的低项，采取有针对性的教育措施，促使各因素向积极方向转化。其二，警惕发展上的平衡，一经发现及时打破，保持动态发展的势头。

（三）把握尺度

最后，把握好各个因素相互转化和教育行为的度，保持孩子对事物新鲜感和审美态度，使幼儿处于敏感活跃的创作活动状态。其一，视孩子对事物的感知熟悉程度，适时导入创作活动或控制对所要表现的事物的接触程度，创造进入美术活动的条件。其二，视孩子对再现式样的掌握程度，提出新的式样。孩子一旦掌握某种式样时，教师便应更换新的式样，并在每次的重复中加进新的成分，让孩子带着探索与征服的勇气和信心投入美术创作。其三，视幼儿的愿望水平，适时导向创作活动，或设法将其愿望控制在适当水平上，以便进入良好的美术活动状态。

第二节　学前儿童美术创作的指导

幼儿的美术创作包括表现与设计两个部分，表现旨在反映生活，设计则着眼于满足生活和审美需要。

教师在引导幼儿创作时有三条思路，一是从主题内容，即从表现生活与满足生活需要出发引导幼儿创作；二是从形式规律，如线条、图形、构图和色彩的组织结构及特征出发引导幼儿创作。三是从材料，即从媒介的特质出发引导幼儿创作。

一、从主题内容出发指导创作

作品的主题内容，即美术作品的结构层次中的第三和第四个层次。第三个层次是作品中描写的物象、事件、情节，及其在作品中呈现出来的情感和情绪。第四个层次是作品中的物象和情节的象征意义及所包含的时代精神、民族精神，以及当时社会生活中的各种观念等。这些构成了作品的主题内容。从主题内容出发是幼儿美术创作的核心，也是其他创作思路的基础。教师指导幼儿这类创作，需把握以下几个方面：

(一) 精选主题和题材内容

在幼儿园中,引导幼儿从主题内容出发进行创作,可以采用美术活动的形式,以生成相结合方式进行。从计划的角度讲,教师在活动首先要考虑并确定美术主题和题材内容。从生成的角度讲,教师在活动之前首先要考虑并确定美术主题和题材内容,推动活动的进行。

创作的主题可以来自园或班的主题活动,也可以另择主题,但最好来自幼儿园的生活和活动。主题定下来之后,确定题材内容,即在主题之下选择美术表现的主要形象和事件。这是此类活动非常关键的一个环节。没有一个明确的形象就没有美术描绘的形象;没有事件,幼儿就难以展开思维。研究发现,幼儿的思维是以叙事,也就是故事的方式展开的;因此,确定主题内容时,一定要明确是"谁""做什么",进一步还有"在哪里",甚至"什么时间"等,切忌抽象泛泛。有的时候,也可能是从幼儿感兴趣的事物中发现适宜的题材内容,然后澄清题旨、确立主体,这种做法也是经常采用的。无论怎样,选择主题内容必须深思熟虑。以下是选择主题内容所应具备的条件:

1. 贴近幼儿生活

幼儿对所选内容有感性经验。也就是说,所选内容首先需是活生生的,不是抽象的形式、概念或一般化的静止形象,并且这个生活不是他人的而是幼儿自己的;他有着亲身的经验,这样,才能打通幼儿的其他经验。内容所贴近的生活还要使幼儿印象深刻,曾经打动过幼儿的,幼儿对其有过感情上的经历,或悲或喜,或有趣好玩,不是模模糊糊的日常琐事。

2. 生动有趣

所选内容应是幼儿对其感兴趣的。生动有趣,即所选的内容含有矛盾冲突,并非平铺直叙,而幼儿能理解这个矛盾,合乎这个年龄幼儿的情感和认识上的特点。

3. 有创作的余地

所选内容应有想象的空间,有选择的余地,有一定的包容性,幼儿能够发挥其创造优势。

4. 适合以美术的方式表现

所选内容应适合于以美术的方式表现,能够形成生动完美的画面。

(二) 开展系列活动

从主题内容出发创作最好以系列活动的方式进行,可以分为如下几个阶段:

1. 获得最初的经验

在明确了美术活动的主题内容,活动开始前,教师要先考虑幼儿的经验如何。通常,幼儿的经验有这样几个来源:由一般稳定的生活而来的普遍经验,由偶发事件而来的个别经验,有教育者和教育机构为幼儿提供的经验。教师可以引进幼儿的已有经验,但鉴于幼儿生活环境的局限,有时经验不足,那么,在创作前,教师应设法使幼儿获得足够的经验。这时,社会、大自然就是最好的课堂。指导幼儿观察周围的生活,组织他们参加力所能及的劳动、有趣的文体活动和外出参观游览等,能使幼儿产生好的作品。在幼儿经验准备充足的情况下,引导幼儿围绕经验进行美术表现,可以成为系列活动中第一个阶段的子活动。

2. 收集资料、扩充知识

活动的第二阶段是广泛收集主题内容有关的资料,扩充知识,包括美术作品(照片、图片、录像)、文学作品、科学知识等;同时开展认识、欣赏和探索活动,与其他领域的教育打通,尽可能地让幼儿有比较多的储备。此阶段的表现活动采取个别自由活动为好,让幼儿无拘无束、自由自在地探索美术形象,使经验与知识融会贯通。这样,幼儿单纯的直接经验便可与广泛的人类文化,也就是直接经验产生联系,得到升华。同时,打开幼儿的眼界,增强求知欲,激发进一步创作的愿望,并为其最终创作做好累积和铺垫。

3. 引入各种表现媒介与形式

在幼儿对所要表现的对象有了深入地了解并把握其形象结构特征和具有广泛的累积之后,教师可以尝试引导幼儿用不同的媒介和方式进行美术表现,使幼儿体会采用不用媒介表现不同内容的不同之处,增加他们对美术媒介特征的了解与敏感性;另一方面,学习根据所要表现的题材来选择适宜的表现工具和材料。采用的工具材料不同,作品的外在形式必然不同,某些形式可能更适于某种表现和需要,而另一些形式可能适合另一种表现。比如,想要表现单纯的经验,用单色线条画比较合适,可以将精力集中于"叙事",精心刻画人物事件上。想要表现事物的丰富色彩,抒发感情,则采用色彩画最好。再用对形象作装饰是幼儿的喜好,任何主题内容的创作都不必始终沿着表现的线路进行,可以进行一些装饰美化活动,也就是引进设计的因素。这样做不但有利于幼儿深入刻画形象,而且还利于幼儿掌握更多美术表现形式和表达美好的情感和愿望。总之,这一阶段是幼儿对艺术媒介和形式的学习与探索的过程。

4. 导向创作型表现

创作型表现是一种想象成分较多的美术表现,是对前一阶段以知识经验为表现内容的超越。教师应在幼儿有一定积累和萌发出创造愿望的情况下,因势利导地将幼儿引向创造性表现。创造性表现可以借助于其他艺术形式,如文学,选择与主题内容相关的故事,用美术的方式表现故事的内容,或者根据主题内容,自编故事,再加以表现。更进一步,可以发展成综合艺术活动,如戏剧表演,这是美术是整个活动中的一个要素,可以画布景、做道具服装、化妆等。

以上是系列活动的一般程序,但是,在活动进行时,可以调整或穿插一下小的随机活动,也可以将两个活动系列穿插进行,甚至可以在活动展开期间逐步扩展活动或放弃已经进行的方案。只要教师掌握熟练,实际做起来是可以很灵活的。

(三)在活动过程之中给予指导

从主题内容出发引导幼儿进行美术创作,其最主要的方法是在幼儿的创作过程之中给予指导。过程中的指导包括两方面:一方面是从生成的角度,教师须将一个系列美术活动展开并引向深入；另一方面是现场的面对面指导，将指导置于活动的过程之中，意义是不一样的，在开始之前，可能成为盲目的灌输，而在活动之中就能成为有针对性的指导。要真正做好幼儿创作过程中的指导，教师要注意以下几点：

1. 具备背景知识经验

过程之中的指导没有事先的设计安排，是随机进行的，这样，就要求教师有一定的知识经验背景，以便能够根据幼儿当时的情况做出反应。教师的背景知识经验包括关于幼儿发展的理论知识、美术知识与技能、幼儿美术发展规律的理论知识和感性经验，以及对每一个幼儿的了解。因此，作为教师需勤于学习、思考和积累。

2. 注意观察幼儿的表现

幼儿的一举一动，一颦一蹙，一言一行都代表着他内心的活动，教师应细心地体察、倾听；在体察和倾听的同时，迅速地思考幼儿遇到了什么样的问题，出现了什么新的契机，是否应该给予指导或导向新的活动。

3. 学会等待

人的创造性活动需要足够的时间来思考、尝试，在幼儿进行美术创作的时候，教师应给予幼儿充分的探索时间，不要一发现问题就迫不及待地告诉幼儿该怎样，不该怎样。通常，幼儿在尝试思考一会儿以后会自己解决问题，而我们的老师却在幼儿全神贯注地思考时打断了他，这是很可惜的。教师在决定给予指导之前要停顿一下，看看幼儿是否有放弃解决问题的打算，希望老师给予帮助。如果幼儿确实遇到一些不马上解决就影响眼前的表现、活动就无法再进行下去的问题，并且，他希望教师给予指导帮助，那么应该告诉幼儿解决问题的方法；但是，要让他知道这只是老师的一个方法，他还可以想出更好的方法，或者作为建议告诉他，并要求他想一想是否接受。如果有而打算放弃，也不应责备他或者直截了当地告诉他怎样做，应鼓励他想一想，再换一种方法试一试，或者提醒一下。尽量给幼儿探索的空间，让幼儿自己解决问题。

4. 营造宽松的气氛

在幼儿美术创作的过程中，教师不仅仅做显性的指导，还需要营造一些利于创造的气氛，即心理的环境。宽松的气氛使幼儿有活动的自由和信心，不胆小犹豫，能够大胆地尝试、创造。为此，教师要对幼儿抱肯定的态度，让幼儿感到教师对他们的做法感兴趣，他们的想法和做法是值得尊敬的、有价值的，他们可以放心地去做。也正是在宽松的气氛中，教师才得以观察到幼儿的真实表现。

二、从形式规律出发指导创作

形式规律及美术作品的第二个层次。美术作品中的点、线和色彩、形体之间的组织关系，以及与此相应的各种表现手法构成美术作品的这个层次。各种形式规律都蕴含着意义，这种意义既在抽象作品中表现出来，也隐含在写实性作品之中。

从形式规律出发引导创作，不是将某些美术形式孤零零地直接呈现给幼儿，而是从欣赏作品开始,从作品中感受、理解美的形式规律及其韵味,以此为前导;在幼儿对一定的形式规律有所感悟的基础上,导向相关的生活和经验,之后进入创作。这样一个过程可以反复循环,不断注入新的相关要素,向前推进,成为系列活动。引导这一类型的创作,教师需注意以下几点:

(一) 好的作品是前提

作为创作前导的欣赏,在选择作品时一定要特别精心,其作品在形式上因具有鲜明的特征,让幼儿一目了然,有比较强烈的感受,能较快地把握其形式规律。就幼儿的欣赏特点来看,形象特征突出,富有情节和动感的作品易于打动他们,引发想象和创作的灵感。另外,作品中蕴含的形式规律须是幼儿于生活中能够见到并有所体验到的,这样易于引发幼儿的联想和想象。如案例《有趣的长形画》中,研究者选了三幅长形画让幼儿欣赏,这三幅画中那种长长高高的事物在生活中也是普遍存在,只是作品中事物的这种特点被加以集中突出的表现,建造这样的作品幼儿便产生出发现和表现的欲望。作品所涉及的事物和事件同样应该贴切幼儿的生活,特别是具象性作品该是描绘幼儿感到贴切的事物及场景,是幼儿喜闻乐见,在已有的生活和学习经验的基础上能够理解和把握的,能够启发幼儿的相关生活经验,只有这样幼儿才能有话可说,有内容可画。

欣赏作品时,教师要注意引导幼儿发现和理解作品的造型、构图、色彩上的特点,体会作品的意味和作者的表现意图。可以采用边欣赏边讨论的方式,让幼儿积极观察、思考、发现、表达,在互动中理解和掌握作品的形式规律,并获得积极愉快的情感体验。

(二) 生活的折射必不可少

在欣赏作品之后,如果直接创作,幼儿大多会因循原作的题材内容去画,这样创作的余地很小,画出的作品空洞,缺乏真情实感,而且有些幼儿还是想不出画什么。久而久之,幼儿的创作力和热情就有被压制的可能。但是,在幼儿学习了艺术的语言之后,会允许和引导他们所学的艺术语言表达自己的生活经验和想法;幼儿就有了丰富的灵感和内容,就能够创造出独特、生动、多姿多彩的作品。这并不难做到,由于幼儿的认知特点,他们的知识经验在活动中不断建构而成,且带有形象性,因此,只要幼儿理解和掌握了所欣赏的作品形式规律,很快就会激活他们的相关经验和生动的表象,产生表现的愿望和行动。教师所应做的是敏锐地觉察幼儿朦胧的或显露的兴趣点,支持他们的创作。但也要看到,有时,幼儿能够感受理解作品,但生活经验相对滞后,不够丰富和清晰;在这种情况下,教师可设计一些活动来帮助幼儿获得相关的生活经验,让幼儿在实际生活中更进一步体会、理解作品,从而创作出更好的作品来。

打个比喻,生活就像一个三棱镜,幼儿从欣赏中获得的感受,经过它的折射,才会焕发出创作中的七色光彩。

(三) 持续的过程是最佳效果的保证

从幼儿欣赏与创作的实际情况来看,一次成功的欣赏,会激起幼儿的情绪情感、联想与想象的涟漪,因此将一项欣赏与创作延续一段时间是必要的,也是取得最佳效果的条件。

首先,由于幼儿的生活经验和接受能力有限,在每次欣赏作品后,应该留有一定的时间去消化回味,不应欣赏完马上接着创作。时间能够帮助幼儿更好地理解作品,焕发想象与创造力。只有理解作品在形势与内容上的独特性,体会到画家的感受,才能创作出有感情、有创意的作品。

其次,让一个持续的过程不乏味,而且还要发酵,酿出美妙的作品,就要引进新的相关要素。新的要素既包括欣赏具有更高级形式规律的作品,也包括将创作迁移于新的题材内容。如附录三中的《线条装饰画》,在一次活动中,作为欣赏要点的美术要素是初级的,幼儿比较容易入门。第二、三次活动中都增加了新的、较难的一些元素。这样,在不断有新要素、新难度出现后续活动中,幼儿进行着有序的发现、探索和创造。另外,在第一次活动中,教师指定了绘画的题材内容——交通工具。在第二次的活动中,教师顺应幼儿的兴趣,把学习的新的装饰花纹运用到美化生活用品——服装上;最后,幼儿有了渐进积累的基础上,教师不再指定题材内容,放手让幼儿大胆表现,画出"自己最想画的画"。从最后一次作品来看,幼儿绘画涉及的事物是广泛的,装饰线条与花纹是丰满美妙的。这要归于新要素的不断注入。

最后,同样的分享不可忽视。创作完成以后,教师可将幼儿的作品展示出来,让幼儿在一起讨论、欣赏、分享经验,这实际上是让幼儿从同样的作品中发现新的要素。由于年龄的接近,容易引起相互的感应,经过经验分享后,幼儿都能够创作出富有自己想象的好作品来。在欣赏过同伴的作品之后,幼儿的创作常会发生一个非常大的飞跃,他们能画出了许多教师都没有料到的有趣、独特的画作,其丰富程度实为少见。这与同伴间的相互激发有极大的关系。

从形式规律出发引导幼儿创作,易取得明显的效果,但需以幼儿较丰富生活经验和创作经验为前提,因此,从内容题材出发创作应放在主体的基础位置,在有较深厚的积累的条件下,厚积薄发,引导幼儿从形式规律出发进行创作。

三、从材料特征出发指导创作

美术作品的第一个层次是其物质材料。不同的物质材料各有其特性,有的材料坚硬冰冷,有的材料柔软光滑。材料的特性引起主体的特定感受,参与构成作品。从材料特性出发进行创作这就是所谓的"因材施艺",即由材料的属性联想到某些事物,顺应材料的特点创造出形象来。如明人魏学洢所做《核舟记》记:"明有奇巧人曰王叔远,能以径寸之木,为宫室、器皿、人物,以至鸟兽、木石,罔不因势象形,各具形态。"这里所说"因势象形"即含有因材施艺的意思。文中所描绘的核舟,即是依细长核桃的形雕刻而成。

与绘画相比,手工要设计更多的材料,因此,从材料的特性出发进行创作较多出现于手工之中。这种因材施艺的创作方式,本源与幼儿早期的自发创作之中。幼儿早期很少有"胸有成竹"后再动手的,他们大多是在行动中构思。例如:在玩泥时,将泥团在手中团、搓、捏、压;随着泥团变化,他们脑中会浮现出面条、小饼子的形象;当泥团变圆时,他们有联想到了"球""元宵"等。随着年龄的增长,幼儿的行为目的性逐渐增强,他们的构思也渐渐地由外化转为内化,能够事先在头脑中对所要制作的东西进行思考与计划。他们的联想有时甚至超过了成人。例如:他们会把一块三角状的石子想象成狐狸的头,把半个果壳想象成甲虫。在制作时,他们像某些民间艺人那样,一边构思,一边思考,一边制作,一边修改;融构思、设计和制作于一体,直到作品完成。

从材料特征出发引导创作的关键是感受材料特性。教师事先要选好材料,并确定借助材料的何种特性进行创作。在此要注意,一般来讲,尤其初次做时,材料可以是多种多样的,但所依的特性却因集中而单纯。如利用纸张造型,可以收集各种各样的纸,主要利用纸的质地或其形状造型。利用废旧物品造型,可以有废旧包装盒、瓶、桶、绳、纸和各种小物件等材料,但是最主要的是利用其形状。

总之,从材料特质出发进行创作,带有更多设计的成分,有利于培养幼儿对材料的敏感性和艺术通感,既适合年龄小的幼儿,也适合年龄大一些的大班幼儿。

四、幼儿园各年龄阶段美术创作的指导要点

(一) 小班

1. 特点

小班幼儿的年龄约在三四岁,这是一个由无表现意图的涂鸦向有表现意图的绘画转化的阶段。三岁左右幼儿基本处于涂鸦期,喜欢用笔随意图画。三岁半左右幼儿开始陆续进入象征期,尝试利用涂鸦时掌握的图形进行表现,但是,表现的动机和信心都十分脆弱,易发生动摇。四岁左右时,幼儿开始进入形象期,对表现自己的经验、情感和想象有明确的目的。总的来说,在一个小班中,幼儿迅速地成长变化着,但同一个群体中同时存在着处于不同变化阶段的幼儿。

2. 指导要点

指导小班的美术首先要密切注意发展的进程,根据转化的不同阶段采取不同的美术活动的内容和方式,鼓励幼儿涂鸦并为其提供充分的条件,同时注意保护和鼓励幼儿有意识地表现信心。其次,教师对幼儿即将出现的新阶段要有预感,为其转化创造条件,做好准备,并适时导入新的阶段。在小班时期,幼儿在玩玩做做之中掌握它们的用途用法和所能产生的线条、形状。

(二) 中班

1. 特点

四岁左右幼儿开始进入形象期,他们能够稳定地、有明确意图地进行表现。在经过小班阶段转化的质变以后,中班是一个以量变为主的时期,幼儿用他们掌握的简单形状表现越来越多的事物,并将其表现得越来越丰富深入,由此带来美术形象的发

展,因此也可以说中班是一个形象的发展时期。

2. 指导要点

在中班要特别注意让幼儿接触和表现各种不同的事物,多积累形象,同时不只是表现事物的大轮廓,还需一步步区分出物体的各组成部分和细节并加以表现。

(三) 大班

1. 特点

由于大班幼儿对事物的认识渐进深入,逐渐认识到事物间曲折复杂一些的关系,因此,产生了一个飞跃。大班幼儿在表现事物情节上大大进步,能够表现除了空间关系以外更复杂一些的事件关系。因此,对于情节的表现成为大班的特点。

2. 指导要点

在对大班的指导中,应注意向幼儿揭示事物的差异和由此而来的简单矛盾以及这些矛盾引起的事物的变化,指导幼儿将其表现出来,形成有情节的作品。

第三节 幼儿园美术各类活动的指导要点

一、绘画活动

绘画在幼儿美术中占有重要的位置。美术的一些基本要素都可见于绘画之中,如造型、构图、设色,几乎是各类型美术创作都要涉及的。因此,这里所讲的指导方法,不仅仅应用于绘画,同时也应用于其他各类创作,对幼儿美术创作具有普遍的指导性。

(一) 造型

造型对于美术创造是必不可少的,是创作的基础。创作能力也是实现创作的关键能力。造型如此重要,但对幼儿来讲不需要很高的造型技巧,既能进行创作,而且,在创作过程中幼儿的造型能力会随之提高。教师可以在幼儿的创作过程中对他们进行如下指导。

1. 引导幼儿观察、理解物体的形体结构

如前所述,幼儿美术创作中形象来自于视觉经验,因此,对事物的外形特征的观察是造型的必要前提。但是,幼儿在感知事物时缺乏像成人那样的目的性和计划性,不能自觉地组织自己的视觉。他们往往注意整体就忽略了局部,注意了局部就忘掉了整体。有些幼儿倾向于整体知觉的,观察时表现为笼统、粗略;而另一些幼儿倾向于局部知觉,观察时表现为琐碎、抓不住要点。因此需要教师加以指导,使他们知觉到创作所需的重要信息。

不同年龄班的幼儿创作所需的信息不同,观察的要求也不同。对于小班幼儿,只要求他们在教师的引导下观察物体的大致轮廓外形,形成一个基本的视觉印象;对于中班幼儿,则不仅要求他们看到物体的整体轮廓,还要求他们要看到物体的基本组成部分及其形状、大小、结构、颜色等;对于大班幼儿,则要求能比较全面、细致地观察事物的形状、大小、结构、颜色和物体的动态与相互关系。

为了让幼儿能获取到有用的信息,在具体的的观察过程中,教师可以采用特征对比、形象比喻、几何图形概括等方法来帮助幼儿抓住物体的突出特征,如掌握大象的鼻子长、腿粗,兔子的耳朵长、尾巴段,狐狸的嘴巴尖、尾巴像扫帚等特征的概括与比喻。

2. 引导幼儿再现

很多时候,幼儿感知物体之后,面对画纸时,还是不知怎么下笔,原因是幼儿头脑中有了事物的表象,但还没有在头脑中表象依美术媒介的式样构成,并加以再现。针对这种情况,教师因采取一些方法加以引导。

根据一些教师的经验,在感知之后不能直接进入创作,而是有感知开始逐渐导入创作,其过程如下:

在观察室时,教师指导幼儿边观察事物并用手轻轻抚摸它,如果是无法抚摸的物体,可以将手伸出,随着视线做想象的抚摸。

教师带领幼儿以身体动作姿态模仿物体,如果物体是静态的,就以身体姿态表示物体的特征,如高高的杨树,可以将身体作向上伸展动作;一扇小小的门,可以以身体收缩来表示。用语言描述物体的形,如"大熊猫浑身胖乎乎的,看上去像一个大皮球,它的眼睛、耳朵、嘴和四肢的毛都是黑色的,尤其是它的眼睛周围一圈黑的绒毛,就像戴着一副黑眼镜。它的眼睛又亮又圆,就像两个黑色的玻璃球。它的腿又短又粗,走起路来一摇一摆。"又如"大象有一个大大的身体,四条腿粗又粗,好像四根大柱子。大象的皮很粗糙,上面有一道道皱纹。大象的耳朵又大又扁,好像两把大蒲扇。"

教师可以用手在画纸上空书物体的样子。空书的动作不马虎,先从大轮廓开始,待大形象有了之后,深入到细节,让形象一点一点清晰起来,好像浮现在纸上呼之欲出。

图形拼摆。图形的拼摆有多种,一种使用纸撕出物体各个部分的形状,然后在画纸上拼摆组合。由于黏泥可以反复塑造,在拼摆的过程中,幼儿还可以改变泥的形状,这样幼儿面对的失败压力小,尝试的余地大,因此黏土拼摆也不失为一个好办法。再一种是利用废纸盒、纸筒等现成的形体建造,由于形是现成的,幼儿所做的只是选择,就降低了造型的难度。在选择时,幼儿需要发现所要再现的物体与材料形状之间的同一性,这十分有利于幼儿对物体形状的概括,同时由于造型过程的简化,可以使幼儿更集中注意于形象的整体关系。以上三种方法,既是帮助幼儿实现再现的过渡手段,其结果也可产生独立的作品。

迁移与不同的表现媒介。经过以上步骤的引导,幼儿对于物体的形体结构与造型的关系以充分把握,稍加指点就可以运用各种媒介加以表现。

教师可以根据幼儿造型能力的弱点和造型需要,有针对性地选择组合运用以上方法,不需要再一项创作中用遍所有的方法。

3. 通过系列活动掌握物体的造型

系列活动可以帮助幼儿从一件事物丰富的样式中掌握它的一般造型特点。例如:几何形是建筑物和交通工具的造型特点,可以让幼儿通过"建筑艺术欣赏"、"我们的幼儿园"、"我的家"、"天安门"、"住宅小区"、"未来的房子"等系列活动掌握建筑物的造型。这样,解决好造型问题,幼儿在创作中就游刃有余了,就不会因为不会描绘某个形象而使创作搁置。

(二) 构图的指导

构图即是根据内容的需要把有关的物体形象恰当地安排在画面上,表现事件情节、环境气氛等。教师要用形象语言引导幼儿在一个空间中进行分割、设置、布局。幼儿往往关注眼前的微小世界,零碎、显眼、敏锐、精彩的几个点。教师可从提高他们的认识能力着手,引导他们全面、整体、深入地看周围世界,让其感受世界是多维立体、精彩纷呈的,从而让画面渐渐地丰富饱满起来。构图饱满即丰满、充足。儿童画中的饱满体现在儿童能够完整、丰富地安排画面,就是用稚拙多样的线条和色彩将一个平面表现成浑厚有力的精彩画面。饱满的构图,是一幅优秀的儿童画作品不可或缺的要素。只有饱满的构图,才是形式完整的;只有饱满的构图,才是内容丰富的;只有饱满的构图,才能构成一幅优秀的儿童画。

为了使幼儿的画面有序、生动,能把自己的意图通过构图传达出来,教师需要在幼儿创作和欣赏的过程中对其做以下指点:

1. 观察物体的空间关系,着眼一个"整体",大局中见"饱满"

这里的空间关系指现实的空间关系。观察现实的空间时,教师应引导幼儿认识物体之间的相对大小、高矮、上下、临近、分离;进一步,可以再加上内外、前后、远近等空间关系。要把这些关系放在一个"整体",布置全局。

在儿童画中,孩子们习惯想到什么画什么,随心所欲,想一样画一样,他们画得很轻松,但最后的画面感觉就像摆摊,很多东西拼凑在一起,画面没有整体感,而且容易导致画面不饱满。针对这种情况,就应该要求孩子们在动笔画之前要学会整体构思和观察,即整个画面先要在头脑中呈现,然后一气呵成于纸上。整体构思是对画面整体的宏观把握和谋划布局,要想完美地达成目标就必须抓住整体这个根本,没有整体关系的画面就是一盘散沙,也就谈不上美感。只注意个体形象,虽然可能刻画得很美,但最后发现这一堆璀璨的珍珠却无法穿成一个美丽的项链,白费工夫。因此要引导孩子首先整体构思,捕捉画面的整体感受,抓大放小,迅速地在画面上铺出整体关系,确定好画面的整体构图,进而去塑造画面的每一个局部,局部精彩而不喧宾夺主。这样,经常引导孩子们完整全面地构思,他们的画面内容就会日渐丰富起来了。

2. 通过欣赏作品了解作者是怎样构图的

在欣赏作品时,教师可以引导幼儿分析画面上的形象相互之间的关系,看作者是如何处理这些关系的,这就包括主要形象与次要形象的位置、大小关系,主体与背景的颜色关系,形象与背景的关系,等等。在分析的过程中,还应让幼儿体会、理解到作者处理画面的意图,他给观察者什么样的感觉。

3. 巧妙安排画面

传达人物关系和事件情节是幼儿绘画构图的主要目的。为了能将这两项表达清楚,教师应向幼儿传授一些简单的构图方式,如先在画面上设置一个中心,主要形象放在中心位置上,其他物体围绕主要形象安排。把主要形象画大,重点刻画、细致描绘,使其明显突出;其他形象概括处理,成为紧密联系的整体。主体突出就是画面中的主要物体要画得大,画得细致。这样有利于饱满画面。

学生知道画面要饱满,主体加环境。但有些同学画面上有了很多东西,反而使画面显得琐碎零乱。这是因为在绘画时没有注意主体突出。一般在画面中,主体物应占整个画面的三分之二,重点刻画主体形象,只要稍加环境烘托就很容易使画面饱满了,而且画面有重点、主次,解除了零乱无序的局面。如第一层次是主体物,第二层次是主体物直接邻近的周围环境,第三层次是更大的空间环境。画面有了层次感,物体交错重叠,这样我们的画面就丰富浑厚,饱满有力了。丰富的层次性是符合自然规律的,丰富的层次使画面由简单变为复杂,从而使构图生成新的亮点,在和谐统一中使画面更加精彩。

(三) 色彩的指导

自然界的颜色千变万化,没有固定模式,教师要利用各种机会,如不同种类,在不同季节中的花草树木,日出日落时绚烂的天空,雨后天晴时出现的彩虹,感受不同色彩给自然界带来的美丽景色,提高幼儿对色彩的认识和辨别能力;并在此基础上大胆选择与物体相似的颜色,积极创作,充分表达自己对大自然和社会生活的情感。

1. 鼓励幼儿从多种角度观察物体的色彩

同一件物体在不同的角度观察也可画出不同的形象。同一件物体在不同的光线、气候等条件下是否可以选择不同的颜色来画呢?当然也是可以的。幼儿的色彩感也是通过日常有意识的观察逐步提高,其中观察自然景色是最主要的。如带领幼儿观察一棵银杏树,在未看之前大家都说是绿色的。观察后得出的结论各有不同,有的说是深绿色的,有的是淡绿色的,有的有一点蓝色,有的带一点紫色,还有的是黄颜色。他们还发现在太阳照到的地方的树叶看起来就很淡,太阳照不到的地方颜色就很深了。

其实,我们看见的每一样东西都不会只有一种颜色,有时它们本身就有好几种颜色,也有的时候是季节不同了,它们颜色也就不同了。我们启发孩子们经常自己去寻找多种物体观察它们的颜色变化,并画在自己的小本子上,这是一个很好的观察自然科学游戏,孩子们在游戏的时候经常去寻找观察目标,在小本子上画上各种色彩丰富的东西。

2. 教会幼儿选择色彩

幼儿在选色时,应有一定的弹性,所谓相似的而不是相同的,孩子们就能在一些近似的颜色里进行选择,除了各种物象客观的颜色外,还有作画者本人的构思、爱好及审美能力等,这也是绘画与摄影的不同。

(1) 让孩子们看清基本颜色

开始孩子们对颜色的观察很粗糙,只能分辨一些主要的颜色,看任何东西的颜色几乎都是单一的,如太阳是红的、小鸭是黄的、企鹅是黑的,等等。如果有人涂了另一种颜色就会产生非议。在引导幼儿观察物体的颜色时,我们也要以观察它们的主要颜色为主。

(2) 分辨多变、复杂的颜色

我们在观察物象主要颜色的同时,还要让他们分辨那些开始没有注意到的颜色。例如,在画苹果时,分别让幼儿观察红、黄、绿三种颜色的苹果,可以发现红苹果上有的地方也有一点绿色、黄色,黄苹果上有的地方也有一点红色,绿苹果上也有黄颜色。这样,孩子们在画苹果时,就不涂单一的颜色。他们把有的苹果涂成一半红、一半绿,有的周围涂黄色、中间涂成绿色,有的苹果也涂成了一种颜色。在分辨颜色的过程中,孩子们的观察能力又进一步提高,求知欲也增强了,把被动的按照一般习惯涂色变为主动的观察,选择自己认为准确的颜色。孩子们画的苹果颜色各异,涂色的方法也各不相同。这样才能真正学会观察和选择颜色。

(3) 选择与物体相似的颜色

值得注意的是教会幼儿选择与物体相似的颜色,而不是相同的颜色,这一点很重要,这样的选择是留有余地的,并和幼儿的观察、想象、个性、爱好密切地结合。例如,画"池塘里的大白鹅"时,白鹅的颜色是白的,也可以用淡色来代替,比如柠檬黄、湖蓝、灰色,或者用一种颜色画边,里面不涂颜色。

(4) 幼儿运用色彩的方法

幼儿运用色彩有两种方法,即涂染法和线描法。涂染法指不勾画形象的轮廓线,直接用笔蘸颜料涂画出形象。这种画法由于很快能在画面上出现有颜色的图形,因而能引起幼儿对绘画的兴趣。

线描法是直线用线条勾画形象的轮廓,然后再涂上颜色的方法。这种画法简练、概括,能清晰地表现物体的特征。

一般来讲,教师在指导幼儿运用色彩上,只需要求他们在描绘事物时颜色有区别就可以了。因为,要做到有区别,就不能都画成一种颜色,就要能识别色相,也就是区别赤、橙、黄、绿、青、紫;不同的物体用不同的颜色来画,大胆地使用色彩,这样就能画出很漂亮的幼儿画。进一步可以增加深浅颜色的区别,画得更有层次一些。除了不同的事物用不同的颜色来画以外,考虑构图的需要,教师应引导幼儿运用色彩区别主次。这有两种方法:一种是幼儿最常用的,把主题形象画得色彩丰富,将背景用单一的色彩来画。另一种是利用色彩的对比,如在其蓝色或绿色的背景上画出红色、黄色的形象,在浅色的背景上画出深颜色的物体,在深颜色的背景上画出浅颜色的物体,等等。

当幼儿稍大一些,约幼儿末期,有些幼儿会萌发出表现事物客观颜色的愿望,也就是说，一些幼儿有了再现物体固有色的想法。这时成人向哪个方向引导幼儿是关键。有些家长和教师将孩子引向冷静地观察，客观地再现物体颜色的道路，其实，这在艺术上并不可取，对幼儿来说，也没有情趣可言。恰当的做法是选取色彩优美的事物、景物，抓住其色彩的美感特点、动人之处进行描绘。如四季景色中春季，一片新绿，生机盎然；夏季，姹紫嫣红，郁郁葱葱；秋季，色彩交融，浓郁厚重；冬季，冰雪世界，无垠灰色。这样，在一种颜色意境的指导下再现事物和景色。

还有另一个色彩运用的问题，是怎样用色彩表达情感的。有些成年人把色彩的情感表现性看得过死，如把红色看作热烈的颜色，把蓝色看作冰冷的颜色。其实艺术家运用色彩表现情感是灵活多变的，在色彩对比配合中产生感情，十分微妙。但是这些非幼儿所能掌握的，也非幼儿所需要的，不过教师可以在这方面对幼儿做些启蒙。例如，尝试探索运用简单的色彩配合规律来表现情感，提示幼儿，想要画出很带劲、痛快的感觉，就不用那些不太纯、有些类似、区别不太大的颜色画。这样，孩子可以实践运用对比和协调的手法传达感情。

最后，提醒一点，在以近似色表现较细腻的情感时，需要给幼儿提供各种各样颜色的画笔，若是能够配备可调配的颜料就更好了。在运用可调配的颜料时，由于颜料的混合，可以产生出无穷的色彩，由此幼儿能获得更丰富的颜色感受。

二、手工活动

手工，顾名思义是有较多手的动作参与的造型活动。幼儿手工的内容和形式十分丰富，其中既有绘画的要素，也有装饰、雕塑的要素。这里主要介绍各项手工的独特之处，与绘画、装饰等共同之处参见有关部分。

（一）泥塑

泥塑是幼儿最常见的立体造型活动，它运用双手的操作和简单工具将泥塑造成立体的形象。泥塑在锻炼幼儿的手指肌肉动作的灵活性，发展幼儿手眼协调能力，培养学前儿童的空间知觉和立体造型能力方面有很好的作用。

泥工的材料和工具主要有黏泥、橡皮泥、面团、泥工板、竹刀，以及其他辅助材料。教师指导幼儿学习泥塑的第一步是让他们了解泥塑材料的性质，如黏泥是柔软的，可以任意变形的，能够互相粘结；泥工板是塑造时放泥用的，小竹刀是用来刻画细节和修整作品的。

接下来，教师应结合创作指导幼儿学习泥工的基本技法。这些基本技法有搓长、团圆、拍、捏、挖、分泥、连接、拉伸，运用这些基本技法可塑造出球体、卵圆体、立方体、长方体、中空体和组合体等基本几何形状。教师在指导时，可先用语言启发幼儿自己动手尝试练习，仔细体会什么样的动作能塑造出什么样的形体。在此基础上，再观察教师是如何用这些基本技法塑造这些基本形状的，以求更准确地掌握塑造方法。

为了使泥塑更加生动、有趣、逼真，教师应该指导幼儿学习使用泥工的辅助材料。例如，豆类可以做出动物的眼睛，羽毛可以做出公鸡的尾巴，牙签可以将物体的两部分连接起来等。

另外，指导幼儿泥塑，教师应了解和注意以下几点：

1. 幼儿园泥塑使用的不同材料

（1）土黏泥

土黏泥经济方便，使用时需要进行加工一下。方法是将收集来的泥土放入桶中，兑水化开，成黏稠的汤状。待泥土中的植物根须等杂物漂浮起来，用工具捞出或漂出。再将泥沉淀几个小时，当泥上澄出清水时，把水舀出，留下黏泥。取出桶中上层的细泥留用，将桶底的泥渣倒掉。再对泥做一些加工，在泥中加少量的盐和油，柔和均匀。将和好的泥封存在塑料口袋里备用。

（2）橡皮泥

橡皮泥干净使用方便，市场有售，是幼儿泥工的常用材料，但橡皮泥冬季易发硬、夏季易发黏，因而适宜在春秋两季使用。

（3）面泥

面泥制作简便、干净，配方是1勺食盐，二分之一杯玉米粉，四分之三杯水。

把所有这些原料放在容器中，混合搅拌均匀后加热。加热时用木勺不断搅拌，直至材料黏合成一团，面泥就做好了。将泥盛出，放入盘中冷却，冷却时用一潮湿面巾覆盖其上，防止干裂。待面泥冷却后，稍加揉匀，即可以投放使用。若要制作彩泥，可事先放一些耐高温颜料在原料中，但这要分色加热，制作程序比较麻烦。为简便起见，可在面泥制好之后，分块放入颜料，揉匀。无论在事前还是事后放入颜料，都要考虑颜料的干湿度。当运用水性颜料时，要相应减少放入的水分，以防面泥过软。

面泥的缺点是夏季易发酵，有条件的幼儿园可将制好的面泥冷却后用塑料薄膜包裹严实放入冰柜中保存备用。不具备条件的幼儿园，可考虑在制订教育计划时，将泥工活动安排在凉爽和寒冷的季节进行。

2. 泥塑的彩绘指导

在幼儿园大班，为使泥工作品更加美观逼真，教师可指导幼儿对泥塑进行着色描绘。方法是：在作品干透后，用水粉上色，先涂白色做底色，然后再用其他颜色描绘。用于描绘的颜色，可以用形象的固有色，也可以只考虑美观而用装饰色。着色时不宜来回反复涂抹，这样，颜色会浑浊不清。

3. 泥塑的保存

泥塑完成以后，需要晾干，才能牢固，成为永久性的作品。晾干时注意将幼儿的作品放在通风阴凉处阴干，以防作品干裂或发霉。展示和保存泥塑作品比起绘画作品要难一些，需要一些空间和容器，尤其是作品数量较大时，教师会觉得很难办。这种情况下，教师可以让幼儿带一些回家。另外，有些泥工材料是可以重复使用的，若重新使用泥料，需要毁掉原来的作品时，要避免伤害幼儿对作品的感情。

（二）纸工

1. 剪纸

剪纸的主要工具是剪刀，幼儿所用剪刀以幼儿专用剪刀为好，这样的剪刀头是圆的、两个柄环能伸进幼儿的大拇指和其余四指。幼儿使用时较为安全不易疲劳。幼儿的剪刀主要用于剪纸。一般来说,幼儿剪纸所用纸张以不薄不厚为宜。

教师指导幼儿学习剪纸的第一步就是引导幼儿学习怎样使用剪刀,方法是大拇指和其余四只分别伸进剪刀的两个柄环里,通过大拇指和四指一张一合,一道也随之张合,把纸剪开。

在此基础上,教师要指导幼儿学习以下几种剪纸方法。

目测剪,指在纸上依靠目测剪出形象。幼儿靠目测剪的大多是线条、几何形和一些轮廓线简单的形象。由于目测剪没有什么限制,剪起来比较自由,因而,在幼儿开始学习用剪刀时可以采用这种剪法;在幼儿年龄稍长,有了一些剪纸经验后,先考虑好自己要剪的形象,然后下剪刀。

沿线剪,指按照画纸上画好的轮廓线剪出所需要的图形。轮廓线可由教师画,也可由幼儿画。通常,幼儿年龄越大,自己画的成分越多。无论是教师画,还是幼儿自己画,均须注意,所画形象应大些,轮廓线要简练些,不能有太多的凹凸。教师可在美术角中陈放一些废旧画册或挂历,供幼儿在游戏时间里练习沿轮廓剪。剪下的形象可供粘贴用。

折叠剪,指将纸折叠后剪出纹样。折叠剪剪出的纹样具有对称性、均衡性。折叠剪既可以目测剪,也可以是沿线剪。折叠剪的第一步是将纸折叠,由于幼儿手部肌肉发育不成熟,纸的折叠层数不宜太多,一般以折叠2~3层为宜。叠的层数太多,幼儿有可能剪不动。长条纸反复折叠后,可剪出花边;正方形或圆形纸围绕中心放射折叠后,可剪出团花。

指导幼儿剪纸应注意以下几点:

在剪纸顺序上,目测剪和沿轮廓剪要注意先从大的轮廓开始,再现小的细节,最后逐渐修剪成形。而折叠则要按照从里向外、从小到大、从粗到细、从各局部到整体的顺序来剪,最后再修剪。

无论是目测剪、沿轮廓剪还是折叠剪,教师都应提醒幼儿,剪时应左手配合右手的动作转动纸片,防止边剪边拉造成形象周围不整齐。

剪贴时,剪下的碎纸屑要放在指定的容器里,要保持桌面、画面、地面和衣服的整洁,养成良好的卫生习惯。

2. 折纸

折纸是我国民间传统手工活动之一。特点是按照一定的程序,将平面的纸折叠成立体的形象。这不仅可以锻炼幼儿手的动作灵活性,也可以培养他们目测能力、空间知觉能力和对图形变换的思维能力。折纸取材方便,白报纸、旧挂历等薄而有韧性的纸均可用来折叠。

在幼儿园中教幼儿学习折纸,教师应随着折叠各种形象教幼儿学习折叠的基本技法、术语和规则要求。为了幼儿在学习折纸时能较容易听懂老师的讲解,看清老师的动作,教师应有目的地选简单形象教幼儿折叠,以学习并掌握那些使用频率较高的基本折法和术语,如边、角中心线、中心点、对边折、对角折等。同时,要求幼儿按规则折叠,即对齐、对准、抹平、压实。让幼儿知道,如果对不齐、抹不平,那么,折出来的物体形象就容易歪歪扭扭、松松垮垮,既不美观,又不结实。随着折纸难度和复杂程度的增加,进一步教给幼儿更复杂的技法。幼儿可学习的折纸技法还有集中一角折、集中一边折、双正方折、双三角折、四角向中心折和组合折等。

由于折纸的特点,折完一步以后,前面折的部分即被掩盖,因此很不容易从已折出的样子中看出折叠步骤来。有些跟不上教师折叠的幼儿在学习中就会遇到困难。因而,教师可引导幼儿学习看图示折纸。教师事先画步骤图,涂上线条,再教幼儿认识和熟悉折纸的符号,培养幼儿的视图能力,为独立折纸打下基础。在幼儿第一次学习看图折纸时,教师可以叫他们识图边演示,让幼儿理解步骤图上的符号。表演时,教师用的纸要大些,有正反面,手的动作要明显,每折一步都要指明折叠的依据和标准部位,语言简练。待幼儿理解图示后,逐步过渡到仅演示难点,其他部分让幼儿自己看图折叠。教师可出示一个折好的样品,使幼儿对要折的形象有一个整体的概念,对照样品有目的地折叠。

在折纸活动中,教师还可以引导幼儿想象、创造,折出具象与抽象的造型。

3. 纸造型

纸造型是指运用图画纸、卡纸一类略硬的纸,通过剪、折、贴、组装等技法制作出立体的形象,故而也被称作厚纸的制作。通过制作可使幼儿认识从平面到立体的变化,发展其空间知觉能力、联想能力、造型能力。纸造型有一定的难度,最好在幼儿园大班进行。

教师指导幼儿制作时,要先指导他们制作基本形体,如圆柱体、正方体、长方体、圆锥体等,这是纸造型的基础。在学习基本形体的基础上,指导幼儿根据"因材施艺"的原则,用所学过的技法进行联想造型。可以用"减法",对基本形体做剪、挖、切等加工,也可以用"加法",在基本形体的上面进行贴、粘接、镶嵌、插接、盘绕、组合等加工。例如,在圆柱体上面贴上弯曲的纸条就成了小桶;在圆柱体的旁边贴上弯曲的纸条,便成茶杯;将圆柱体直立,在下补贴上门窗制作成有趣的动物之家;将直立的圆柱体的上方剪开成条,卷弯成树枝状,再用彩色纸剪成树叶贴在上面,就成了各种花树或果树;用长短不同的圆柱体则可制作成动物的头和身体,再用小棒插入脖子,贴上尾巴、耳朵、眼睛、鼻子、胡须等就制作出了各种动物。再如,幼儿学会制作正方体、长方体以后,教师可以引导他们制作出电器、家具、房子、交通工具、机器人等。

(三) 拼贴

拼贴属于平面手工,幼儿拼贴主要有粘贴、剪贴、撕贴等形式。

1. 粘贴

粘贴活动是用现成的点状、现状、面状材料粘贴出凸起的形象,对于发展幼儿的触觉和质地感有很好的作用。

(1) 粘沙

粘沙活动是在涂好胶水的形象上撒上细沙,然后将多余的沙抖去,画纸上就出现一幅沙画。粘沙的工具和材料主要有细沙、小塑料片、毛笔、胶水、各色底纸。

（2）树叶拼贴

树叶拼贴是幼儿园展开较多，深受幼儿欢迎的美术活动，是典型的利用自然材料的手工制作。贴树叶的工具盒材料主要有剪刀、双面胶、各种树叶、各色底纸。

在活动开始之前，教师要发动幼儿和家长一起收集各种形状和颜色的树叶，并欣赏树叶各种奇特的形状、天然的叶脉肌理及其丰富的色彩；之后，将树叶分类，压平保存。

制作时，教师要引导幼儿反复、仔细观察树叶的形状、色彩等，找出它们的特点，启发幼儿思考每种树叶与什么东西相像，如银杏树叶像扇子又像小人的裙子、枫叶像金鱼的尾巴，柳叶像一叶小舟，等等。也可以由质地进行联想，有的树叶光滑细腻，有的灰暗粗糙，可以利用这种特性做成不同的东西。之后，教师引导幼儿将树叶在底纸上拼摆。满意了，在每片树叶的反面贴上双面胶，放回原位，用一张干净纸盖住，抹平压实。一一粘好，作品就完成了。

2. 剪贴

剪贴指用剪刀将材料修剪成所需要的形状，然后拼贴出形象。普通的剪贴材料是各种纸，布、树叶等也可用作剪贴的材料。剪贴的难点在于剪，可参考剪纸的指导方法。至于怎样拼贴出形象，其中一部分技能属于绘画，其余是拼和粘。一般来说，幼儿是在边剪边拼摆的过程中完成构思。在粘贴之前应让幼儿充分地修剪和拼摆材料，待拼摆满意时，再将材料一一粘上。粘之前和粘的时候要注意提醒幼儿糨糊不要蘸得太多，适量即可；糨糊涂抹在材料的背面，涂抹要均匀。粘时将材料轻轻拿起，把背面即抹有糨糊的一面向底纸轻轻放好，再拿一张干净纸覆在上面，轻轻按压。当所有材料都粘好后，作品就完成了。除了技能上的指导以外，在粘贴中教师要注意培养幼儿良好的操作习惯，如不乱抹糨糊，保持手、衣服、用具和作品干净，剪剩的材料放入容器中，等等。

3. 撕贴

撕贴也是幼儿手工活动的常见方式。撕贴的材料一般是较薄的软纸，但其韧性不能太强。撕纸与剪纸最大区别在于把手指作为工具，用双手手指配合撕出所需形象，再粘贴成图画。用手撕出来的形象，轮廓线蓬松、柔软、毛茸茸的，具有自然、浑厚、稚拙的独特美感。撕贴活动的重点在于"撕"，撕纸的方法同剪纸的方法相同，有自由撕、沿轮廓线撕和折叠撕几类。一般来说，开始学习撕纸时，可进行自由撕。逐渐地，教师可引导幼儿学习沿轮廓撕和折叠撕。撕纸能最大幅度地锻炼幼儿手指肌肉动作的控制能力。

教师首先要指导幼儿学习撕纸的基本方法：两手分别相对捏住要撕的部分的两侧，大拇指在纸上面，其余四指在纸下面，撕时两手相反方向用力，每次撕口不要太长，一点一点撕出所需要的形象。不能撕开一点小口后，就顺势撕下去，这样撕不出特定的形。撕贴的贴法也可参考粘贴部分。

(四)染纸

染纸是用吸水的纸和水性颜料通过渍染和点染的方法染出色彩美丽的纹样。染纸是让幼儿在学习染的技法的过程中,了解感受颜料的渗化形和色彩交融所产生的变化以及色块重复排列带来的美感。染纸的材料和工具主要是吸水性强的纸(如生宣纸、餐巾纸、毛边纸等)、毛笔、水性颜料等。为增强渗透能力,可在颜料里滴进少许白酒。

染纸的指导中教师首先要让幼儿了解材料的性质和特点。例如,让幼儿用生宣纸、卡纸等不同性质的纸以及粉质颜料和水性颜料来浸染。通过尝试,指导需用吸水性强的生宣纸和渗透性强的颜料做材料才能染出漂亮的作品。其次,教师要指导幼儿将纸折叠,染纸中常见的折叠方法有"米字格""田字格"放色形和自由折等,折叠要整齐、压实,不宜折得太厚。再次,教师要引导幼儿学习染色的方法。染色一般分为渍染和点染两类。渍染是指将折好的纸插到颜料里,让纸主动地吸入颜料汁。教师在指导幼儿进行渍染时,应注意把握染色之间的长短,由于颜料的渗透性和纸的吸水性,如果要染三分之一的长度,那么就必须在水色还没有渗到三分之一处时把纸提出颜料,这样才不至于超过预先设想的染色面积。点染是指在无法渍染的部分,用毛笔蘸颜料染色。点染有时不容易一下把纸染透,如果未染透,可在同一部位的反面或将纸掀开在里面再进行点染。

成功地染出美丽的作品,还有一道重要的程序,就是完整地把折叠着的染纸揭开。办法是,先把染纸阴干或接近阴干,然后揭开;也可用干净的吸水纸放在染纸上压吸,再揭开即可。

(五)印

印充满了悬念,常常令人惊讶。在印章盖到纸上之前,谁都说不准印出的东西是什么样子。印章很容易获得,小器件、马铃薯块或其他小浮雕品都可用作印章。把印章表面沾上印油或颜料,按在纸上,就印出印记来了。印是可以重复的,能够容易地印出有韵律的连续图案。一步步完成作品的过程很吸引人,印是幼儿喜欢的美术活动。

完成一幅印制品要经过三个步骤:第一步是做一个浮雕印章,可以找一块马铃薯在上面刻出图案,也可以用橡皮或泡沫塑料来做;第二部是把做好的浮雕印章在印台上蘸一点印油或颜料,也可以用刷子涂;第三步是把它按到纸上,然后拿起,印记就留在了画纸上。幼儿初学时,可先不雕刻印章,选一些小物件,利用它现成的形,印出色块,可以组成各种图形或形象。

各种各样的纸都可以用来印刷。彩色纸、白纸都行,如果采用油印,最好不用渗透性太强的纸。彩色墨水、水粉颜料加黑颜色能印出很美的作品。如果用覆盖性强的颜料在深色纸上印,更别具风格。

(六)编织

编织,即用线、绳、带子交织制作工艺品。这是一项古老的工艺,基本的编制法则从古至今没有更改过。早在石器时代的人就掌握了用稻草、芦苇和其他自然物编织篮子的技术。后来,史前人开始用纤维来编织,织出一片片织物,然后做成实物或装饰品。幼儿会沉醉于编织穿来穿去的操作过程,对色彩、纹理和图案的要素越来越敏感,手指也将发展得灵活自如。

(七)废旧材料的基本制作方法

废旧材料的基本制作技法除了前面介绍的各种技法外,主要还有弯粘合、弯曲和连接。

1. 弯曲

弯曲是将纸卷曲,成为圆柱体、圆锥体等方法。常用的弯曲有以下三种,一是用圆木棒或笔把纸卷在上面,使纸定型,放开后在纸圈内垫衬物体,再加压粘合;二是用手拿住纸的两端在桌边棱角上来回拉动,使纸弯曲再粘合;三是把较小的纸边放在手掌上,用铅笔挂压使之弯曲。

2. 连接

连接用糨糊胶水粘贴时连接纸的最简易的方法。用乳胶可以粘连如竹、木、自然材料等。布制品可用针、线缝合。空箱、厚纸板等可以用胶带或订书机接合。有时也可以用橡皮泥来粘连不同的材料。

三、图案装饰活动

装饰与美化当属从美的形式、规律出发进行的创作一类,对幼儿学习与掌握美的形式,抒发与培养幼儿的美感有极好的作用。同时,对幼儿手的动作准确性的发展,耐心、细致、整洁、有序的良好习惯的养成等多有很大的好处。严格地说,装饰包括平面装饰和立体装饰,在此,讲的是平面装饰,即运用各种花纹、色彩按照图案的组织规则创作装饰画或对各种物品纸进行美化。教师在指导装饰画的过程中要注意以下几点:

(一)通过欣赏帮助幼儿理解装饰规则

装饰美化有明显的规律性,体现为装饰的规则,掌握资本的装饰规则有助于幼儿进行大胆的装饰创作。幼儿需要理解的装饰规则有,图案花纹的变化、图案的组织形式和图案色彩的配置等。对于上述规则的学习,教师可以利用欣赏的途径来进行。

1. 观察欣赏自然界中蕴含的美德规律

例如,人体的对称性、红花绿叶的对比性、水流的节奏与韵律等。

2. 观察欣赏生活中人造物的装饰美

例如,服饰、生活用具、环境饰物上的图案等。

3. 欣赏专门的图案装饰画

装饰规则的学习,应与创作相结合,教师首先应该注意,所选取的内容应该具有典型的装饰美,每次学习集中在一个方面的内容,给幼儿留下深刻的印象。其次注意幼儿的年龄特征,用浅显易懂的语言来引导他们学习一些知识与原理,切忌生搬硬套深奥的专业的装饰术语。例如,图案花纹的变化规律之一夸张法的学习,就不必告诉幼儿"夸张法是指一种对物象的外形特点、神态、习性等进行适度夸大、强调,使其形象特征更能显示出美的手法",而只需用实际的实例分析,如外形处理上圆的更圆、方的更方、胖的更胖、瘦的更瘦、大的更大、小的更小,通过这样的解释让学前幼儿逐渐理解什么是图案装饰花纹的夸张。

(二) 按难易顺序学习装饰

由于装饰画的规律性较强,教师在引导幼儿装饰创作过程中应注意学习的循序渐进。

教师可以先引导幼儿在盖印章、图形拼贴、折叠染纸等活动中感受图案装饰的规则,即对称与均衡、对比与调和、节奏与韵律、连续与反复的运用。在这些活动的基础上,幼儿再创作图案装饰画。

图案花纹的学习顺序是,从简单的点状或放射花纹开始、到对称花纹、到倾斜方向的花纹,最后学习一些自然界的花草、树木、虫鱼和具有民族特色的花纹(如螺旋纹、羊角纹、云头纹、回纹等)。

图案纹样组织形式的学习先从花边开始,即二方连续图案,以一个单位纹样为基础,向任意两个方向连续重复排列。二方连续只涉及两个方面,因而相对容易掌握。接下来是学习中心放射、同心圆、四角向心、综合等图案构成形式的基础上要求幼儿花纹排列的位置、距离、色彩等均有规律。

幼儿所装饰的图案形状应从规则的纸形开始,顺序大致是:长条—圆形—正方形—长方形—三角形—菱形;然后装饰不规则的、复杂的生活用品纸形,如花瓶、毛衣、裙子、手套、面具、拖鞋等。

装饰美化是幼儿学习运用色彩的好机会,因为在装饰中色彩的运用完全不受物体固有色的限制而只求美观,幼儿可尽情挥洒,同时感受色彩美的规律。

在对幼儿进行指导时,教师先要理解色彩规律。一是色彩的归类。对比色,指不含共同色相的赭色;同种色,指色相相同而明度不同的赭色;类似色,指含有共同色相的赭色。二是图案色彩的配置效果。对比色相配的图案,色彩分明而教师心中有数,就可以有的放失地指点幼儿了。

教师指导幼儿配色的基本要领还是要求幼儿要画得有区别。例如,当幼儿初次进行图案色彩配置时,教师可给他们提供鲜艳的对比色,用对比引起幼儿对配色的兴趣。以后教师在渐渐引导幼儿学习同种色与类似色的配置,要求幼儿画得有深浅的不同。当幼儿掌握了图案色彩的配置的基本方法后,教师就可以给幼儿提供多种颜色,让幼儿自由的选择配色。在幼儿独立配置色彩时,教师要引导幼儿注意主体与背景色要有区别,即色相、明度和色调上要不一样,有层次;这包括温色调与冷色调、明色调与暗色调、艳色调与灰色调的区别。

在色彩的应用和其他装饰美化方面,教师要特别注意尊重幼儿的意愿,避免成人干扰幼儿的天真表达。

四、美术欣赏活动

学前儿童美术欣赏教育活动是教师引导儿童欣赏和感受美术作品、自然景物和社会环境中美好的事物,在欣赏活动中要求以儿童美术欣赏心理发展为基础,丰富幼儿的美感经验,培养其审美情感、审美评价能力和审美创造力的教育活动。

(一) 学前儿童美术欣赏心理发展的阶段

1. 准备阶段

美术欣赏的前提是欣赏态度的形成,准备阶段是幼儿欣赏态度形成的阶段,其具体形式和关键环节是审美注意。审美注意是指欣赏主体在欣赏美术作品时,把注意集中和停留在作品的形式或结构上,从而进行充分的感受。学前儿童受心理发展水平的限制,还不能完全自发地把注意集中在美术作品的形式和结构上,他们常常只注意美术作品的内容而忽略形式。教师有必要引导儿童把注意集中到美术作品的形式和结构上来,逐步培养其审美注意的自觉性和稳定性。

2. 实现阶段

美术欣赏过程的实现阶段就是美术欣赏的感受阶段。美术欣赏感受是一种积极的心理活动过程,是感知、想象、理解、情感多种因素的交错融合。这一阶段是欣赏心理发展的关键环节。该阶段的第一步是审美感知——视觉器官对美术作品的形状、色彩、光线、空间、张力等要素组成的完整形象的整体性把握。它是一种区别于日常感知的,能够揭示事物表现性(审美属性)的特殊感知。审美想象则帮助欣赏主体实现审美理解。因为在美术欣赏中,审美理解不是靠概念、判断、推理来进行的,而是靠想象来进行的。事实上,从审美感知开始,审美想象就已经渗透其中了。想象不仅使视觉形象更加鲜明生动,而且能使感知的形象内容更加丰富深刻。正因为审美想象包含了主观情感的心绪、意境、典型,自由而丰满,美术欣赏才有了多义性。审美理解是在审美感知之后,欣赏主体对美术作品的象征意义、题材、典故、主题、情节、形象等内容因素,线条、形状、色彩、构图以及技法、技巧程式等形式语言与表现手法方面所做的进一步的审视和欣赏。

审美情感有两方面的含义:一是指所欣赏的美术作品所具有的情感表现性,这种情感表现性只有在欣赏主体的某种内在的情感模式与作品的外在形式结构达到"同形同构"或"异质同构"时才会产生。对此,德国美学家利普斯认为它是一种移情的结果。二是指欣赏主体在欣赏过程中达到自由和谐状态时所产生的审美愉悦。美术欣赏中的审美情感与感知、想象、理解是紧密结合在一起的,并彼此促进,它们共同构成完整的欣赏心理的实现过程。对于学前儿童来说,他们首先借助自己的感觉器官获得有关美术欣赏对象的形式和内容方面的事实性资料,表现出审美感知的完形性与多通道性。其次,他们将获得的欣赏资料与个人以往的经验结合起来通过想象进行理解。这种理解往往具有直觉性、情感性。这一时期最显著的表现就是儿童的移情现象。

受其整体心理发展水平的影响，学前儿童的审美实现阶段更突出了审美感知、想象和情感的作用，而审美理解则较为浅显且与其生活经验相关。

3. 效应阶段

效应阶段的结果是主体欣赏心理的变化，它包括直接的欣赏判断和欣赏欲望的产生与间接的欣赏趣味和鉴赏力的提高。欣赏判断是指欣赏者在欣赏感受的基础上，运用一定的标准，对美术作品的一种意向性的认识、评价与判断，是欣赏者对其欣赏活动的反省。学前儿童往往对欣赏对象不加过多的分析和综合，而凭带有强烈感情的感知来判断所欣赏的作品美不美。这种判断大多是感性的、直觉的，是一种印象的判断，而被判断为美的作品就成了学前儿童欣赏欲望产生的源泉。欣赏趣味和鉴赏力的提高则是美术欣赏的间接效应，是多次有指导的美术欣赏的结果。学前儿童美术欣赏教育的终极目标就是提高儿童的欣赏趣味和鉴赏力。

（二）学前儿童美术欣赏教育各阶段的指导

1. 描述阶段的指导

所谓描述，是指陈述美术作品外在的视觉对象，而不涉及作品的含义及其价值的认定。如果作品是写实的，则要指出作品所包含的人物、动物、景物、物品等。如果作品是抽象的，则要指出其主要的形状、色彩及其运动的趋向。为此，教师可以用提问的方式来进行。例如，"你在画上看到了什么？"在描述阶段，应事先给儿童一定的时间进行独立的欣赏，不要操之过急，要尽可能让他们畅所欲言，尽量不打断其陈述，充分发挥他们的观察力、艺术想象力和语言表达能力。只有当儿童需要帮助时，才可以用启发的方式、提问题的形式给他们以启迪，引导他们观察、想象并进一步陈述清楚。

2. 形式分析阶段的指导

所谓形式分析是指分析作品各部分之间组合的情形，如造型、色彩、构图等形式语言和对称、均衡、节奏、韵律、变化、统一等构成原理的应用。形式分析是加深欣赏体验，提高审美理解能力并最终提高幼儿欣赏能力的必经之路。同时，对形式欣赏本身的兴趣也应该是学前儿童美术欣赏的目标之一。因此，形式分析阶段的指导是学前儿童美术欣赏教育的关键环节。

教师不仅要提高自己的美术欣赏能力，丰富自己的美术欣赏知识，还要适当地教给儿童一定的美术欣赏的基本艺术语言与形式美的原理，以进一步加深对美术作品的情感体验。为此，教师应选择相应的美术欣赏材料。这些欣赏材料可以是类似风格的，也可以是不同风格的。给予儿童足够的时间，通过对话的方式，让儿童反复进行感知、体验，同时用通俗易懂的语言进行描述，使儿童真正理解这些基本艺术语言与形式美原理的内涵。

学前儿童对美术欣赏的基本艺术语言与形式美的原理的认识还可以经由美术创作来获得。例如，幼儿在学习线条的变化时，可试用不同的线条（直线、曲线、螺旋线、断续线、连续线、重叠线），再欣赏梵高作品《星夜》中所用的线条；幼儿在学习几何形状的安排时，可先用彩色纸剪贴出各种几何形状，再欣赏抽象派大师蒙德里安的后期作品。这种由自己操作而获得的欣赏经验有助于学前儿童对美术作品的艺术语言与形式美原理的理解。

在儿童对具体作品进行形式分析的过程中,教师宜引导他们边体验边讨论,让他们通过自己充分的感性体验,再进行理性的分析。当然,这种理性的分析事实上还是带有直觉的成分,还不是真正意义上的理性分析。最后还要进行总结,以理清思路,加深体验,同时学习观察、比较等形式分析的方法。另外,还可以结合作品独特的表现手法,加深儿童对作品形式的理解。

3. 解释阶段的指导

所谓解释是指探讨美术作品所蕴含的意义。由于学前儿童主要是一个"印象的批评者",因此他们需要在教师的引导下才能进行"分析的批评"和"综合的批评"。为此教师应注意两点:第一,探讨美术作品所蕴含的意义,不能单纯地从部分出发或单纯地从整体出发,而是既要根据美术作品的各个部分来理解美术作品的整体,又必须根据美术作品的整体来理解各个部分。这是一个循环往复的过程。为解决整体与部分之间对立统一的矛盾,在对学前儿童进行美术欣赏教育之前,教师可为美术作品预先设计一种意义,这种意义是教师个人对作品的解释,同时在引导儿童欣赏的过程中又不停地被修正着。在此基础上,引导儿童先理解美术作品各部分的意义,再根据各部分进行整体意义的解释,从而形成一种或多种合理的解释。这种对整体的理解又反过来加深儿童对作品各个部分的理解。第二,儿童不必无条件地接受教师为作品预先设计的意义,儿童仍然可以有自己的理解。教师要鼓励儿童不拘泥于这种解释,甚至不拘泥于创作者原有的创作意图,要让儿童根据自己对作品所传达的信息的体验和理解,充分发挥想象力、创造力,发表自己的见解。

另外,教师还可以适当地介绍创作者的生平、作品创作的时代背景以及创作者个人的创作动机,这样既丰富了儿童的艺术知识,又帮助他们更深入地理解美术作品所蕴含的意义。当然,这些知识应该是儿童能够理解的,并以儿童能够接受的方式介绍给他们。

4. 评价阶段的指导

所谓评价是指判断一件美术作品的价值。学前儿童由于受心理发展、艺术知识与经验、生活经验等条件的限制,还缺乏自主而适当的评价能力。因此,对学前儿童评价阶段指导的重点宜放在对作品的欣赏判断以及揭示作品对于人类美术活动的意义上,以帮助儿童从多样化的作品表达方式中吸取欣赏经验,提高欣赏判断能力和欣赏趣味。例如,教师可以向儿童提问:"你觉得这幅画美吗?为什么?""你喜欢这幅画吗?为什么?""你看后感觉如何?""你是否想把这幅画挂在活动室里?"等。

教师在实施美术欣赏教育各阶段指导的过程中还应注意以下几点:

(1) 幼儿园美术欣赏教育活动的内容有绘画、雕塑、工艺美术、建筑艺术、儿童美术、自然景物和周围环境等多种类型。要根据儿童的身心发展特点以及生活经验来选择内容。

(2)学前儿童美术欣赏教育有专题欣赏和随堂欣赏两种主要形式。教师可根据不同的欣赏形式,采取不同的指导方式。一般而言,专题欣赏的指导要全面些,随堂欣赏的指导可简练些。但无论何种类型的指导,都要遵循该类型的审美特征来进行。

(3)无论是哪一个阶段的指导,教师的语言都应该是通俗易懂、简明扼要的,要让儿童能理解。

第四节 学前儿童美术活动的教学方法

学前儿童美术活动教学方法是教师和幼儿为了完成美术教学目标,在教学过程中采用的师生相互作用的一系列活动方式的总称。教学方法对实现美术教育活动目标有着重要的作用,方法使用得恰当与否,直接关系到美术教育活动的效果。好的教学方法能有效地提高幼儿美术教育活动的效果,教学方法不仅关系到幼儿参与美术活动的积极性,还会影响幼儿人格的成长。因此,研究幼儿美术教学方法也是学前儿童美术教育中的一个重要内容。

一、观察、欣赏法

观察、欣赏法是教师指导幼儿有目的地感知事物外形特征,获得美术教学的方法,是观察和欣赏的结合。

幼儿正处于感受世界、接收信息的发育阶段。儿童的艺术才能随年龄的增长会产生系统性的变化,几乎所有儿童都有相似的发展历程。幼儿的眼睛最初只能观察到少部分的事物,看东西往往一闪而过,注意力不够集中,只注意表面新奇的东西,忽略整理的特点和内在的联系。幼儿从无意识的乱涂乱抹,到有意识的描绘、写生;从初期绘画得不似,到后期的相似、神似;从开始的实物模仿,到后来意识创作的发展过程是异曲同工的。从三四岁儿童最初的绘画分析,那些充满自然情感的象征性图式、自由夸大、变形,总是为了传达某些偶然的意向。随着身心的不断成熟,绘画目标也从简单传达到希望表现一个观念。

对于孩子来讲,鼓励他们尽可能多地观察周围世界并将这些画出来是最好的办法。因为只有面对周围世界去有意识地观察,他们才可能从平时视而不见的细节中去发现美,从而进一步去表现美。教师可以带着孩子对周围的世界进行有目的的观察,启发幼儿观察物象的形状、颜色、空间摆放位置等,获得对事物的感性认识,如幼儿园里的小花小草,各种小动物的生长变化等。这样不仅能发展幼儿的认知结构,丰富其生活经验,还能打破幼儿的概念画法,培养他们的探索精神。

要画好画首先应该提高观察能力,让孩子学会看,就如同不断地向房间中装东西。当辅导幼儿画画时,教师应该有意识地培养他们先学会有目的地看。幼儿在画画练习时,不要催促他们快画,或要求他们按成人的意思或已有的概念化形象去画,应该在画画的过程中提醒他们时时停一下笔,仔细把面前所画的事物同自己脑中原有的概念比较一下。幼儿在画画过程中培养了比较和求异的能力，找到的相异处越多，就越有助于他们观察能力的提高。在很多情况下，由于幼儿对所画的内容还没有充分的理解，在观察时，可能只是死记一下，到需要再现了。教师应该帮助孩子进一步地在观察中理解对象，一旦孩子理解了，记忆就不成问题了，这样就可以比较轻松地画出记忆中的事物。

当然，所谓发现美、表现美并不是一张画或两张画就能完成的，这需要一个循序渐进的过程。开始时，主要是鼓励孩子尽可能多地观察细节、观察色彩，逐渐地在此基础上让孩子养成自己发现喜爱的细节与色彩的习惯。当一个人可以用全部精力去表现自己所喜爱的内容和情节时，他们的审美情趣也就提高了。也就是说，要想提高孩子再现美的能力，主要是借助孩子自己的眼、大脑和手去看、去想、去画。为了培养幼儿的观察兴趣，训练幼儿具有一双敏锐的眼睛，养成随时观察的习惯，教师在运用观察法时应做到以下几点：第一，观察目的要明确。第二，教师要选择合适幼儿观察的对象。第三，组织幼儿观察的方法要丰富多彩。

对于一些在生活中不易观察到的事物，教师可以通过有目的、有计划的欣赏教学来进行。欣赏可以促进儿童的艺术学习，艺术欣赏教育在潜移默化中提升幼儿对美的事物的鉴赏能力。欣赏各种具有审美价值的艺术作品、自然景物、美好事物的活动，有助于扩大幼儿的视野和知识面。幼儿在观察、感知、理解、欣赏的过程中，不断丰富自己内心的感受。长期以来，幼儿园由于对美术欣赏缺乏正确的认识，在实际教学中，往往只重视创造性绘画，而轻视作品的欣赏；只重视绘画、手工的技能技巧的传授，而轻视对事物的真实感受。在欣赏的过程中老师要充分尊重幼儿的见解，保护孩子们的想象萌芽，提高他们的鉴赏力，并开展同题材不同风格的比较欣赏；同题材不同表现水平的比较欣赏，使幼儿在感受和感性选择的同时，老师给予色彩、形状以及对称、均衡、重复变化等形式美和寓意美理性点拨。根据幼儿的兴趣、经验和接受能力，可以以中国画、西洋画、民间艺术、雕塑和建筑四个领域为主，选择接近幼儿日常生活的题材，用名人名作向幼儿作系列介绍。例如，在欣赏梵高的作品《星空》时，老师可以为小朋友讲述画家在创作这幅作品时的小故事或是星空的特点等。教师在讲授时要注意对相关的美术概念、原理等的解释要准确。教师应善于使用启发性的语言来引导幼儿对于描述对象的正确认识，同时要运用艺术性的语言来激发幼儿的绘画兴趣和创造热情。讲解容易使幼儿产生疲倦和乏味感，因此教师要讲究语言艺术，运用生动形象的语言来启发幼儿，以此达到教学目标。

在运用欣赏教学法时，教师应该注意以下几点：第一，尊重幼儿对美术作品的感受与反应。幼儿由于经验、认识能力有限，有些看法会十分可笑，但只要是他们在对作品体验时产生的感受，教师都应该尊重和认可。第二，要鼓励幼儿用各种方式大胆地表达自己的感受。第三，增强欣赏活动中的情绪体验。幼儿的审美感受始终伴随着明显的情绪体验，积极的情绪起着正向的推动作用。教师要增强幼儿积极的情绪体验。

二、直观演示法

美术的特点是直观形象性,主要依靠视觉来进行感知。教师在传递信息的过程中,向幼儿展示直观教具,演示教学媒体、标本、挂图、投影、录像视频,等等。直观演示法最能体现美术学科的特点,是幼儿园美术教育活动中经常采用的教学方法。幼儿通过直观感知,在大脑中形成对制作绘画过程的表象,从而获得深刻印象。在一目了然的情景中,幼儿接受新的技能和知识,教师的演示过程对幼儿来说具有很大的吸引力,有利于激发其学习兴趣。直观演示可以分为形象感知、质疑新探、引起兴趣、了解过程几个部分。演示法要根据教学内容的难易程度、幼儿对教学内容的熟悉程度灵活运用。

常用的直观显示法有两种:动作活动演示和范例演示(家长可以在家中给孩子提供孩子较感兴趣的范例,并简单示范,如奥特曼,喜羊羊等)。教师先提供画面基础部分示范,然后提供多种搭配图案或纹样,让幼儿自由想象组合。幼儿尝试学习用优化组合观念去分析所见所闻,进而选择,创造出表达含有自我个性的美术作品。教师提供多张示范画,角度多样化,启发幼儿进行观察,培养他们正确观察的方法,使幼儿从视觉上获得一定的信息感受,扩大视野,激发他们绘画的兴趣,从而让幼儿选择自己所喜爱的画面表现形式,进行绘画。

教师运用演示法的基本要求是:第一,演示的准备工作要充分。教学活动开始之前,教具、标本、挂图、投影、录像视频都要检查和试放一下,以免在正式演示时出现错误,还应该安排好范例展示的顺序。第二,演示要选择恰当的时机。一般来说,演示法可以再下列情况下运用:教学内容具有一定难度,单纯用语言讲解不能使幼儿理解,幼儿对创作主题不够熟悉,教学刚开始,需要幼儿对物象有总体的印象。第三,演示要和讲解有机的结合。通过视知觉和听觉两种途径获得的信息能使幼儿更好地把握物象的特征和结构。

三、启迪想象法

美术教育的本身具备启迪引导的教育特性,科林伍德在其《艺术哲学新论》中讲:"艺术是想象,但想象是活动。想象不应简单地让连续的意象闲散地漂过心灵,它应努力去想象和从事想象。像一个人可以想象其他任何东西一样,他也可以随意想象;因此,虽然一个人完全可以毫不费力地想象,但他为了更好地想象就要从整体和从长远的观点上来更好地想象。"

想象力是一个人素质能力提高的关键,但是想象力并不是天生就有的。一些成年人在评价一些儿童画说:"看,孩子的想象力多丰富呀!"而且认为,孩子越大,想象力越贫乏。其实,这种看法是不正确的,他们只看见了一些表面的现象。幼儿的画为什么容易被看作想象力比较丰富呢?主要是因为他们的画没有受客观因素的限制,大多是自得其乐、不受约束的作品,这些作品的内容超出了一般成年人的标准,是很多不合理的、夸张的内容画出来或放在一起,给人以"天马行空"的印象。但是,想象不是凭空而来的,幼儿画中的一切不论多么新奇,它们也是来自孩子对周围世界的认识与理解的,想象是对这些认识与理解的重新加工组合。

教师不能被幼儿画面的新奇所吸引,要多鼓励幼儿在画中充分发挥自己的想象力。在引导幼儿细心地观察、写生的同时,启发他们大胆地对周围世界在观察的基础上去想象。一旦幼儿养成了从对周围世界的细致观察中扩展自己的想象的习惯,他们的想象力自然而然地就会得到充分的发挥。为了达到这个目的,教师应该尽可能地为他们提供更多的、更细致地去观察周围世界的机会,有意识地启发和引导幼儿去观察有关的人和事,给他们能接受的知识。这样做,既可以让幼儿充分地发挥想象力,又可以丰富孩子的生活经验,让他们对更多的事物发生兴趣,增加孩子对学习的渴望。

在学前儿童美术教育中,怎样在激发起了幼儿丰富的为美术所需的想象之后,再"更好地想"呢?重要的一点,就是美术教育者应及时有效地启迪引导学生去努力探索出将其丰富想象予以外化表达的教育方法。美术教育者应着力去启迪、诱发幼儿将个体独有的美术灵感、特有领悟的内在心灵和美术情感予以有效地宣泄、展示,并激励幼儿在不断的美术创造实践中,把最具魅力的美表现出来。启迪引导法要求教师提供某种刺激,激活幼儿的思维,唤醒他们沉睡的经验,引导他们进入美术创造的思考过程的方法。例如,在"可爱的海豚"中,幼儿对于人物的掌握只呈现自己的意识,有幼儿手或手脚都画在头上,有幼儿是单线条画手脚,教师就利用泥工"拼小人"使幼儿了解头和脚该粘在什么部位同时粘在身体的不同位置,人物的动态就不一样。通过这样的启迪引导,教给幼儿规律性的技巧,又没框死幼儿的思维,是比较可取的。

在绘画活动中,教师不但要启迪引导幼儿思考,还应该多引导幼儿积极地提问,大胆地表达自己的所想、所感,一定要给幼儿讲话的机会,让幼儿能充分地表达自己对客观世界的认识。这样,有利于教师读"懂"幼儿的作品,引导幼儿继续创造。在教学过程中,很多老师发现孩子一画画就安静了,然而表面上看大家是安静了,实际上他们的思维活动在老师的启发下变得很活跃。就以小班的孩子而论,画东西根本不成形,成年人几乎看不懂,如果老师让他们讲一下自己画的什么,他会告诉你"这是个动物园,这边是猴山,那边是大象住的地方,这里有棵大树,上边住着各种美丽的鸟儿"。他们能把自己画的内容编成一个有趣的故事,但在画面上根本看不出他所讲的东西。幼儿期的儿童把天地万物,不论是草木鱼虫还是各种动物都看成是有思想、有感情、会说人话的朋友,把他们想象成可以和自己一起生活、一起游戏、一起遨游太空、一起到月亮上去做客,星星也可以摘下来戴在头上,充满了浪漫主义色彩。例如,在绘画"秋天的果实"的活动中,一个幼儿在画好的大树上画满了各种各样的水果,教师问:"你的水果树很漂亮,你为什么这么画?"这个孩子乐滋滋地回答:"有了这种树,人们不用太辛苦,想吃什么就摘什么。"教师恍然大悟,忙引导说:"西瓜这么大,能挂在树上吗?"孩子片刻说:"给它一个网兜吧!"说着给西瓜画了个网兜。孩子的创造就这样在讲的过程中又得到了提高。孩子们的想象力极其丰富,应该尊重孩子的心理,让他们的想象插上自由的翅膀尽情飞翔。老师可以多出局部范例,多做局部示范,少出完整范例,少做完整示范。更多的启迪和引导,让孩子自由画、创意画,多挖掘幼儿的创造潜能。

四、语言讲授法

语言讲授法可以从某个看似不相关的生活兴趣点开始闲聊,让孩子放下受教的防备心,集中注意力。教师逐渐围绕教学焦点兜圈,不知不觉地进行经验迁移,丰富焦点的文化内涵,强化焦点的感受,强调焦点的各项特点,解决教学要点。例如,画向日葵的舞蹈,老师准备了一盘瓜子,和孩子们边吃边聊。不经意间,教师与孩子开始探讨起瓜子的来历,向日葵为什么向太阳,向日葵想抖落瓜子开始舞蹈等。孩子瓜子还没有吃完,教学已经基本就位了。教师还可以借用孩子喜欢的故事形式,勾起孩子的兴趣热情,调整孩子的心理状态。通过故事,教师让孩子重新认识教学焦点,获得新的视角和感受。故事也可以贯穿始终,成为课堂的线索和诱导孩子不断前进的一个法宝。

教师用语言进行分析讲解,使幼儿深入清晰地了解事物的特征,进行完整的构思。教师通过语言描述,说明介绍向幼儿传递信息。语言分析法的使用,可以提高幼儿的注意力,启迪幼儿思维思考,同时也能促进幼儿的语言表达能力的发展。教师使用语言分析法的要求如下:

(一)语言分析要力求科学准确

在教学中,教师要对相关的美术概念,原理的分析解释准确,注意克服随意性的解释。例如,在讲解刮画和手工制作的步骤时,在欣赏美术作品时,在向幼儿介绍水墨画中锋、侧缝用笔时,在分析关于对称、节奏、变化等形式美的法则时,都要做到语言准确。

在教学中,很多教师常要求幼儿画得"跟老师的不一样""跟小朋友的不一样",这个泛泛空洞的"不一样"的要求常常使幼儿束手无策。这时就要用准确的语言分析,把"不一样"具体化、明确化,告诉幼儿怎样才能做到"不一样",如可以分析在自己的画面里改变一些大变小、高变低、红变绿、左变右等。再如,画鸟时,不但可以鼓励幼儿画自己喜爱的鸟,也鼓励幼儿画想象中的鸟,头、身体、翅膀、羽毛、眼睛、嘴巴什么都能变。教师通过语言的分析,使幼儿表现了美好的愿望,由此带来的惊喜和成就感能成为幼儿继续进行创造的动力。

(二)语言分析要遵循启发式的原则

语言分析法主要是教师讲幼儿听,教师易于控制自己所讲的内容,但也经常会使幼儿处于被动接受的地位。语言分析容易使幼儿产生疲倦感,影响教学效果。因此,教师要讲究语言艺术,善于运用生动且富有感情的语言来启发幼儿思维。当幼儿经常采取某种造型形式、表现方法时,教师可以提出疑问,帮助幼儿分析,通过启发让幼儿考虑改变思路。例如,当幼儿选择红色画太阳时,教师可以提问:"太阳都是红色的吗?"当幼儿选用橙色和黄色画太阳时,教师可以再提问:"其他颜色可不可以用来画太阳呢?"当幼儿用彩条画太阳时,教师可以进一步提问:"怎样的彩条才更像阳光呢?"这样可避免形成一种僵化的固定不变的思维模式。

(三)语言分析要遵循生动性的原则

生动形象的语言描述,可以让幼儿重新认识教学点,获得新的视角和感受。借用讲故事的方法,启发孩子的兴趣热情,调整孩子的心理状态。生动的语言描述可以贯穿始终,成为课堂的线索。比如画鸡,教师可以从远古的原始人抓捕凤凰故事说起,到凤凰被抓捕后的遭遇,再到凤凰被强迫剪去羽毛的可怜,最后,说到凤凰奋起斗争的悲壮,再到凤凰最后蜕变成鸡的可怜。故教师形神并茂的语言描述,触动孩子的内心情感,同时又解决了鸡的身体结构、生活特点等问题,孩子对鸡有了全新的感受与认识。语言分析法使用得当能够引起儿童注意,调动积极情绪,渲染情感,使幼儿和教师进行较好的交流和沟通。

五、游戏活动法

对于幼儿而言,好动和玩是天性。这种天性无处不在,无时不有。游戏通过幼儿直接参与,刺激幼儿的视觉、听觉、触觉、味觉等。游戏既能激发幼儿的兴趣,调节课堂的节奏与氛围,又能强化幼儿的感受。但是游戏必须在常规可控内执行,否则课堂节奏反而混乱,为下一步教学造成麻烦。如画人物五官,老师可设计一个放大镜的游戏,两个幼儿一组,拿着放大镜互相观看。孩子们极尽他们的搞怪本领,在不同的五官部位进行放大,使课堂上笑声不断。通过这个游戏,幼儿对五官的感受大大加强了,画出的作品也五花八门。另外,绘画的材料可以玩具化,尽可能多地为幼儿提供美术材料,有些工具可以是自制的,幼儿的手指和小手掌都可以作为绘画工具,还可以让孩子在地上和可擦的墙上作画,有的孩子正是在对新材料的把玩中产生感受来创作的。要教会幼儿一边通过游戏活动来观察和体验生活,一边利用玩具化的美术工具和材料表现出来。比如:一个老师发现班上的幼儿喜欢将大树的根画得很窄或将植物的秆画成长方形,并且不会画树枝,就带着孩子们在幼儿园的小花园里做了个有趣的游戏。先让他们观察一棵真的大树,摸一摸树干,看一看树枝的样子。再让他们学一学两脚并得很紧的大树干,被大风"吹一吹",被"小朋友们摇一摇",让幼儿体会"下窄上宽"的大树站不稳。再观察自己的小手和大树有没有相似之处,"它们什么地方很相似?"引导小朋友们说出"都是开杈的",这时,老师问幼儿"愿不愿意让自己的小手掌变成小树?"孩子们很开心地和老师回教室学画手掌树。将老师调好的深棕色涂在手上,印在画纸上,并且绿色的油画棒添上树枝和树叶,有些孩子将树叶上的叶筋都画出来了。这说明什么呢?幼儿在画画时之所以强调画某些东西或简化某些东西,往往不是因为孩子不会画,他们是以自己的理解与认识去画画的,因为孩子正处在"自我中心"阶段。如果在这个阶段教育者能为孩子提供一些游戏类的,适合他们画画的外来刺激,他们还可以画出更多被一般人认为孩子不会表现的内容和细节。

幼儿园美术活动的大量时间都是幼儿的练习,主要以技能练习为基础,以创造练习为目的,以模仿练习为辅助过渡手段。这些练习都以游戏的形式进行,可以让幼儿无拘无束,轻松愉快地创作。根据幼儿好玩好动的特点,应力求绘画活动游戏化。例如,开展"小小摄影家"的游戏前,教师发给每位幼儿一架玩具照相机,请他们做小摄影家。他们的顾客是教师事先放在教室各个地方的漂亮的布娃娃、积木房、小鸡、小鸭等玩具,要求每给它们照一张相就要画一张画进行对比。当幼儿听说要当摄影家时,高兴得又蹦又跳,按下快门前还要向小动物们提醒道:"不要动,笑一笑。"他们模仿起成人来惟妙惟肖,津津有味,并认真画下每一张照片。这样不仅大大地激发了幼儿的创作热情,而且使幼儿陶醉在游戏当中,幼儿玩得是那样的开心。另外,还有绘画接力、合作画等游戏形式,幼儿都很喜欢,乐于参与。

总之,教学方法是教学过程中教师的"教"与幼儿的"学"两者双向活动的体现,是活动过程中教法和学法的统一体。从上述教学方法中可以看出,有些方法教师是主导型的,如直观演示法、语言分析法;有些是幼儿主导型,如观察法、游戏法;有些是师幼互动型,如欣赏法、谈话法。教学方法的运用受到美术活动目标和内容的限制,因此教师要根据实际情况灵活综合地运用各种教学方法。

不管何种教学方法,都要明确其最终目的。教师的刺激,经由幼儿的感官,最终流入幼儿的内心,唤起幼儿内心的感受,激发他们思维的灵感,这是教学方式的最终目的。如果说刺激是施肥,那么感受与思维则是结出的丰硕果实。因此,优秀的幼儿教师,总是时刻关注着孩子的肢体、眼睛、嘴巴,了解孩子的内心状态,及时调整自己的教学方法。

第五节 幼儿园如何实施美术课程游戏化

一、美术课程游戏化的内容

美术课程主要分为绘画、手工、欣赏三大类,是幼儿表达内心真实世界的重要途径之一。美术课程游戏化是教师为达到一定的教学目的,将美术教学以游戏化的方式呈现,将枯燥的美术技能知识教学转变为幼儿乐于接受的、生动有趣的游戏形式,为幼儿创造和谐、丰富、有趣的美术学习氛围,从而在快乐的游戏活动中使其运用各种艺术形式,来表达自己的经验、感受、体验的教学方式。教师在确保基本的游戏活动时间的同时,又把游戏的理念、游戏的精神渗透到美术活动中,从而使美术活动更加贴近幼儿的实际发展水平,贴近幼儿的学习特点,更加贴近幼儿的生活,更加贴近幼儿的兴趣和需要。

二、美术课程游戏化的目标

美术课程游戏化注重让幼儿在快乐、轻松、愉悦的环境中不知不觉地学到教材中甚至课外的知识。有的放矢,因材施教,真正做到解放儿童天性,顺应儿童身心发展规律。要做到这些,笔者认为美术课程游戏化的目标需制定为:

（1）引导幼儿接触周围环境和生活中美好的人、事、物，丰富他们的感性经验和审美情感，激发他们表现美、创造美的情趣。

（2）开发幼儿智力，学会一个自我独立观察、感觉、组合、表达世界的方法。

（3）幼儿通过在审美主体的情感体验产生对客观事物肯定或否定的评价中得出道德上的判断，在感受美、发现美、追求美、表现美的过程中得到心理素质的提高。

（4）引导幼儿在充分感知美的基础上，理解美和形成美的观念，产生表现美的情趣，初步具有判断和评价美的能力。

三、美术课程游戏化的价值

美术课程游戏化让幼儿在游戏的氛围中体验积极的情感，评价标准不再以技能、技巧的学习和作品的呈现效果为导向，更注重幼儿情感的表达，挖掘幼儿的无限潜能，满足他们自我创作的愿望，激发他们的自信心，在不知不觉中提高幼儿的审美能力和创作力。

四、幼儿园实施美术课程游戏化的策略

（一）幼儿教师应加强对教师角色的理解和实践

《幼儿园教育指导纲要（试行）》中明确指出："教师应成为幼儿学习活动的支持者、合作者、引导者。"教师在活动中应确定好自己所要扮演的角色，教师在活动中不应是一位独裁者，也不应是一位旁观者。在活动中，教师应让幼儿自主活动，给幼儿足够的自主活动时间，明确幼儿是活动的主体的观念。同时，教师也要参与其中，自主活动中教师不等于不说话，而是要找准适当的时机说话，说的话要有意义，幼儿要能听懂领悟，教师和幼儿的谈话就是要引导幼儿进行经验的提升和重组，把幼儿当前经验与已有经验进行整合，以此得到提高。

案例一：

美术课上，教师在黑板上画了一只青蛙，幼儿都在下面模仿教师画的青蛙来画，突然有一名幼儿大声地说："老师，你看明明画了一只有翅膀的青蛙！"教师听了之后走到明明面前，蹲下来询问明明为什么画了一只有翅膀的青蛙。明明说："青蛙是吃害虫的，但是他只能吃到田里和书面上的害虫，天上的害虫他就吃不到了，所以我给他画了翅膀，这样青蛙就能飞起来吃到天上的害虫了。""哇！明明想象力可真丰富啊，大家都过来欣赏一下明明的作品。"教师当面夸奖了明明，其他幼儿就都围过来欣赏明明的画，并且各自都发挥自己的想象力，画出了很多富有创意的作品。

案例中，教师在看到明明画的画之后，并没有马上指责明明没有按照老师的要求画，而是询问明明为什么这样画，引导明明把自己的想法说出来，并且让其他的幼儿也学习明明，开拓自己的创造性思维，发挥想象能力来画画。教师的谈话很好地让这节美术活动课发挥了它的作用，既增强了幼儿的自信心，又使幼儿的美术素养得以提

第五章 幼儿园美术创作活动的设计与指导

高,一举两得。

教师除了对幼儿进行正面的直接的鼓励外,也要学会用游戏化的语言,灵活地用不同的方法巧妙地鼓励幼儿,让幼儿获得满足感和成就感,从而激发幼儿的创作激情,使创作的内容和过程更加广泛地延伸,提高活动的可持续性。

(二)游戏化美术课程的设计要贴近幼儿的生活

幼儿在未进入幼儿园之前,都是在生活中运用已有的材料进行游戏活动的,游戏源于生活,幼儿在游戏中学习,在游戏中成长,并在游戏中获得经验,积累经验,游戏环境是否良好直接关系到活动能否顺利进行。因此,在幼儿园中,教师在设计游戏化的美术活动时,应为幼儿提供良好的游戏环境,使游戏贴近幼儿的日常生活,结合地区特色以及幼儿生活环境,让幼儿能够在熟悉的环境中以轻松的心理环境获得已有经验的重组和提升。

案例二:

大二班将进行泥塑的美术活动,教师让幼儿穿上围裙、靴子,戴上手套,带领幼儿来到泥地上,让幼儿分组比赛哪一组先把泥和好,并且在有限的时间里让幼儿找到尽可能多的植物的叶子或是花。游戏开始,幼儿都鼓足了劲要争第一,在游戏比赛结束后,教师鼓励了所有努力参与的幼儿,接下来就要进入创造泥塑的环节了,幼儿用自己和好的泥进行捏塑,并用收集到花草枝叶对泥塑进行装饰,可以看到在整个过程中幼儿都是乐在其中的。活动结束后,教师将幼儿的作品都一一陈列在泥地旁边的架子上供幼儿欣赏。

在上面这样的一个乡村幼儿园中,泥巴是幼儿日常生活中经常接触到的,教师在进行美术活动时就运用了这样一个特点让幼儿在自己熟识的环境中愉快的游戏,并且在游戏中又培养了幼儿的动手创新能力,幼儿在泥塑活动中自我创作的愿望也得到了满足。这只是一个活动贴近生活的案例之一,幼儿园在借鉴的同时也要关注现实的条件和资源,充分挖掘幼儿园周围的课程资源,显示幼儿园地域特点的同时也能提高幼儿参与活动的积极性。游戏化要求我们关注周围鲜活的、丰富多彩的课程资源。在活动组织形式上要不断鼓励创新,注重活动形式的多样化。

(三)游戏化的美术课程设计要充分考虑幼儿年龄特点

教师在设计游戏化美术课程时要考虑到幼儿的年龄特点,对幼儿自身发展水平做出重点考虑。随着年龄的增长,幼儿逐步进入图式期,处于前图式期的幼儿开始将视觉经验的对象转化为视觉表象(心像),并把其再现于图画,由于视觉感受能力的提高,具体形象思维也发展起来,他们已经开始能够通过简单的绘画形式把自己生活中直接感知的食物表现出来,观察力、记忆力的发展使幼儿能够有意识地观察和理解周围环境中的事物,将之整体记忆下来并以视觉表象的形式储存下来。

教师在设计游戏化美术课程时可以不仅仅让幼儿欣赏美术成品,在这之前可以带领幼儿走出教室,欣赏户外景象或是参加与美术主题相关的活动,幼儿通过自身的观察、参与能够更好地发现美、感受美。而教师在幼儿活动期间可以适当引导幼儿观察,并把活动过程拍下来作为幼儿下阶段美术活动的创作依据,幼儿通过观看照片并结合自己身心体验能够更好地进行绘画创作。

在美术活动中,教师也要选择适合该年龄段幼儿的美术表现形式,处在幼儿的认知接受能力之内。在这里,教师可以为幼儿提供不同的绘画材料,引导幼儿以不同的表现方式来展现自己的内心世界。教师也可以在幼儿绘画的时候播放不同风格的背景音乐,把这些音乐元素作为辅助手段,让幼儿将线条的粗细、长短等变化与音乐的节奏、旋律联系起来,让线条在纸上跳出不同的"舞蹈",如螺旋舞、波浪舞、圆圈舞等;在泥工活动中,教师可以出示花瓶、雕塑等的图片让幼儿欣赏,在创作的环节中教师可让幼儿思考生活中常见的事物并自行发挥想象,塑造不同形象的泥塑。

(四)游戏化美术课程设计要注重幼儿技能的提升

游戏化美术课程设计时,既要关注幼儿积极性的调动与对活动内容的理解,同时也要关注活动本身对教育内容的针对性,确保幼儿能够通过活动提升自身的美术素养。如在开展线描造型的美术活动时,教师可以先让幼儿用积木搭出自己想要的形状,然后让幼儿从不同的角度画出自己建构的积木,这就需要幼儿结合自己的观察能力来绘画了。而在剪纸的美术活动中,教师给予幼儿不同颜色的纸张,并且引导幼儿在折叠后的纸上画出不同样式的图形,然后用剪刀剪下来,这一系列的步骤完成就需要幼儿手部精细动作的提高以及想象力的发挥。

《指南》中指出,3~6岁年龄段幼儿需要掌握用多种工具、材料或不同的表现手法表达自己的感受和想象。因此,教师在进行游戏化美术课程时,可以为幼儿准备各种不同的材料,如彩纸、水彩笔、炫彩棒、记号笔、皱纹纸、刮蜡纸、超轻黏土等。在进行艺术创作时,教师不必让幼儿拘泥于一种形式的创作,让幼儿能够以自己喜欢的方式进行创作,并且在这期间,对于能力不太够的幼儿,教师可以适当引导、启发幼儿寻找最适合自己的创作形式,熟练运用之后可以尝试用不同的材料进行不同形式的创作。

第六节 幼儿园美术教育实践中存在的问题及策略

一、幼儿美术教育观念出现误区

福禄贝尔认为,幼儿时期的生活方向未完全确定,学前儿童美术教育并不是为了成为画家做准备,教幼儿音乐并非以将来成为音乐家为目的。这些活动乃为发展幼儿时期多方面人性所需。要帮助儿童真正过着完美的儿童期,即使儿童的学校生活需要延后一年或两年来完成,也比误导他们的人生目标要好一些。虽然在幼儿园教育改革中美术教育已经有了很大的改观,但在教育观念及形式手法上依然有着一些不足与缺陷。

(一) 美术教育片面强调技能的训练，忽略儿童情感的体验

在《幼儿园教育指导纲要(试行)》中明确指出，艺术是实施美育的主要途径，应充分发挥艺术的情感教育功能，促进幼儿健全人格的形式。要避免仅仅重视表现技能或结果，而忽视幼儿在活动中的情感体验和态度的倾向。应支持幼儿富有个性和创造性的表达，克服过分强调技巧和标准化要求的偏向。教师的作用主要在于激发幼儿感受美、表现美的情趣，丰富他们的审美经验，使之体验到自由表达和创造的快乐。在此基础上，根据幼儿的发展状况和需要，对表现方式和技能技巧给予适时适当的指导。这些要求，对传统幼儿美术教育提出了挑战，形成了鲜明的对比，并进一步指明了幼儿园美术教育今后的发展方向。

由于一系列的改革，在美术教育这方面出现了一些新旧理念上的矛盾之处，教师无法在第一时间将其进行有效结合并落到实处。有些教师由于长期形成的教育理念，或过分重视自己的教学成绩，为了表现出在自己教育之下的幼儿画技有多高超，总会在教学过程中对孩子的作品进行纠正，让孩子的作品和成人作品直接的差距越发地缩小，这也就在教师认为幼儿"画的好"的同时忽略了幼儿在绘画过程中的情感体验及幼儿想通过绘画或涂鸦表达的情感。而另外一类特别接受新理念的教师则会过分地放任幼儿的自我发挥，采用"放任自流"的教育方式，虽然幼儿得到了充分的自由，但是因为技能的缺失很多时候反而会不知道怎样下笔。

(二) 模仿的教学模式，限制了幼儿的想象力和创造力

在幼儿园的美术课上，教师通常会采用"示范和模仿"的教学模式，老师先给孩子画出一个范本，然后让孩子依葫芦画瓢。老师说树叶是绿色的，树干是棕色的，天空是蓝色的，云朵是白色的，一节课结束后全班小朋友画出来的画如出一辙。在这样的教育方式下，幼儿极易形成思维定式。绘画本身是为了让孩子表达自己的情感，画出他眼中看到的世界，而不是老师告诉他世界是什么样的，他就以为世界是什么样的。

想象力和创造力对于幼儿来说是至关重要的，正因为他们对世界的认知还不够全面，他们才拥有令成人惊讶的创造力。教师在幼儿心中是一个权威的代表，而教师提供的绘画范本则恰恰限制了儿童的想象力，不利于幼儿发散性思维的发展及创造力的培养。幼儿教师通常会使用示范的方式来向幼儿展示整个美术活动的过程，这样虽然能让儿童学会相关的绘画技巧，但过于细致而具体的示范只会教会幼儿一味地模仿。适度的示范是需要的，但教师不应该采用注入式的示范，应该在为幼儿解决了学习难点的基础上给予幼儿充分的自我发挥空间，把思维的主动权交给幼儿。

初学画画时，模仿一下别人画画的方法，以便由浅入深地掌握绘画的技巧是无可非议的。如果一点儿都不会画，也不敢画，一下子让他们画好一个人，是很难的。最简单的办法就是用现成的画作为范画，然后，给他分析讲解这张画第一步画的是什么，第二步、第三步又加上了什么，最后又是在什么地方结束的。但是，学会了画画的方法、步骤，并不等于就会画画了。因为画画不像科学，科学的正确答案只有一个，可是画画的正确答案不止一个。如果有十个人画同样的内容，这十个人会因为自己观

察事物的角度不同,认识不同,画画时的心情不同等等,而画出十幅不太一样甚至一点儿都不一样的作品来。从艺术的角度讲,只要他们真实地把自己对美的认识和理解画了出来,这十件作品就都是对的。教师要教给幼儿的,正是如何发挥自己的能力,如何表达自己的感情,如何以自己的答案去回答问题。能模仿别人的画,只是借助别人的作品学会了一定的画画方法。如果幼儿只能一再地重复这些方法,即使画得再好,也只是重复别人的东西。幼儿自己的能力与感情,自己的认识与理解,自己的创造力,这一切都没有在画中体现出来。如果这些都一无所有,早期智力开发和素质教育又从何谈起呢?所以,学前美术活动中的示范与模仿,只能作为学习画画的一种手段,不能当作目的。

可是,也应该看到,孩子们模仿的时候,更多的还是在画着玩,同时,他们也希望这样的作品得到赞扬,因为模仿毕竟比写生更容易"像",而画得像才容易得到赞扬。遇见这种情况,解决矛盾的关键是在辅导者这一边。如果教师非常满足于幼儿模仿得好看,那么幼儿就会一直模仿下去。反过来,如果教师对他们并不高明的写生和想象画多多地予以鼓励,孩子还是很愿意去画的。因为幼儿心目中并没有模仿与写生的区别,只有画得好与画得不好之分,他们在乎的是人们对他们的评价。所以说,对幼儿的美术教育是潜移默化的,全在于教育者的一言一行,一举一动,鼓励什么,提倡什么。

幼儿的模仿除了模仿成人的作品和动画片中的形象外,他们相互之间的"抄袭"也是模仿的一种。在这种时候,要尽量地鼓励幼儿以自己的眼睛去观察周围世界,以自己的大脑去想象、创造。同时,在幼儿共同画画时,不要过分表扬那些表面上画得不错的孩子,可能他们画得并不出色,但表扬他们并不是因为画得多么漂亮,而是表扬他们大胆去画的精神。只要辅导者能认识到模仿对幼儿所起的副作用,让幼儿改掉总模仿的毛病并不难。

(三)教师以成人的目光来看待幼儿的作品

儿童画透露着儿童固有的纯真与质朴。幼儿会将自己看到的,他们认为应该有的都画出来。比如:要画站在讲台前的老师,成人的画一定是老师的上半身加讲台的下半部分。因为在视觉角度上老师的腿被讲台挡住了,我们是看不到的。而幼儿的画中老师一定是有腿的,即使他们在视觉上看不到,但他们认为老师就是应该有腿的,他们的画可能是在讲台上再画两条腿,看上去就好像老师的腿长在了讲台上一样。再比如:儿童画一组人围着绕圈跳舞,他们会将其中的每个人都局部地垂直于这个圆圈。这样的画面在成人眼里就好像一群人都趴在地上一样,但在这个年龄阶段的幼儿看来就是一群人在围成圈跳舞。诸如此类还有很多类似的例子。这些作品在成人看来是不符合视觉艺术效果的,或者说这样的画面在成人看来就是所谓的"画的不像"。

成人的世界与幼儿的世界有着很大的区别,当然成人与幼儿观察到的东西也有着天壤之别。而不少教师和家长却经常会忽略这一点,用"像"或"不像"的标准来衡量幼儿的美术作品,只会让孩子失去对绘画的兴趣。家长在辅导幼儿作画时,为了让孩子画的"像",甚至会让孩子将同一件事物画上十几二十遍,家长在发现孩子画的"不像"时,会下意识地对幼儿的作品进行修改,这样的做法不仅让孩子失去了创造美的机会,也让幼儿失去了独立认识世界的机会。同时也损害了孩子的自信心,可以说家长们的这些做法是得不偿失的,属于典型的"拔苗助长"。

二、美术教育的目标抑制了儿童艺术的活力

教育过程中的第一步即教育目标的确立,只有在正确把握儿童的身心需要、实际水平和可能性后才能提出适宜合理的期待。儿童在美术中需要什么?儿童本真的状态又是如何?"儿童的生命状态是一种活泼、自由、奔放、充满想象和情趣的状态,其发展需要自由的养分、自然的生态和整体的发展。"

生态式艺术教育强调了儿童的艺术扎根于他们的生命状态,美术是其生命活力的延伸。"在美术教育领域,学前儿童这种审美行动表现为对具有鲜明的形式美特征的、强烈的视觉感的事物的趋向探究和自我表现的涂涂画画。"儿童需要艺术,也不断用自我生命的力量去碰撞艺术、构建艺术。他们在自由自我的艺术中,像极了一群在非洲大草原上的野羚羊,毫不迟疑地奔跑,如同赴一场生命的盛会。不知道他们追逐的远方是哪,就像猜不透孩子思绪的边界是何方。可是奔跑本身的姿态就令人动容,他们的自由、热情、奔放就是儿童与生俱来的源源不断的活力。

然而,这份值得呵护的活力却在美术教育的第一步就被紧紧抑制。在一节美术教学活动《我向月亮许个愿》时,笔者曾记录这样一个片段:

师:"刚才我们看到了中秋节的月亮,你们想不想把月亮画下来?那怎么画呢,我这里有一幅画。(出示教师准备的范画)你们看,月亮在纸上的哪里?"

幼:"右面上面。"

师:"对了,月亮画在右上角(教师用笔在白纸的右上角画月亮),再给它涂上黄色。要小心一点,不要涂出去了。那我们要向月亮许愿,要画什么?"

幼:"画我们。"

师:"对的,画我们自己,你们看,这个小男孩正在许愿,所以下巴是怎么样的?"

幼:"抬起来。"(做动作)

师:"好,我们怎么画呢,把头发画在下面,嘴巴在上面,就像抬起头看月亮一样。(教师用笔示范画抬头的男孩)"

《我向月亮许个愿》这个美术活动的题目既诗意又温馨,孩子们的联想和愿望会是什么呢?是中秋节和家人团聚的那顿美食大餐?是妈妈抱着我躲在一边看爸爸放烟火?是爬到月亮上去看一看究竟有没有玉兔嫦娥?可是,显然在老师眼里这些都不那么重要,画面的构图、涂色是否均匀等这些技艺的掌握是其美术教育的目标。孩子从中感受到的是:月亮一定在纸的右上角,又圆又大而且是黄色的,许愿就是要画一个抬着头的小男孩看着月亮。在中秋节赏月是孩子生活的经验,这个活动他们原本

应是有着丰富积极的知觉体验、强烈主动的创作欲望。却不得不咀嚼成人的感受体会，谨慎恭敬地模仿范画，他们压抑满腔热血的"胸中之月"去临摹看上去很美的"他人之月"。

三、教育内容封闭了儿童的多样表达

在大班美术活动《徽派建筑》中，笔者记录了下面这个片段：

师："都拿到纸了吧，把黑色记号笔拿出来，我们一起画。首先，在纸下面画一条线，这是地面，在地上才能盖房子。画好了啊，我们画房子，注意徽派建筑就是要画出这个房顶。"

幼："什么叫徽派啊？"

师："就是安徽那边的房子，和我们不一样，这个顶是弯弯的（教师在纸上示范），房子一个接着一个画。我来看你们有没有观察仔细，谁和我画得不一样，就是画错了，肯定没弄清楚我的要求。"

一名幼儿无法掌握徽派建筑的画法，于是开始画小河和树。

师："现在先跟着我画房子，知道吗？"

教师在内容安排上应该以儿童生活经验为前提，激发调动他们的兴趣。选择"徽派建筑"，却在欣赏环节缺失体验，让孩子成了教师"任意塑造"的机器，制作一幅幅与成人相似的作品。教师在黑板前画一笔，"工人们"在下面画一笔，不甘于屈服的"小工人"用自发想象的小河、树进行抗争，可还是被高高在上的"权威"逮个正着。先不论成人的作品是否又真正的美？但还有什么比儿童在创作中的表达被同一化、模板化，意识被操控更可怕的呢？尊重儿童，尊重他们的多样表达，在艺术教育中就是以一种更广泛、包容性更强的态度对话儿童。孩子不知道徽派建筑究竟是什么，他不愿跟着老师一横一竖地画房顶，但是他感受到的是徽派风格的古雅和灵气，他不画大气磅礴的山川，画的是静谧流淌着的小河；他不画枝繁叶茂的森林，画的是小家碧玉的枝丫。这种敏锐自然的流露为什么得不到成人的赞许呢？"儿童的艺术是自由的、无拘无束的、非职业化的、没有固定的模式，成人又怎能用一种惯例、一个标尺对儿童的艺术作划一的要求和简单的理解呢？"当老师提出"谁和我画的不一样，就是画错了"的时候，就是潜意识地传递给孩子你们的画是以我的标准衡量的，这句话让孩子与艺术渐行渐远。他们为了满足成人的需要，从此委曲求全地说："老师，我这样画对吗？""老师，我不敢画。"儿童在艺术中的多样表达被牢牢地封锁在成人的牢笼。

四、教育评价僵化了儿童的奇思妙想

老师对儿童作品的评价不是一节美术活动无足轻重的结束，而对儿童对艺术的热情和后续的美术发展都有极为重要的推动价值，然而，在美术活动《我向月亮许个愿》的评价环节，研究者记录了下面这个片段：

师:"你怎么都涂成蓝色了?"

幼:"因为天很黑很黑,停下来赏月的汽车都飞起来了。"

师:"汽车怎么会飞天上去呢?"

幼:"他在跟月亮淘气呢。"

师:"我看要么是你在淘气。画得都没小班小朋友好,这个蜡笔就这样给你浪费的啊?下午让你重画,你这画的是什么啊?"

《我向月亮许个愿》这个题目强调的是"我"的意愿,"我"想许什么愿,就可以用绘画的形式表达。"我"的意愿就是孩子的生活经验和内心情绪情感的宣泄。也许是中秋节路上很堵,他想那就飞到天上去赏月吧。多么创意的想法却得到了理性的"质疑",老师试图去纠正孩子的错误:车子是不会去天上的。儿童知道,但是他又用了一种妙趣横生的回答美好了意境,"老师,那是在淘气呀。"

他们的心理特征赋予了泛灵论,车子和月亮都是与人类一样,有同样的权利,他们也可以交流,可以做游戏。可这份趣味在老师眼里没有理性和科学来得重要。她把孩子用来表征天很黑很黑涂的大面积蓝色视作是一种浪费,把孩子的作品消极地评价为"还没小班的好"。这种责备、嘲笑让孩子产生挫败感。从欣赏崇拜儿童的天马行空到批评责怪儿童的胡思乱想的距离那么近。

图 5-1 《我向月亮许个愿》

美术集体教学活动《假如我是孙悟空》教师与笔者的交流:

师:"你看这样的画(图 5-2)就不好,我就看不出它是个孙悟空,没有表现出孙悟空的特征,其他(图 5-3)的就还挺好的能看出是孙悟空。孩子是有想象力,可是他说什么都行的,那还要老师做什么呢?我们要培养的是实干家,不是空想家啊。"

这是一次美术活动后教师与笔者的交流,在教师看来画孙悟空作品首先要像个孙悟空,不然就是瞎画,倾向结果性的评价漠视了儿童在创作中过程性的表达。图 5-2 的创作者说:"假如我是孙悟空,我就要有金刚不坏之身。你看,坏人把我手都

图 5-2 《假如我是孙悟空》　　　　　图 5-3 《我的隐身术》

绑住了,头顶上就是一把大斧头,但是它掉下来,砸在我的脑袋上都成了碎片,我还是笑的。"教师对儿童的话不以为然,在罗恩菲尔德看来,"对儿童作品施以评价只是使老师更透彻地了解儿童的成长,而不是以学生的缺点和优点来困扰他们,前者能帮助老师了解学生的创造意图和其他生活情形,后者徒然使儿童对'寻找自我'和创造表现丧失信心。"他的话值得我们的深思,成人总是以一种"权威"、"过来人"、"经验者"的高姿态俯视审查儿童的作品,看不懂的作品简单归结为不好的作品。就像教师认为图 5-3 的作品"不美,只有那个金箍棒看出是个孙悟空。"可是创作者这样解释自己的作品:"假如我是孙悟空,我就要有隐形术,这样就能不要排队,直接从三楼到一楼了。"他想要有隐形术根本不需要画孙悟空啊,他开始用数字和箭头表征自己的意图,与成人的设计稿不是如出一辙吗? 儿童在艺术作品中表现出了积极的欲望,我们经常说儿童画是用来"听"的,不是用来"看"的,绘画是儿童的另一种语言,在这种语言中藏匿着古灵精怪、奇思妙想、天马行空。教师单一标准化的评价切断了儿童与作品的情感联系。

五、幼儿园的环境创设漠视了儿童的艺术潜能

一般幼儿教室都比较规整,教室被分为五个区域(语言区、数学区、美工区、生活劳动区和科学区)。四周的墙面上是这学期四个主题的标题,"龙的传人"贴上了孩子在祖国游玩的照片,"规则与标志"挂上了孩子与父母在生活中找到的标志,"可爱的动物"与"梦幻西游"两个主题墙上只有成人打印的几个大字。整个环境找不到儿童的艺术作品,所有的装饰都是成人做主,显然孩子并不是这个空间的主人。随后,来到美工区,美工区的桌面是一块木板,木板很干净(显然不经常使用),只有星星点点的一些颜料,桌子中间有一盒摆放整齐的颜料印章,却没有幼儿使用。老师说:"这个颜料一般不让他们玩,他们不会玩,弄得身上都是。"研究者追问:"那为什么放在这桌上呢?"老师说:"其实,我也不知道美工区应该放什么,这个也比较好看,就先放在这里。"美工区的"假材料"和"干净"的木板桌面都直接折射出儿童在这个区域内的艺术

表达权利很微薄。他们在美工区,这个艺术性区域都无法自由地体验美感。最后,终于在教室的外面墙上找到了儿童的艺术作品,墙面上安装了一个个透明 A4 大小的作品栏,儿童画完的作品老师就按名字放在里面(因为很高孩子够不到),仿佛是成人世界的宣传栏,形式模板不变,内容定期更换。儿童的艺术作品不是点亮生活,装饰环境,是供各自家长查看的作业。这样缺乏儿童主体的环境中,他们的艺术潜能得不到成人的关照。

六、解决幼儿园美术教育问题的策略

(一)尊重幼儿,倾听画中意

孩子的世界中,绝对没有如此固化的形象,他们笔下的大海可能是粉红色的,花朵可能是一堆乱麻,猫咪可以用几个圆圈表示。孩子的绘画和成人的画是完全不一样的。"绿叶红花、笑眯眯的太阳、大鼻子的猪、长胡须的猫",这些看似童真童趣的形象,实质上那不是孩子的画,而是成人画。

当孩子沉浸在自由涂鸦的乐趣时,教师不要在旁边指指点点,甚至主动帮忙添上几笔,这样会对孩子的绘画造成干扰,也会破坏他们的专注力。尤其是孩子在 3 岁之前,各方面能力并未发展起来,教师只要简单地询问孩子画的是什么就可以,不要干涉太多。当孩子的画中出现了人头部上长了手,肢体比例夸张,缺耳朵鼻子的时候,可以询问孩子画中的故事和情节,但不要提醒孩子一定要画上什么,并修改成一幅正确的人物画。

孩子绘画,也是对世界的一种探索方式。质疑、取笑,直接教导孩子画画,会剥夺他们思考的权利。所以,我们要做的是尊重孩子的创作,仔细倾听画中所表达的东西,去理解、关心画中所诉说的内容。只有家长安静下来了,孩子才能自由地表达自己的创作意愿。

(二)善于引导,丰富幼儿的生活

很多时候幼儿表示不会画,或者老是画一些内容空洞、形象单一的画,这是有原因的。他们的生活体验不够丰富,内心没有感动,脑袋中没有有趣的事件和美好的回忆,当然不能在纸上呈现出充满活动的画面。所以,教师要做的事是改变孩子的生活方式,丰富他们的生活。

1. 接触大自然

孩子天生喜欢大自然,那么就多带着孩子沐浴在阳光雨露之中,去登山远足,去戏水摸鱼,用眼观察,用身体感受,用脑袋思考。小孩子都喜欢玩沙子和水。水和沙都具有流动性,当孩子的小手感触到水和沙的流动、快慢、轻重和质地时,这是一种强大的感官刺激,而水和沙的变动性又能塑造各种形象,打开孩子的想象力和创造力。

2. 逛展览,欣赏艺术作品

孩子对于美的事物的感受能力非常敏锐。所以,经常组织幼儿参观美术馆、博物馆,欣赏名画和艺术品,也是一个非常好的选择。带着孩子逛展览,除了遵守必要的

礼仪之外,其他的则可以随意一些,不能太拘束。举个例子,有的孩子逛美术馆并不专注公认的名画,反而被一副名不见经传的小画吸引了,这时家长千万不能硬拉过来,一起欣赏名画,这样反而会破坏孩子的"胃口"。接触大师的作品除了让孩子进一步感受艺术作品的美,积累想象思维的高端素材之外,更重要的是让孩子能感受美,习惯美,而不单是仰视经典。

3. 巧用言语引导孩子画画

孩子的绘画成人不一定看得懂,但是可以用语言引导孩子讲述出来,从而增强孩子自信。

当孩子想要画一个事物时,但不知如何表达的时候,也可以和他一起讨论物体的特征、属性,并利用图片、绘本等资料,拓展孩子的理解。通过练习,孩子开始理解,他的画和现实中的物象是有对应关系的,他可以用一个符号标记来呈现出现实世界的物象,以及时间的流逝,空间的变化。

总之,要解决儿童美术教育中的问题,教师首先应该以组织者的身份出现,为幼儿提供教学情境和学习材料。《纲要》中明确指出:幼儿园教育应新生幼儿身心发展的规律和学习特点,以游戏为基本活动。教师应为幼儿创设教学情景,使各种基本技能在游戏的过程中学习和掌握,并善于利用游戏为孩子带来的快乐,激发孩子的兴趣和学习热情,丰富幼儿的认知结构和生活经验。让幼儿在感受美的同时学会理解美、创造美。教师要善于通过启发性的语言或行为引导幼儿进行想象与创作,开启幼儿的发散性思维,帮助幼儿进行创作。教师还应该是此教学活动的支持者。教师要在不妨碍幼儿自主创作的基础上帮助幼儿克服学习难点。既要做到教会幼儿基础技巧,又要引导幼儿进行创新与在创作。

对于幼儿的美术教育要以幼儿为中心。让他们在快乐与成功的感受中更加增强对绘画活动的兴趣,使幼儿感受到自己的进步,发现自己的能力和才干,从而促进幼儿的发展,使他们终身受益。

思考与练习:

1. 影响学前儿童美术创作活动的心理因素有哪些?如何应对?
2. 学前儿童美术创作活动的一般规律是什么?
3. 如何指导幼儿园各年龄阶段美术创作?
4. 如何指导幼儿的手工活动?
5. 学前儿童美术活动的教学方法有哪些?

第六章　学前儿童美术教育与幼儿美术能力评价

学习目标和要求

通过本章学习,了解幼儿美术创作活动的评价目的与内容,了解幼儿园美术各类活动过程的评价目标,掌握学前儿童美术活动观察记录活动过程的几种方式和对幼儿美术能力及其作品的评价方法。

第一节　学前儿童美术教育评价的目的与原则

教育部颁布的《幼儿园教育指导纲要(试行)》中明确指出:"教育评价是幼儿园教育的重要组成部分。教师应自觉地运用评价手段,了解教育活动对幼儿发展的适宜性和有效性,以利调整、改进工作,提高教育质量。"美术教育评价是整个美术教育系统中的一个重要组成部分。学前儿童美术教育评价是有目的、有系统地对学前儿童美术能力发展和学前儿童美术活动进行客观的了解,为进一步的美术教育和指导提供依据。作为教育者应该明了幼儿的各种能力的进展情况,进行有针对性的指导。

一、学前儿童美术教育评价的目的和原则

学前儿童美术教育的评价是一种整体的评价,不仅包括对儿童美术学习结果和儿童美术发展状况的测量和评价,还包括对美术教育活动中教师的活动设计、活动组织、活动指导和活动效果的评估。学前儿童美术教育评价要达到以下三项结果,以及评价初始所应抱有的目的:

(一) 了解学前儿童当前达到的水平

通过评价,教师了解幼儿当前的水平,包括他们的美术能力水平和美术活动过程中的身心发展水平。《幼儿园教育指导纲要(试行)》中指出,通过"了解幼儿的发展状况,防止片面性,尤其要避免只重知识技能的掌握,忽略情感、社会性和实际能力的倾向"。根据评价的结果,教师可以总结出儿童美术发展的规律和一般特征,为今后设计美术教育活动提供依据。

(二) 对以往的美术教育做出反思

通过对学前儿童美术教育的评价,可以及时发现美术教育过程中的新问题、新情况,验证教师制定的美术教育目标、选择的美术教育内容、活动的组织过程等是否符

合儿童的年龄特点、发展水平,从而对教育活动的各个环节做出反思,总结出成功的经验和失败的教训。

(三) 确定未来美术教育的发展目标

对美术教育评价的根本目的是促进美术教育的发展。美术教育的发展有赖于学前儿童美术能力和教师美术教育质量的提高。经过对幼儿美术能力及美术活动的评价和反思,教师还应根据对幼儿以往发展水平的了解和自己的教育知识与经验来预测儿童未来的发展,并进一步制定出新的教育目标以及与之相适应的教育方案,更好地促进美术教育的发展。这是整个评价工作最有建设性的成果。

二、学前儿童美术教育评价的原则

(一) 客观性原则

美术教育评价的客观性原则,是指进行评价必须把握美术教育和美术教育评价的客观规律,实事求是,以客观事实为依据,从客观实际出发获取真实信息,依据科学的标准,对美术教育活动的过程和结果进行分析判断。

贯彻美术教育评价的客观性原则,要求评价者确定的评价指标必须符合评价的目的要求;反映被评对象的本质特征;评价标准要合理,评价者要正确理解和把握评价标准,克服主观随意性和感情因素的影响;评价方法的选择要与评价内容的性质相适应,多种方法相结合。这样,才能使评价信息的搜集更为全面准确,评价结论更可靠。

(二) 激励性原则

美术教育评价的激励性原则,是指评价应促使被评对象形成继续努力或在进一步的活动中克服不足之处,增强提高活动效果的动机或期望。这是由美术教育评价要激励评价对象前进、促进其发展的目的所决定的。

贯彻美术教育评价的激励性原则,首先要使美术教育评价过程及其结果客观、公正、准确;其次,制定美术教育评价目标和具体标准时要从评价对象的实际出发,充分考虑评价对象的客观环境和条件,不要过高或过低;再次,要求评价的实施者注意评价对象个体的心理状态,了解并尊重评价对象的意见,及时反馈评价结果,以激发评价对象在进一步的活动和教育过程中保持优势、克服不足之处的动机和行为。

(三) 实效性原则

美术教育评价的实效性原则,是指评价要有实际作用,即要有指导美术教育实际、改进工作的效用。美术教育评价活动,如果不能帮助被评对象找出工作或学习中的问题,并对其改进提出有价值的帮助,那么这种评价就不具有现实意义。

学前儿童美术教育评价的内容和标准包括两个方面:一是对学前儿童美术能力发展状况的评价;二是对学前儿童美术活动的评价,包括对美术活动目标、内容、活动过程和活动效果等方面的评价。

第二节 学前儿童美术教育评价的内容与标准

一、学前儿童美术能力发展的评价

对学前儿童美术能力发展状况的评价大致包括两个方面：一是评价学前儿童美术活动的过程；二是评价学前儿童的美术作品。

(一) 对学前儿童美术活动过程的评价

美术活动过程是从某一艺术表现的构思到完成作品的过程，其中既有内部的心理活动，又有外部的行为表现，然后整理、分析材料，对记录做出解释。学前儿童美术活动过程的评价具体可分为九个方面，每方面又分四种水平的行为表现。

1. 构思方面

构思方面是观察和评价幼儿是否能在创造之前预先想好创造的主题和内容的标准。幼儿在这方面的行为表现可以分为以下四种水平或四种类型：

(1) 事先构思出主题和主要内容，动手之后围绕构思进行创造；
(2) 预想出局部内容，完成一项后再做新计划；
(3) 动笔后构思，由动作痕迹出发，想到什么画什么；
(4) 只有动作活动，没有形象创造，表现为在纸上随意涂抹或反复掰泥、撕纸。

2. 主动性方面

主动性方面是观察与评价幼儿在发起和投入美术活动时情况的标准，具体可分为以下四种水平：

(1) 由自身兴趣、愿望支配，自动进行美术活动；
(2) 由特定材料引发，开始进行美术活动；
(3) 看到别人从事美术活动，自己跟着做；
(4) 在成人的要求下开始美术活动。

3. 兴趣性方面

兴趣性方面是判断幼儿是否情愿投入美术活动，在活动中是否有热情，感到愉快和满足的标准，具体分为以下四种水平：

(1) 自动从事美术活动，对美术活动灌注极大热情，完全沉浸在活动之中，默默无语；
(2) 欣然从命，愉快地从事活动，在做的过程中会自言自语地流露出愉快之情；
(3) 对美术活动迟疑不前，活动中企图离开或张望别人做什么；
(4) 拒绝参加美术活动。

4. 专注性方面

专注性方面是观察评价幼儿对美术活动的注意集中与持久的程度的标准，具体分为以下四种水平：

（1）能较长时间持续从事已选定的活动，不受外界的影响，有时甚至第二天接着干；

（2）能在同年龄幼儿一般可维持的时间内持续从事活动，中途偶有离开的现象发生，但还会自动回来，直到活动完成；

（3）需要鼓励，才能把活动进行完毕；

（4）不能把活动进行完，中途改变活动。

5. 独立性方面

独立性方面是判断幼儿能否自己决定活动任务并完成任务的标准，具体分为以下四种水平：

（1）自己决定活动任务，解决问题，拒绝别人干涉，独立完成任务；

（2）主动请教他人，考虑别人的建议，然后自己完成任务；

（3）模仿他人完成自己的作品；

（4）接受并在他人的帮助下完成作品。

6. 创造性方面

创造性方面是判断幼儿在美术活动中是否具有独创和表现意识与能力的标准，具体分为以下四种水平：

（1）别出心裁地构思与利用材料进行造型；

（2）重新组织以前学过的造型式样、方法和技能进行造型；

（3）重复以前学过的造型式样、方法与技能进行造型；

（4）只按教师当时传授的造型式样、方法与技能进行造型。

7. 操作的熟练性方面

操作的熟练性方面是判断幼儿从事美术活动时动作是否灵活、准确的标准，具体分为以下四种水平：

（1）掌握工具姿势正确、轻松、操作动作连贯、迅速、准确，一次完成动作，作品质量好；

（2）掌握工具姿势正确，操作动作平稳，但却准确；

（3）掌握工具动作正确但笨拙，操作动作迟缓、准确性差，有失误不知修改，作品显得粗糙；

（4）掌握工具的姿势笨拙有误，只有重复性动作，不能完成作品。

8. 自我感觉方面

（1）自己认为很成功，主动请别人看自己的作品，并讲解作品的含义，能慷慨地将作品赠人；

（2）对自己的作品感觉满意，但不主动展示，听到别人的称赞感到愉快，希望保留作品；

（3）认为不太成功，接受别人的看法，希望将作品交给老师；

(4) 感到沮丧,对别人的反应无动于衷或抵触,对作品去向不关心或毁掉作品。

9. 习惯方面

美术活动中的习惯是多方面的,习惯可以指个人的习惯做法、美术风格等,也可指大都要自觉遵守的惯例和秩序。这里讲的是后者,共提出两项,目的在于判断幼儿在美术活动中能否有步骤、有秩序地工作。

(1) 工作的顺序性方面,分以下四种水平:

① 有顺序、有步骤地完成作品;

② 弄错步骤,发现后主动纠正,完成作品;

③ 想到什么就做什么,混乱中完成作品,作品有缺陷;

④ 只能完成局部,作品半途而废。

(2) 保持工具材料的秩序方面,分以下四种水平:

① 保持工具材料的固定位置,用时取出,用后放回;

② 大致保持原位置,错放后能找到;

③ 一片混乱,用后乱放,取时找不到;

④ 不会取放,拿到什么用什么。

(二) 对学前儿童美术作品的评价

美术作品是学前儿童美术教育活动的结果,它清晰地反映出儿童审美能力的水平和特点。作品是静态的,可以长时间反复地分析一幅作品或将不同作品放在一起对照比较,因此作品分析是一种简便易行的评价方法。罗恩菲尔德在分析和解释儿童美术发展的各个阶段的个人成长特征时,从智慧成长、感情成长、社会成长、知觉成长、生理成长、美感成长和创造性成长七个层面来评价儿童的美术作品。其视角的出发点是儿童的发展。对于儿童作品的评价来说,这种发展既有儿童在身心方面的发展,又有儿童在美术方面的发展。

1. 潘元石对学前儿童美术作品的评价

中国台湾资深的美术教育家潘元石在其著作《幼儿画教学艺术》一书中从以下五个方面来评价儿童的美术作品:

(1) 幼儿画的表现要符合幼儿身心的发展

幼儿的绘画能力要配合他心发展,两者才得以平衡地发展。

(2) 幼儿画要能表达出内心心像,并能宣泄个人的情感

绘画的生命在于表达属于自己内心心像的感受,宣泄情感,也就是强烈地表现出自己的内心心像。例如,将自己内心的恐惧、害怕的感受通过绘画明确而强烈地表现出来。

(3) 幼儿画要能发挥幼儿的个性,要有自我的表现

绘画对幼儿而言,是一种按照自己的个性,表现自我、主张自我的手段。因此,只要是属于幼儿自己的感受,对幼儿本身来说,都是有意义的,而且值得尊重。

(4) 幼儿画要能表现出活用绘画材料的特性

各种绘画材料都有其不同的风味、特性,幼儿能够把握其特性,充分地活用它,描绘出生动的画面,才能发挥特质的作品。

(5) 幼儿的图画作品要和画纸的大小相称,才会令人感觉舒适

幼儿在大大画纸的角落描画出小小的形象,或把整个形象描绘得连上下左右的空白都没有的话,是不会令人感觉舒适的。

通过学前儿童美术作品评价还可以判断其个性发展,要求作品必须是儿童在自由的气氛下完成的,没有受到老师和家长思想的左右,是纯粹的儿童画。

① 从画面上形态的尖锐感与内容的明确性,可以发现儿童智力的高低。

② 从选用色彩的种类,色彩的明暗,曲线与直线的构成,可以了解儿童的作画情绪。例如,心情愉快时所用的色彩丰富,并倾向于明朗的色调,用黄色、红色、绿色、粉红色比较多。在忧郁、烦闷、不安时,则倾向于使用暗调色彩,像黑色、紫色和灰色并且用在画面上的颜色也较少。

③ 色彩变化的幅度和无彩色的使用也看得出儿童的性格。

例如,用色用得多,反映这个孩子积极而活泼;反之色彩用得少,或是只爱用黑、灰、白等则表示消极、拘束。

④ 画面上又短又直的矩线出现得多,曲线形态出现得少,锐利的角度也出现得多,代表儿童属于攻击型的。

⑤ 作品上描写得很细致的,多半是内向型儿童,而画得生动、粗壮、有力的则是外向型的儿童。

⑥ 画面上出现不平凡的造型与奇特的构图者,是具有创造性的儿童。

⑦ 在画面上出现特殊形体,强调远近法,只用黑色去描画者(非指教师或家长专门让儿童练习的黑白画)则会有分裂性格的倾向。

⑧ 在儿童的动物画中,假如老是画狮子、老虎、豹之类的题材,儿童性格可能带有攻击性;反之,老爱画兔子、鸡、孔雀、鹿等驯服温顺动物的儿童,则属于非攻击型的。

2. 浅野八朗对学前儿童学术作品的评价

日本教育家浅野八郎先生对于不同儿童画题材评价的研究显示:

(1) 太阳的画

有光芒的画:太阳是明朗、快乐的象征,画面上出现灯光、日光等光体的描写,表示孩子们在求得父母亲给予他们快乐生活之欲望。双亲离婚或吵架时,孩子们的画面上会出现不止一个太阳或电灯。

不画光芒的画:这种孩子性格比较稳定,比较听话。

把光芒画成曲线,有旋转感觉的:暗示出跃动性格的特征。

拟人化的太阳:智力很高的孩子(不包括教师的引导)。

黑色的太阳:表示家庭生活有不安的因素,或对家庭表示不满。如果再加上光芒则表示有不寻常的事要发生。

(2) 烟囱与楼梯

画出烟囱:希望多得到别人关心的表示。当一个小女孩画出烟囱时,更显示出家

人对她不够关心或双亲经常外出。

画楼梯：把楼梯画得特别大、特别长，是意味着孩子不想回家，对于现在的家表示不满意，希望能搬到更理想的房子里去住。

（3）树木的画

画出根部的树木：体力、体能比别人差的那种小孩，要鼓励他到室外活动、锻炼体魄。

有花和果实的树木：当女孩子对母亲的化妆品感兴趣，男孩子发现自己的身体与女孩子不同时，往往会出现这种树。

（4）双亲的画

大小的问题：谁比较爱她，关心她会画得大些。

位置的问题：画在左边的人在家庭里具有一定的权威。

（5）手的动向

双手向上伸举：表示快乐、得意，感觉自己的要求都能得到满足。

手画得很大：表示强烈的占有欲或是好打架的孩子。

① 双手仅贴身体：温顺、听话的孩子，有些易于受欺负或不易交到朋友的孩子。

② 双手放在背后：这类孩子容易与别人妥协，很有礼貌，有的是过于压抑自己的情感，缺少自己的个性。

③ 不画手：过分温顺、听从、不加反抗的孩子。

对儿童美术作品的评价由于评价者的视角不同，因此也就有了不同的评价方法和标准。目前在幼儿园教育评价中，档案袋评价方法是一种较为科学的评价方法。档案袋评价是收集幼儿学习过程中具有代表性的作品和典型的表现记录，并以此为依据来判断幼儿的学习状况。这种评价强调真实材料的收集，强调幼儿学习的过程。

幼儿档案袋中最典型的内容就是幼儿的作品，如果幼儿、教师和家长对学习的反思是档案评价的心脏，那么幼儿的作品就是档案评价的脊椎。幼儿原创的图画、写作和各种立体创作都是幼儿认知和创作能力的真实反映。持续收集和评价幼儿的作品，可以反映出幼儿的进步情况。

虽然幼儿发展的速度各不相同，但是对大部分幼儿来说，美术能力的发展都是循着可预测的途径，从最初的涂鸦期到象征期再到图式期。教师可选择较为经典的绘画作品、手工作品，以原始作品、照片、录像的形式加以保存。教师应在作品上注明幼儿的名字、创作日期和教师对幼儿美术发展能力的评价，同时记录幼儿对作品的解释以及记录的背景资料，如"王明提供的关于泥工作品的说明"，"李文自愿口述她所画的'我的梦'"。幼儿的口述记录可以用书面的形式加以保存，或将其录音保存，当然也可以两者并用。

二、学前儿童美术教育活动的评价

幼儿在美术活动中受到教育，美术表现能力得到提高。美术活动的过程如何，既是幼儿美术能力发展水平的标志，也是教育者对美术活动组织质量的一个标志。从改进教育工作的目标出发,学前儿童美术教育活动的评价主要针对教师的行为表现。评价教师在美术活动中的行为可以从以下几方面着手:

(一)活动目标

活动目标是指教师期望通过活动所达到的教育结果。评价活动的目标应从两方面着手:一是活动目标与分类目标、年龄目标以及总目标之间的联系是否紧密一致;二是活动目标与本班幼儿的实际情况是否相适应。

学前儿童美术教育的目标是一个完整而有序的体系:每个具体的活动目标都是从总目标、年龄阶段目标、分类目标中分化而来的;每个活动目标的实现,都是向阶段目标和总目标迈进了一步。因此,在评价美术教育活动目标时,必须从目标体系的统一性出发,分析该目标与上级目标的关系,以此评价目标的合理性。有时,当活动目标被孤立起来看时可能是合理的,但和上级目标及本班幼儿实际情况联系起来看时,就有可能是不合理的,需要调整。因此,判断活动目标是否合理一定要结合上级目标和本班幼儿的实际情况。

每个活动目标的制定还必须符合本班幼儿的实际情况,虽然年龄阶段目标概括的是某一具体年龄儿童一般的发展趋势和教育要求,但是对于不同的幼儿园、不同的班级、不同的幼儿还是会有一定差异的。因此,评价活动目标时还要看教师制定的目标是否与本班幼儿的实际水平和发展特点相联系。例如,中班幼儿的美术欣赏目标中"能体验作品中线条、形状、色彩、质地等"这一目标,教师将其运用到具体的美术欣赏活动中时,就要根据班级的实际情况区别对待:如果班级儿童美术能力发展水平相对较差,平时欣赏的次数较少,那么不宜盲目地照搬这一目标,而应相应地降低目标要求,把该目标分解为若干个分层递进的分目标来实施。

(二)活动内容和工具材料

评价活动内容,首先要看活动内容的选择是否与美术教育目标相一致,是否与儿童的美术能力发展水平相一致。其次,活动内容和工具材料与活动目标是相互联系、相互影响的,因此在评价活动内容和工具材料时,必须考虑相关的因素,从活动的整体效果来评价各个因素存在状况的合理性。有什么样的活动内容,就应准备相应的活动工具和材料。活动工具材料的准备要充分,并且要根据美术活动的主题准备相应的工具材料。各种绘画材料都有其不同的用法和不同的风味、特性。就以纸张为例,有些主题适合用长方形纸,如画高楼大厦、树木、电视塔等;有些主题适合用圆形,如花坛、游泳池、鸡场等,应给幼儿提供不同形状的纸张,使之体验不同的感觉。

另外,还应评价在一个具体的美术活动中各部分内容之间的比例关系是否合理,评价活动内容与活动形式是否相适应,评价活动内容的组织安排是否突出重点、难点,评价活动内容各个部分之间的过渡衔接是否流畅,等等。

(三)活动过程

1. 教师的活动准备

主要包括能否熟悉活动的内容,了解幼儿的知识水平与技能水平的高低,了解幼儿一般水平和个别差异,对活动所需的材料、工具、场地因素的考虑充分。

2. 教师的活动设计

主要包括活动设计的目标是否明确,结构是否合理,内容是否为幼儿所理解、所接受,是否具有独创性。

教师的活动组织主要包括教师能否发挥和调动大多数幼儿的活动积极性、主动性,教师能否有次序地执行教育活动的计划,教师能否灵活地根据幼儿的实际情况调整活动目标与计划等。

3. 教师的活动指导

主要包括讲解示范是否准确、熟练、清晰,能否了解幼儿的活动意图,帮助他们实现自己的构思,能否通过提问有效地激发幼儿创作的欲望,能否适时地给幼儿以具体帮助,针对个别差异进行指导。

(四)活动效果

这主要是指从幼儿的行为表现和创作的作品中反映出来的教育效果,主要包括:活动中,幼儿的情绪是否愉快,注意力是否集中,是否坚持完成作品,完成作品的积极性、主动性如何,幼儿创作的作品的好与差等。

第三节　学前儿童美术教育评价的设计举例

一、学前儿童美术教育活动评价标准的制定

为了使美术教育活动评价真正促进幼儿教育事业的发展,评价时首先要确定评价的标准。美术教育活动评价标准的制定,对幼儿园的管理工作以及教师的自我调整、自我提高具有指导性作用。所以,在制定各种有关评价标准时,应考虑以下几个因素。

(一)美术教育目标

美术教育目标是制定美术教育活动评价标准的主要依据。教师通过对美术教育规律、幼儿美术活动特点的研究,以及对美术教育方法的改进来提高美术教育的质量,实现学前儿童美术教育目标。因此,制定美术教育活动评价标准的第一步就是要对美术教育目标进行恰当的分解,以便制定出切实可行的评价标准。

(二)实际情况

因为不同地区、不同幼儿园、不同班级的教师、幼儿及环境、物质条件是各不相同的,所以在制定美术教育评价标准时不要单纯追求统一的标准,忽视实际情况。因为这样会挫伤教师与幼儿活动的积极性。

(三)具体操作

美术教育活动的评价标准最终必须具体化,成为便于操作的评价工具。在评价

工具中,各项评价标准应该能够体现方向性。评价标准要切合实际,不能要求过高;应尽量具体,描述明确,为操作者所迎合和接受,否则便失去了存在的意义。

二、学前儿童美术教育活动评价的设计举例

由于美术教育活动评价的具体目的、内容、评价者的不同,在实际评价过程中收集评价资料的方法、选择的评价工具以及分析、研究的工作方式都各不相同。在设计美术教育活动的评价方案时,必须综合考虑相关因素,针对具体的目的、需要、条件来制定评价方案和选择、设计评价工具。

1. 幼儿美术活动行为表现统计表

该表格可用于登记一个幼儿的不同类型或是多次活动中的行为表现情况,以及一群幼儿同一活动中的行为表现情况,如表 6-1 所示。在活动中,如果具有符合项目的特征,在表的相应格中标上"√",如果不具有则在相应格中填上"o",完成记录后,就可以看出一个幼儿美术活动中的特征倾向,并可对各幼儿美术活动倾向加以比较,从而较客观地了解每个幼儿的美术活动倾向,为更好地因材施教提供可靠的依据。

表 6-1 幼儿美术活动行为表现统计表

项目 姓名	构思				兴趣性				专注性				创造性				熟练性			
	1	2	3	4	1	2	3	4	1	2	3	4	1	2	3	4	1	2	3	4
1																				
2																				
3																				
4																				
5																				
6																				
7																				
8																				
9																				
10																				
11																				
12																				
13																				
14																				
15																				

2. 幼儿美术活动综合评价记录表

如表 6-2 所示,在表中详细填写活动的原始情况,分析原始资料后,进行分析评

价。此表可以用于领导或同事对执教教师的评价,也可用于执教教师的自我评价。获得评价后,可以通过领导或同事将评价意见反馈给执教教师,并与其一起探讨存在问题的解决办法,或是教师将自我分析、评价的结果向领导或教研组汇报,并征求他人的意见和建议,也可以作为教师工作资料的积累,以备后用。

表6-2 幼儿美术活动综合评价记录

活动名称:		时间:		地点:
班级:		教师:		
	原始情况		分析评价	
活动目标				
活动内容				
工具、材料				
活动过程		教师表现		
		幼儿表现		

思考与练习:

1. 幼儿园美术教育评价的目的是什么?
2. 进行幼儿园美术教育评价应遵循哪些原则?
3. 幼儿园美术教育评价包括哪些内容?
4. 根据所学内容收集一幅幼儿绘画作品,并对其进行评价。
5. 对见实习幼儿园的美术教育活动进行评价。

第七章 幼儿园美术活动案例与优秀儿童画作品赏析

第一节 幼儿园美术教学活动方案的设计

一、设计思路

(一) 确定教学目标

确定幼儿园美术教学目标应根据幼儿生理、心理发展的规律,在客观判断幼儿现有水平的基础上,确定幼儿下一阶段经过努力可能达到的目标,只有这样才能做到适度。如:当幼儿只能用笼统的图形来创造图像时,就要鼓励幼儿将图形与线条进行多种式样的组合。当幼儿能画出较清晰的图形时,就要逐步引导幼儿用多种图形组合来创造不同的图像。当然,目标并不一定都是按教师的主观意愿制定的,有时它是由幼儿提出的。在这种情况下,教学目标与幼儿的需要吻合。

(二) 选择内容

幼儿美术活动主要表现在造型能力和表现方法两个方面。造型能力的形成与发展和幼儿的空间知觉能力的成熟程度有密切关系,教师应避免运用简单灌输和强化训练的方法,力求客观地把握幼儿的认知发展水平,为幼儿搭建小步递进的阶梯,以帮助幼儿主动建构自己的造型方式,提高造型技能。在尊重幼儿手部肌肉动作发展规律的前提下,教师应为幼儿提供接触多种工具材料及广泛运用的机会,使幼儿不断变化、创造、习得各种表现方法。

幼儿学习技能的内驱力来自他们在内容的吸引下产生的强烈的自我表现的愿望。因此,教师应选择那些有足够吸引力的内容并进行艺术加工,认真研究内容与技能的内在联系,把技能表现自然地融入内容之中。如:在教幼儿学画人物头部转动的动态时,可选择"观测流星雨"这个热点话题,以"观测小组记录每一颗流星"为内容,启发幼儿尝试表现每个"观测者"的动作,使转动头部动作成为幼儿成功地观察流星的需要。围绕这一有趣的情景画出向不同方向转动的头部动作,就很自然地成了孩子们的主观愿望和需要。

除此之外,教师还应有意识地选择一些内容开展专门的活动,发展幼儿的创造性思维。这类美术活动在技能与方法上应尽可能简单、便捷,以便给幼儿更多创造的空间。

（三）设计教学过程

儿童美术教学过程由引起兴趣、出示范例、示范讲解、巡回指导和结束评价五个环节组成，这五个环节都以完成技能要求为目的。在实践中，可尝试将这五个环节调整为创设情景、提出问题、引导讨论、鼓励独创和展示判断，这是以鼓励创新、激发创造为目的的。

创设情景指的是将情景贯穿于教学全过程，使其成为诱发创作动机、引导幼儿学习技能的推动力；提出问题指的是围绕内容与方法提出问题（可由教师提问，也可由幼儿提问），让幼儿观察、思考；引导讨论指的是师生共同参与讨论，引导幼儿从不同角度思考那些没有统一答案的问题；鼓励独创指的是鼓励幼儿按自己的体验大胆表现，努力超越自我；展示判断则指的是给幼儿展示作品的机会，让幼儿通过比较自己与同伴的作品来进行判断和自我评价。

二、选择恰当的指导策略

美术创作离不开教师的指导。在美术创作过程中，幼儿的创作是个体化的，教师很难设定统一的指导方案。把握以下指导策略会使美术教学取得较为理想的效果。

1. 不断提出疑问

当幼儿经常采取某种造型形式、表现方法时，教师可以提出疑问让幼儿考虑改变思路，以避免形成一种僵化的固定不变的思维模式。例如，当幼儿选择红色画太阳时，教师可以提问："太阳都是红色的吗？"当幼儿选用橙色和黄色画太阳时，教师可以再提问："其他颜色可不可以用来画太阳呢？"当幼儿用彩条画太阳时，教师可以进一步提问："怎样的彩条才更像阳光呢？"

2. 帮助幼儿建立求新、求变的创作思路

很多教师常要求幼儿画得"跟老师的不一样"、"跟小朋友的不一样"，这个空洞的要求常常使幼儿束手无策。所谓"不一样"，首先应提倡幼儿创新，使作品不同于自己以前的创作，不满足于自己已经掌握的方法；其次，要把"不一样"具体化、明确化，如大变小、高变低、红变绿、左变右等。如画鸟时，不但鼓励幼儿画自己喜爱的鸟，也鼓励幼儿画想象中的鸟，头、身体、翅膀、羽毛、眼睛、嘴巴什么都能变。

3. 善于用幼儿看待事物的方式去解释画面

幼儿对许多图像的解释都与日常生活经验具体、形象地联系在一起，教师应经常观察、学习幼儿的造型，善于用幼儿的思维方式去解释画面，只有这样才可能和幼儿进行交流。

4. 教幼儿学会修改图像

教师应使幼儿懂得完成作业和对待工作一样，应该是完整的，不能半途而废或因不满意而气馁，应鼓起勇气，设法修正，直到自己满意为止。有些自信心不强的幼儿，常常一画错或一不满意就换一个地方画，或把纸翻过来重画，或坐着发呆直至换一张

纸为止,这是极不好的习惯,对培养幼儿不怕困难、有始有终的学习习惯不利。针对这一现象,可以有意识地组织一些教学活动。如"印绳"、"打翻了墨水"、"圆圆找朋友"等,引导幼儿学会对已有图像进行再定义。尤其是当幼儿画"错"的时候,可以启发幼儿结合创作内容,对已有图像进行大胆想象,并用改变图像、添加特征等方法进行弥补。如果不能修改,则用再定义的方法使其变为其他图像,以不影响作品的整体效果。

5. 展示作品,相互学习

幼儿的美术创作是个性化的,其中有许多值得幼儿互相学习、借鉴的成分,因此,引导幼儿向同伴学习是十分重要的。具体的做法是教师及时介绍幼儿有创意的表现,引导幼儿在学习、借鉴的基础上想象和创造。在幼儿完成作品后,教师应把幼儿的作品全部拿出来展览,引导幼儿既乐于观赏那些技能高、创造性强的作品,也能在一些不起眼的作品中发现其中的优点。

大多数幼儿都有创新的愿望,也乐于在同伴面前显示才能。有的孩子不愿让大家学习,并不是因为他们的技能低下,而可能是不恰当的教学策略所致。如:有的教师把"画得与别人不一样"片面理解为"不要学别人";有的教师总是表扬那些技能较好的幼儿,结果使这些幼儿形成骄傲自满的心理,这不利于幼儿相互学习。

6. 鼓励幼儿超越教师

教师应引导幼儿创造性地开展活动,不必将图像、颜色、步骤都讲解得十分详细,应给幼儿留有较多的创造余地,以显示他们的才能。有时甚至可以有意提供一些不完整或错误的图像启发幼儿思考,让他们担任"小医生"为作品"看病",使幼儿有超越教师的机会。如:在为故事《猴子过桥》画插图时,教师可以介绍猴子的两种动态,并表示自己想不出其他动态,请幼儿补充。在这种创作氛围中,幼儿个个信心十足、满腔热情,画出来的小猴也千姿百态,很有创造性。

第二节 幼儿园美术教学的备课与说课

小班美术活动《美丽的手帕》说课稿
(设计者:燕兰)

一、说幼儿

美术活动是幼儿园艺术教育的手段之一。通过美术活动可以培养幼儿的美术兴趣,使幼儿初步具有感受美和表现美的能力。考虑到小班幼儿年龄小的问题,它们对身边的事物充满了好奇,喜欢观察,喜欢动手学着做。在日常生活中,幼儿对他们经常佩带的手帕很感兴趣,同时也对手帕设计的花纹和图案充满着好奇,幼儿又特别喜欢在学中玩,玩中学,为此,我设计了"美丽的手帕"这一装饰活动。

二、说内容

在幼儿教育实践中,很多艺术教育的内容是来源于生活,活动内容的选择是以幼儿已有的生活经验、实际需要为基础,还要根据《规程》及《纲要》的有关精神来确定。

本活动贴近生活,取材来源于生活,是幼儿所熟悉的、易于接受的,能让幼儿在活动过程中充分表现自己的情感和体验,并运用所学的技能技巧,自由自在地把自己在日常生活中对手帕的感知表现在自己装饰的作品中,有利于艺术目标的实现。

三、说目标

《纲要》对于艺术教育目标的要求是:能大胆地表现自己的情感和体验,能用自己喜欢的方式进行艺术表现活动。根据这一要求,我结合小班幼儿的年龄特征及教材本身的特点,为本活动制定了三个目标:

(1) 初步感受用大小不同的图案在正方形中心、四角、四边装饰手帕,感受对称的美。

(2) 掌握基本的绘画技能,画线条,认识基本的颜色搭配。

(3) 在画手帕和送手帕活动中,学会与小朋友友好相处。

四、说准备

(1) 知识准备:为了让幼儿更生动、简练地勾画出各种纹样,我打算先让幼儿观察了解手帕,事先丰富幼儿的有关知识,使其初步学会找对称点和中心点。

(2) 物质准备:根据内容及目标的需要,为了让幼儿装饰出更漂亮的手帕,我为此活动准备了以下材料:范例、正方形白纸、纹样范例、水彩笔等。

五、说教法、学法

教要有法,教无定法,贵在得法。为了达到预定的教学效果及考虑幼儿的年龄特征,本活动运用了示范与范例法、观察分析法、操作法来帮助幼儿建立起各种学习内容之间的联系,加深他们对对称的认识和理解,并大胆设计出自己喜欢的手帕。

下面我对所运用的教学法做一个简单的介绍。

(1) 示范与范例法:老师直接操作给孩子看,学习一些关键的技能,如设计对称图案、色彩的搭配等。出示范例是为了丰富孩子的创作内容、扩大孩子的视野,以达到逐步提高的审美能力。

(2) 观察分析法:在教师的引导下,幼儿通过各种感官感知手帕的对称、色彩、图案等,思考各种观察过的图案,进行比较,从而积累内在图式,深化表象。观察手帕,并分析手帕的特点,可以激发幼儿的设计及表现欲望。

(3) 操作法:幼儿动手操作装饰手帕,在与教材的相互作用的过程中激起探索和学习的欲望,获得装饰手帕的技能。操作法对幼儿学习美术具有决定性意义,因而操作是本活动的主要环节。布卢姆提出:只要有足够的时间和机会,每个幼儿都能达到高水平的学习。因此,在操作中,我想尽量让幼儿有充足的时间来操作材料,在充足的时间里积累经验,以获得装饰技能。

六、说过程

根据幼儿的年龄特点和本活动的目标要求,我设计了以下几个环节。首先,出示范例,引发幼儿的兴趣;其次,欣赏范例,幼儿观察,教师讲解示范;第三,让幼儿操作,自由发挥,把自己的想法表现出来;最后,在欣赏作品中,交流、分享装饰的乐趣。

下面对每一个环节做具体说明:

1. 出示范例,引发幼儿的兴趣

"兴趣是最好的老师",出示漂亮的手帕是为了能吸引幼儿的注意力,教师就可以顺水推舟地提问:"小朋友们想不想也有这样一条漂亮的手帕?"从而激发幼儿的创作兴趣。

2. 欣赏范例,幼儿观察,教师讲解示范

(1) 幼儿欣赏范例:我想通过欣赏范例可以让幼儿直观地理解图案的对称,也让幼儿在欣赏不同范例的基础上感受色彩搭配的效果,为下面的装饰活动打好基础。

(2) 教师示范讲解:教师示范讲解的方法,直观且易于幼儿接受和掌握。考虑到小班幼儿的能力相较之下较差,所以我采取示范的方法,让幼儿对整个装饰有个整体的了解,进一步为装饰做好准备。

3. 幼儿操作,教师巡回指导

(1) 在幼儿操作时,教师应该指导幼儿发挥想象,并及时给予鼓励和表扬,这样做是为了树立幼儿的信心和发挥想象。

(2) 在活动中,应引导幼儿注意颜色的搭配。这时,老师应该启发幼儿思考,怎样才能把手帕装饰得更漂亮,以便让幼儿在探索中获得知识和技能。教师还应进行个别指导,让幼儿在不同水平上得到发展。

(3) 督促幼儿在装饰时讲究卫生,保持地面干净。

这个环节的大部分时间放在幼儿的自由想象和创作中,让幼儿通过多种形式表现自己的情感体验,同时在实践中促进手指的灵活性,也增强幼儿对美工的兴趣。但是,由于小班幼儿自制力差,因此教师要提醒其讲究卫生,实现各领域互相渗透的精神。

4. 欣赏作品,分享乐趣,互赠手帕

让幼儿欣赏同伴的作品,可以使他们体验到创作和与同伴一起欣赏作品的乐趣,以达到放松情绪的目的。

活动在轻松自如的氛围中以互赠手帕结束。

中班美术活动想象画《美丽的毛线画》说课稿

（设计者：高婧怡）

一、说教材

这次我的活动题目是《美丽的毛线画》。毛线画是指用各种颜色、粗细、长短的毛线通过弯曲、折叠、拼接等方法在纸上摆出各种造型，是集合了美术与手工的双重艺术形式。毛线画的工具比较简单，利用不同颜色、粗细、长短的毛线以及固体胶、剪刀、白纸等材料，既可以对具体事物进行细致刻画和处理，也可以锻炼幼儿的想象能力和创造新的事物的能力，同样可作为幼儿表达感情的一种方式。

二、说学情

中班幼儿在美术方面处于图式阶段，视觉感受性有了明显提高，手眼协调能力也进一步发展，在色彩认识上越来越精细，但对色彩的协调方面不是特别注重，所做的形象能基本反映主题。在手工方面，幼儿的表现欲非常强，喜欢使用剪刀等工具并进行撕剪等方式。

毛线画不仅能促进幼儿手眼协调能力，还能提高幼儿专心做事的能力，更能激发幼儿对美术想象的兴趣。幼儿在欣赏、发现、感受线条美的同时，大胆进行创作，不仅能将幼儿零碎的经验加以提炼，而且与《纲要》中提倡的"教育生活化、生活教育化"的理念相吻合。同时，在我班开展毛线画，能引导幼儿通过"观察—想象—发现—表现—创造"系列活动，有意识地锻炼和培养幼儿的观察力、想象力，促进个性的发展。因此，我设计了此次活动。

三、说目标

（1）认知目标：学会较准确把握事物形状的基本结构，了解各种颜色的搭配。

（2）情感目标：喜欢用自己独特的审美表达自己的想法，大胆尝试，勇于探索。

（3）能力目标：学会线条组合的方法来表现事物基本形状，知道如何搭配颜色。

（4）创造目标：根据自己的意愿，自由地进行美术创造，并学会在欣赏和评价他人作品时讲出自己独特的见解。

根据活动目标，我把活动的重点定于学会线条组合方式、表现事物基本形状和如何搭配颜色，难点定于喜欢用自己的独特审美表达想法，大胆、自由地尝试与创造。

四、说准备

活动前准备，可以让家长在家让孩子接触一下各种颜色、长短、粗细的毛线，对毛线有个大概了解。

活动中准备：

（1）粗细、长短不同的彩色毛线若干条。

（2）固体胶，剪刀，白纸，小盒子。

（3）PPT课件（内含老师网上搜集的毛线画图片），老师事先自制的毛线画。

五、说教法、学法

新《纲要》指出："教师应成为学习活动的支持者、合作者、引导者。"在本次活动中，我采用了适宜的方法组织教学。

本次美术活动采用的教法有以下几种：

（1）示范讲解法：通过老师的示范指导讲解，将毛线画的制作技巧方法教给幼儿，让幼儿掌握内容和基本动作技能。

（2）多媒体教学法：借助多媒体手段进行观察欣赏演示，容易吸引幼儿的注意。本次活动设计中，我通过幻灯片的展示，让幼儿感受到毛线画的图案美。

（3）欣赏评价法：将幼儿不同特点的作品进行对比评价，肯定各自的特点，并且让幼儿自己对喜欢的作品进行评价。

采用的学法是操作体验法。陶行知先生说过，"做中教，做中学，做中求进步"。活动中，让幼儿通过自己去制作毛线画体验制作的过程，掌握制作方法，提高手眼协调能力，激发创造性，表达自己情感。

六、说流程

本次美术活动分为七个环节，采用了环环相扣的组织活动程序。活动具体流程如下：

1. 导入活动：猜一猜，激发幼儿兴趣

教师语：小朋友们，你们看，今天老师带来了一个小盒子，我请一个小朋友来摸一摸，猜猜里面是什么。然后逐一请幼儿摸一下并猜，直到猜对。接着老师问毛线的用途，幼儿作答。

2. 学习活动：玩一玩，引导幼儿学习毛线画

教师语：今天老师带着毛线宝宝要为小朋友们表演一个魔术，大家想不想看呀？然后老师在黑板上贴上白纸，用不同颜色的毛线涂上固体胶粘贴形状，同时，老师也要解释制作过程与方法。

3. 欣赏活动：看一看，学会观察

老师再在黑板上展示一些事先制作好的毛线画引导幼儿用完整的语言来表达。之后，用PPT课件展示更加美丽、精致的毛线画。

4. 实践活动：做一做，鼓励幼儿大胆创造

由幼儿自由大胆创作，老师在旁边适时指导，并且播放舒缓的音乐，鼓励幼儿大胆想象，看谁的和别人的与众不同，并帮助能力稍弱的幼儿进行制作。

5. 评价活动：评一评，学会欣赏与评价

幼儿先在小组内与同伴介绍自己的作品，之后老师请个别幼儿上台展示并介绍。最后，老师将所有幼儿的作品贴在墙上供大家欣赏，并让幼儿选出自己最喜欢的。请

个别幼儿以完整的话语说出自己喜欢的理由以及对作品进行评价。

6. 教师总结

教师语：今天小朋友都用毛线宝宝变出了各种美丽的毛线画，小朋友喜欢的话也可以回家和爸爸妈妈一起试一试，做出更美丽的毛线画！

7. 活动延伸

让幼儿回家与父母共同制作更加复杂美丽的毛线画；将幼儿的毛线画作品中较精美、有特色的布置成区域环境中的一部分。

七、特色与亮点

通过家园合作，让幼儿能预先了解毛线，以幼儿的兴趣为出发点，在活动设计中，我既给予幼儿技法上的帮助，又给予幼儿充分的创造空间。活动中，我始终作为幼儿的支持者、引导者和合作者；充分尊重每位幼儿的创造，肯定、接纳他们独特的审美观和表达方式，让幼儿在特别宽松、开放、愉悦的环境中感受美、表现美。

中班美术活动想象画《帽子大变身》说课稿

（设计者：李梅）

本次美术活动的题目是《帽子大变身》，我将从教材、学情、教育目标、活动准备、教法和学法、重难点、活动流程、教学特色等几个方面向大家讲述这节课。

首先说教材，夏莉老师曾经说过，活生生的生活就是最好的课题。冬天到了，天气渐渐冷了，我们班的幼儿戴起了各种各样的帽子，幼儿对于同伴的帽子十分感兴趣。皮亚杰说："兴趣是激发学习的最好形式。"因此，我从这一点出发，结合中班儿童好奇心强、有激情的年龄特点，开展教学。屠美如的儿童绘画发展阶段理论也认为，5～7岁是图式期，这一阶段的幼儿所画的图像逐渐生动，结构逐渐完整，组织画面的能力也不断增强，尤其突出的特点是这一阶段的幼儿主观幻想及创造欲望强盛。基于以上的取材来源和中班儿童学情，我的这节课就这样产生了。

接着来说教育目标，教育目标贯穿于教育活动的始终，指引着教育活动。我的这节课就是根据幼儿的兴趣设计的，从他们的兴趣出发，我设计了三个目标：

（1）通过观察周围的同伴和老师展示的图片，了解帽子有各种不同的样式和材质（知识）。

（2）在白纸上画下自己喜欢的帽子造型，并对其进行大变身（能力）。

（3）展示作品，分享成功与快乐（情感）。

设定以上三个目标，我是做了充分的准备的，在课前我在网上搜集了大量帽子的图片，又准备了足够多的 A4 白纸、记号笔、彩色铅笔、油画棒。课堂上，让小朋友呈圆弧状分部坐好。

下面再说我的教法，新《纲要》中提出：创设一个宽松的环境，让每个幼儿都有机会参与尝试,体验尝试的快乐,并鼓励幼儿用语言大胆表达自己的想法。因此,本节课,我将扮演合作者、支持者和引导者的角色。根据中班儿童的思维特点,本节课将采用以下教法:

1. 直观法

在本节课中我先让幼儿观察周围的同伴,再看我展示的图片,以实物和直观的图片吸引幼儿,提高他们的学习兴趣。

2. 示范法

我会先对自己画的基本型的帽子进行改造,在亲眼看见老师把帽子画成了其他的造型后,相信幼儿的兴趣会更加高涨。

3. 谈话法

在让幼儿自己动手的时候,我会观察,适当地提问,这样的提问有利于拓展幼儿的思维,发展他们的想象力。

4. 操作体验法

即让幼儿自己动手操作,本节课的大部分时间都是交给幼儿的。

此外,在不同的教学环节,我还穿插使用了启发联想法、赏识激励法等教学法,让幼儿在轻松、愉快的环境中学习,做到寓教于乐。

以幼儿为主体,创造宽松的环境让幼儿参与,不仅提升了绘画能力,我觉得更升华了情感。本节课主要采用的学法有以下几种:

1. 多感官参与

心理学认为,多感官参与学习会使学习效果更好。本节课中,我们班幼儿不仅动手、动脑、动眼,还动嘴。

2. 尝试法

伟大的教育家陶行知先生说过:做中学,做中教,做中求进步。作为一名老师,上课也是一种学习,我的这节课就是取材于生活,是向生活学习。对幼儿来说,则是自己动手操作,在不断尝试中取得进步。

3. 体验法

本节课,我们班的幼儿自己动手创造,不就是在亲身体验吗?

最后来说说我的教学流程。课程实施的中心环节是因地制宜地创设符合幼儿兴趣、需要、发展水平的环境,提倡师幼共同创设环境,所以我在班级的区域环境里布置了一个"百变帽子屋"让幼儿展示自己的作品。本节课主要分为五个步骤:

第一个步骤导入,我采用情境激励法。我会问幼儿:"小朋友们,现在是什么季节呀?"幼儿会回答是冬季。我再接着问:"哦,现在是冬天了,今天的天气可真冷呀,我们都穿了好多的衣服,小朋友们,看看你周围的小伙伴,他们头上都带了什么?"幼儿会说是帽子,接下来问幼儿:"小朋友们,你们都见过哪些帽子?我请举手的小朋友来告诉我。"幼儿回答之后,无论回答得怎么样,我都会及时地表扬与肯定,因为这是他们将生活经验转化到课堂的表现,值得肯定。"好的,小朋友们在生活中观察得很仔细,老师今天给大家带来了很多帽子的图片。"讲完后展示我事先准备好的图片,并在放到先前小朋友讲过的帽子的时候要提一下,比如:这是××小朋友刚刚说到的帽子,这是××小朋友看过帽子,这样可以强化幼儿的认识。

第二个步骤,我会说:"我们看了这么多的帽子,下面大家在纸上画下自己喜欢的帽子的形状吧,老师也在纸上画下自己喜欢的帽子。"在幼儿画好之后,我会问幼儿:"小朋友们,有没有你们想要的帽子,可爸爸妈妈在商店里却买不到?"如果没有幼儿回答,我会启发他们:"哎呀,我最喜欢棒棒糖了,好吃又好看,要是能有一个棒棒糖一样的帽子就好了,我一定天天带着它。"糖果是幼儿喜欢的食物,用糖果形状启发幼儿更贴近他们的生活。如果有幼儿回答的话,我会认真地听他们说,并启发他们,这一环节的谈话有利于拓展幼儿的思维,为后面的创造做铺垫。

接下来是第三个步骤,"今天老师给小朋友请来了一位小小魔术师,噔噔噔,就是他啦!"(从身后拿出记号笔)这时候肯定会有幼儿讲:"记号笔怎么是魔术师啦?""额,怎么就不是呢,接下来就是见证奇迹的时刻!"边说边在刚刚画的太阳帽的形状上进行改造,画成一只蜗牛,并展示给幼儿看,还可以把太阳帽画成宇宙飞船。我相信在亲眼见到我改造的帽子后,幼儿的注意力会被我吸引,这时候课堂氛围将达到本节课的一个高点。在这个高点处,我及时地进行下一个步骤,也就是本节课的重点环节。我会说:"小朋友们,你们也来当一回小小魔术师吧!老师要来看看哪一位小朋友的魔法最厉害。"这时候让幼儿按事先的分组进行活动,我会下去观察,给予适当指导和启发。幼儿自己动手创作是本节课的重点,所以会占用最多的时间,虽然是重点,但却不是难点,难点是接下来的第五个步骤。

当全班小朋友都创作好之后,我会让幼儿将自己的创意讲给自己的好朋友听,并请几个小朋友上台讲述自己的画。这是语言表达的环节,对于中班的儿童来说,能用流利的话语表达自己的想法还是有一定难度的。最后,给幼儿的作品拍照片,并将作品贴入"百变帽子屋"。在"百变帽子屋"被装饰满的时候,我的这节课就结束了。这个"百变帽子屋"是区域布置的一个环节,也给幼儿一个展示作品、分享快乐的平台,同时,它还为下周的家长活动日做了准备。课堂教学、区域布置、家园合作三者相结合,这就是本节课的特色所在。

小班装饰画《美丽的手帕》教案设计

(设计者:顾晓瑜)

活动内容:装饰画《美丽的手帕》

一、活动目的

(1) 初步感受用大小不同的图案在正方形中心、四角、四边装饰手帕,感受对称的美。
(2) 掌握基本的绘画技能,画线条,认识基本的颜色搭配。

(3) 在画手帕和送手帕活动中,学会与小朋友友好相处。

二、活动准备

(1) 知识准备:幼儿初步学会找对称点,并观察过较多的手帕。
(2) 物质准备:两张范例,人手一张正方形白纸,纹样范例若干,水彩笔等。

三、活动过程

1. 出示范例引入,引发幼儿的兴趣

"小朋友,你们看,这是什么呢?很漂亮吧,你们想不想有一条这样的手帕呢?我们一起来观察一下它是怎么做的。"

2. 欣赏范例,幼儿观察,教师讲解示范

(1) 教师引导幼儿观察范例。

幼儿自由欣赏观察,说一说老师的手帕有哪些特点?重点引导幼儿欣赏手帕的对称图案,感受作品的对称美和图案美。

(2) 教师示范。分析装饰手帕的基本方法(中心、四边、四角),按照对称原则、主次之分,采用基本颜色进行搭配。

3. 幼儿操作,教师巡回指导

(1) 幼儿动手操作,教师及时给予鼓励和表扬。
(2) 引导幼儿注意颜色的搭配、图案的对称等。
(3) 督促幼儿在装饰时,讲究卫生,保持地面干净。

4. 欣赏作品

(1) 欣赏同伴的作品。
(2) 互赠手帕,学会与小伙伴友好相处。

在互赠手帕以及小伙伴们相互评价的愉快氛围中,活动自然结束。

中班想象画《画味道》教案设计

(设计者:张曦伟)

一、教学目标

(1) 通过尝味、说味、画味活动,启发幼儿发挥想象,大胆地运用语言及不同的线、形、色大胆构图以表达自己的感受。
(2) 培养幼儿的想象力、创造力和审美能力。

二、教学准备

(1) 各种味道的食品,如:奶糖、柠檬、苦瓜、辣味牛肉干、黄连、姜糖、穿心凉糖、话梅糖、酸梅糖、秀逗糖等等。

（2）活动室布置成演播厅场景。

（3）画纸、水彩笔、油画棒、水粉颜料、棉签等作画工具。

（4）作画时用的轻松的音乐磁带和游戏结束时用的激昂的音乐磁带各一盒。

三、教学过程

幼儿进入多功能厅，自由结伴分别入座红、黄、蓝队。

1. 启发谈话，导入新课

小朋友们好！欢迎你们来到"猜一猜，画一画"节目的演播现场。我是主持人小玲姐姐，首先让我来介绍一下我们的来宾：这是红队，欢迎你们！这是黄队，欢迎你们！这是蓝队，欢迎你们！下面，就让我们进入第一个环节"我猜，我猜，我猜猜猜"。

2. 尝尝味道，说说味道，猜猜味道

（1）提出问题：今天的"我猜，我猜，我猜猜猜"要请你们来猜味道，你们知道都有哪些味道吗？（幼儿回答）

（2）我有一个百宝箱，里面装着各种味道，现在我要请几位小朋友上来到百宝箱里尝味道，等你尝好了味道就告诉大家你的感受，但是你不能直接说出你吃的是什么东西、是什么味道的，而是要告诉大家你的感受是什么样的，你会想到什么事情。猜对的小朋友所在的队就可以加上100分！

（3）教师启发性示范。幼儿进行游戏。

（4）教师小结各队得分情况。

下面我们就进行第二个环节"我画，我画，我画画画"。

3. 尝尝味道，想想味道，画画味道

（1）师：每个小朋友拿一个小纸包，打开细细品尝，然后合上眼睛慢慢体验是什么味道，再想想怎样用画来表达，用笔画出来。味道甜蜜的食物用什么颜色表达，苦、酸等食物又用什么颜色表达，体验颜色与情感的关系。

（2）幼儿结合自己的感受画味道（教学预想：幼儿普遍会根据品尝出的味道，画出食物的固有色，如红苹果、黄柠檬、白奶糖等），教师巡回启发指导。

（3）启发幼儿抓住自己的感觉，大胆发挥想象，大胆落笔，创造性地表现自己所要表达的味道。

四、说味道

（1）把画按红、黄、蓝队贴在记分牌上。

（2）每位幼儿都上来介绍自己的画。

（3）幼儿互相观摩、交流、评价谁画的味道最生动、最有趣。

师：现在每个人手上都有两颗爱心，一颗代表100分，你可以把爱心送给你认为画得最有趣的最好的画。

(4) 请你的小伙伴们相互加分并点评。

五、在音乐声中结束

师：现在分数出来了，红队____分，黄队____分，蓝队____分，今天的冠军队是____队，让我们一起来祝贺他们。把味道画出来真有趣，我们回家后再尝尝别的味道，然后再把它画出来，好吗？今天的节目就到这，谢谢大家的参加，再见！

课后延伸：

(1) 在日常生活中发现更多的味道，并尝试用多种形式表现出来。

(2) 尝试着画其他感觉，如声音、冷、热等。

大班美术活动《种子镶嵌画》教案设计
（设计者：屠筱晶）

一、活动目标

(1) 通过秋游观察，教幼儿用种子进行镶嵌画，表现出自己看到的印象最深的物体形象。

(2) 发现自然材料美，体验成功的乐趣。

二、活动准备

(1) 幼儿与家长共同收集不同种类的种子，如黄豆、芝麻、黑豆等。

(2) 幼儿课前准备奶牛、树叶、菊花等图形稿子。

(3) 操作纸、糨糊、勾线笔、棉签、抹布。

三、活动过程

1. 出示种子盒，导入活动，激发幼儿兴趣

(1) 教师摇盒子，幼儿根据声音，猜测盒子里是什么（棋子，种子等）。

(2) 小朋友想想看种子可以做什么呢？

师小结：小朋友刚才说了种子可以种、做粥等，今天老师用种子做一样特别的东西，你们喊1—2—3把它请出来，好不好？

2. 出示范画，引导幼儿观察，讨论作画步骤

(1) 小朋友，请你们仔细观察，看看这幅图和平时看到的有什么不一样呢（平时用蜡笔涂颜色，这幅图上镶嵌着各种各样的种子）。

(2) 小朋友再来找找看，老师贴上去的种子有什么规律呢？（相邻的部位贴得颜色不一样）。

(3) 小朋友刚才仔细地观察了老师的图画，你们觉得漂亮不漂亮呀？那今天请你们也做一幅画，用种子把它打扮得漂漂亮亮的。

（4）小朋友用勾线笔把你想画的东西画好，因为这次要用种子来打扮你的画，所以小朋友画的时候要比平时画得大一点，这样种子才能贴上去。画好后，可以按照先贴外面的轮廓、再贴里面部位的顺序，用棉签均匀地涂上糨糊，然后放上你要贴的种子，用小手轻轻一按，种子就贴上去了，我们用同样的方法把其他部位也贴上各种各样的种子，这样我们的画就变得更漂亮了。（师边讲边示范）

3. 交代要求，幼儿操作，师指导

现在请小朋友想一想秋游时，你看到的印象最深的一样东西是什么，有的小朋友看到的是秋天的落叶，有的小朋友看到的是奶牛等，今天请你们把它画下来，然后用桌上的种子把它打扮得既干净又漂亮。注意：

（1）画图时要画得大一点。
（2）涂糨糊时要涂得均匀一点，不能涂得太多。
（3）取种子时要相互谦让。
（4）保持画面干净。操作完后把棉签放在空盒子里，把糨糊的盖子盖好。

现在请小朋友想想自己看到的印象最深的一样东西是什么，想好后就把它画出来。

四、点评

选2～3幅画点评：
（1）请幼儿介绍自己看到的印象最深的东西；
（2）构图大小是否合理；
（3）画面是否干净；
（4）是否表现出了物体形象。

五、结束活动

请做好的小朋友把你的画放在后面的科学区，让老师和其他同伴一起欣赏，并认识你所用的种子。

第三节　幼儿园美术教学活动实录

实录1：想象画"海底世界"活动实录

一、设计意图

幼儿对小动物们有着与生俱来的好奇心，而在众多的动物中，孩子们对各种各样的鱼更会产生浓厚的兴趣。鱼类有着各种各样的形态及花纹，这些花纹单纯用水彩笔、水粉、油画棒色块的对比涂色是很难充分表现出来的。而线描画这一形式，对大班孩子的画画有很大的质的提高,尤其对孩子的想象力和表现力发展很有益,并且我班的孩子对画画兴趣都很浓厚。

本次活动正是抓住幼儿感兴趣、喜爱的物品,让幼儿通过自己的细致观察、敏锐的触觉和独特的视角,自由进行创作发挥,并把单纯的班级环境布置、课堂主题衔接,让幼儿参与真正成为班级的主人。本活动还可以对幼儿从小进行环保教育,进行人与自然的和谐教育,使其懂得保护环境,爱护小动物。

二、活动目标

(1) 运用点、线、形来装饰鱼和表现鱼不同的外形特征。
(2) 鼓励幼儿按自己的想象大胆创作,发展幼儿初步的创新能力。
(3) 向幼儿进行人与自然和谐相处的环保教育。

三、活动重点、难点

学习用点、线、形来装饰鱼。鼓励幼儿大胆想象和创作。

四、活动准备

(1)《海底世界》录像。
(2) 教室墙壁内一侧墙壁作为海底世界背景图,并在墙上贴好塑料袋垃圾、牛奶瓶、水草、珊瑚、石头、哭泣的鱼妈妈。
(3) 投影机,下载各种鱼的照片。
(4) 白纸、剪好的各色"心"卡片,幼儿水彩笔、剪刀(与幼儿人数相等)。
(5) 各种点、线、面的范例,教师画好的鱼的范例若干。

五、活动过程

(一) 导入活动

观看录像《海底世界》,初步感知欣赏各种各样的鱼。

师:在美丽的大海里,生活着许多快乐的鱼宝宝,它们和鱼妈妈自由自在地在海洋里嬉戏玩耍,一会儿在珊瑚里捉迷藏,一会儿在比赛游戏,一会儿又凑在一起说着悄悄话,可幸福了。

幼儿观看录像《海底世界》,提出要求:看看你最喜欢哪条鱼,它是什么样子的?

师:你最喜欢哪条鱼?它是什么形状的?身上的花纹是什么样的?特别是对形状怪异的鱼,启发幼儿尽可能讲详细一点。

通过投影,让幼儿更仔细观看各种鱼的照片,让幼儿进一步感知鱼的外形和花纹。

师:鱼宝宝,它还有好多可爱的朋友,让我们也一同来看看它们是什么样的?有什么样的花纹?你喜欢哪一条鱼?

引出海底世界背景图(珊瑚、水草及一条哭泣的鱼妈妈),对幼儿进行环保教育,引入课题。

师:可是,突然有一天,海洋里的鱼都消失了,只剩下鱼妈妈和漂浮着的塑料袋、饮料瓶,为什么会这样呢?(请幼儿说一说,我们应该怎样做,向幼儿进行环保知识教育)那我们一起来帮助鱼妈妈找回她的孩子好吗?

(二) 线描画画法介绍

教师展示线描画的(点、线、面)的范例,引导幼儿观察思考,提出自己不懂和不会画的(点、线、面),并做一些简单的介绍。

1. 点画法

① 展示点的种类:圆点、短点、雨点、正方形点、三角形点、空心点、沙点、十字点。

② 点的效果:把一些鲜艳的小色点有规律地排列起来,以求达到一种五彩斑斓的色彩效果。

③ 点的要求:先画深色后画浅色。可采用同类色,比较和谐,对比色比较绚丽。

2. 勾线画法

① 线的种类:横线、竖线、斜线、交叉线、波浪线、折线、凹凸线、卷曲线、弧线、鱼鳞线、三角螺旋线、方螺旋线。

② 线的效果:单纯以线条的变化、穿插、组合来表现,这是线描画中常见的方法。

③ 线的要求:可以用渐变画法,运用线条由深到浅的变化,可以横着变、竖着变或旋转着变,画出向彩虹一样绚丽的线条。

3. 面的画法(点和线的排列组合)

面的种类:正方形组成的面、圆形组成的面、半圆形组成的面、三角形组成的面、长方形组成的面。

(三) 欣赏范例及示范

1. 欣赏教师画的鱼的范例

请幼儿互相说一说,这些鱼的形状及装饰的线条,看一看,说一说它们是什么样的?有什么样的花纹?

师:老师画的这些鱼是什么形状的?用了什么样的线条进行装饰?

2. 示范讲解

如何对鱼进行装饰?如何处理分割画面?处理画面中点、线、面的疏密关系的画法如下:

(1) 教师简单在鱼身上示范分割画面的块,画出各种形状的线条,并重点讲解如何处理画面中点、线、面的疏密关系。

(2) 引导幼儿讨论,你准备画一条什么样的鱼?用什么线条来装饰?

3. 老师提出作画要求

(1) 在作画前先想一想:自己要画什么样的鱼?可以看看周围鱼的照片,要用什么线条装饰?

(2) 鼓励幼儿大胆想象出各种奇形怪状的鱼,看谁想的和别人不一样,要求构图大。

(3) 启发幼儿用不同的花纹装饰鱼,并注意点、线、面的疏密变化。

(4) 安静作画,不影响别人,注意坐姿。

(5) 请完成作品的幼儿把鱼沿轮廓线剪下来,贴在鱼妈妈周围。注意剪刀使用的安全要求。

(四) 幼儿创作

在幼儿创作时,教师要给予及时指导,对幼儿创造性表现的作品应及时给予肯定。

(1) 鼓励幼儿在绘画中大胆尝试用不同的点、线、面的运用。引导孩子自由发挥,提高幼儿学习的主动性和积极性,使其体验到造型活动所带来的乐趣。

(2) 帮助能力差的幼儿变化各种线条、花纹。

(3) 请完成作品的幼儿把鱼沿轮廓线剪下来,贴在鱼妈妈周围。

(五) 观赏评析作品

(1) 请幼儿互相自由讲述自己所画的鱼,把自己想对鱼宝宝说的话和自己画画中的感受告诉老师,并写成"悄悄话"的形式粘贴在作品上。

(2) 请个别幼儿谈谈自己喜欢哪一条鱼,为什么?

(3) 教师小结:今天,小朋友帮助鱼妈妈找回了鱼宝宝,并且鱼宝宝身上的花纹都非常漂亮,点、线、面的疏密也很好鱼妈妈谢谢你们了。现在,我来当鱼妈妈,小朋友来当鱼宝宝,我们一起游到大海里去做游戏吧。

六、活动反思

在活动中教师始终处于指导者,能用故事来贯穿整个活动,活动一开始老师就用故事吸引住孩子的注意力。孩子们有的说:鱼妈妈看到鱼走了伤心的;有的说:水太脏了,鱼都死了;有的说:水里都是塑料袋和牛奶瓶。教师没有否定孩子的回答,而是一直根据孩子的问题启发幼儿。教师在每个环节环环相扣,为后面的环节做好铺垫。

教师课前准备充分,向幼儿展示大量不同的图片,让孩子成为学习的主导者,孩子在观察电视、投影等多种图片的直观感知下,对鱼的形态和线条能很好地把握,活动兴趣一次比一次高涨。在绘画前,老师要求明确,对线描画的技法和点、线、面讲解清楚,孩子在绘画时能很好地运用,并向我们展示不同形态的鱼。虽然整节课的授课时间较长,但孩子的完成情况和热情高涨,尤其在活动结束,孩子们都有很多的话对小鱼叮咛。有的幼儿说:小鱼你要和妈妈在一起不要乱跑,不然会被大鱼吃掉;有的幼儿说:小鱼,我下次到海底世界和你一起玩。

本次活动不仅将主题与班级布置结合,美化班级环境,让孩子自己成为班级的主人,参与其中,而且对孩子进行人与动物的和谐教育。

存在的不足:在介绍点、线、面中,老师讲解过于啰唆,应该出示点、线、面,介绍画法和技法后,应让幼儿自己提出疑惑或问题。

实录 2：记忆画"下雨啦"活动实录

一、活动背景

从幼儿生活中寻找具有丰富感性内容经验的题材是培养幼儿感知以及创造能力的重要一环。抓住幼儿身边的熟悉的事物，更能吸引幼儿进行创作。针对这个特点，利用连续几天不断下雨一事，为幼儿设计了这一活动，让幼儿通过事先的观察，了解雨的特征，获取有关雨的信息之后，引导幼儿学习短垂线、长垂线、斜线的画法，激发幼儿对绘画活动的兴趣。

二、活动过程

（一）活动目标

(1) 引导幼儿学习用各种线型来表现不同的雨，培养幼儿手的控制能力。
(2) 激发幼儿对大自然的热爱以及对绘画活动的兴趣。

（二）活动准备

(1) 画纸人手一份，油画棒每人一份。
(2) 每人一双雨靴、一件雨衣。
(3) 事先带幼儿观察下雨的过程，掌握有关雨的知识。

（三）活动过程

1. 出示"雨具"，引起幼儿活动的兴趣

师：这是什么？（教师出示幼儿带来的雨衣、雨靴问）
幼1：那件黄色的雨衣是我的。
幼2：那个是我的。
（教师手指雨衣、雨靴再问是什么？）
幼3：这些是雨衣和雨靴。
师：为什么今天小朋友都带了雨衣上幼儿园呀？
幼1：在下雨。
幼2：今天在下雨。
师小结：对，因为今天外面在下雨，所以小朋友都带了雨衣上幼儿园，而且这几天呀，一直在下雨对吧。前天老师还和你们一起观察过下雨的过程，是不是？（幼齐答：是）请小朋友想一想，雨是从哪儿落下来的呢？
幼1：上面落下来的。
幼2：从天上落下来的。
师：雨落下来的时候是什么样子的，小朋友知道吗？
幼1：是一滴一滴的。
幼2：是一根一根的。

幼3：有的时候一滴一滴，有的时候是一根一根的。

师：那你们知道什么时候雨是一滴一滴的，什么时候雨是一根一根落下来的？

幼1：下小雨时是一滴一滴的，大雨时是一根一根落下来的。

师小结：看来小朋友在观察下雨过程时很仔细。的确，当下小雨时它是一滴一滴地落下来的，而下大雨时则是像线一样一根一根地落下来。如果刮着风的话，雨还会斜着落下来，有时向左斜，有时向右斜，好像在跳舞一样。我们来学一学雨落下来的样子好不好？（幼齐答：好）

2. 鼓励幼儿用身体动作表现不同的雨

评析：通过回想雨的不同形态，让幼儿对雨有了进一步的了解和认识，再加上让幼儿用身体动作来表现下雨，更使幼儿对雨以及这个活动增强了兴趣。

3. 引导幼儿学习用各种线型表现下雨的过程

师：刚才我们说了说雨，还学了学雨落下的样子，现在我们来画一画雨好吗？

幼齐答：好。

师：先画什么样子的雨呢？（有的幼儿说先画大雨，有的说先画小雨等。）

师：我们按从小到大的顺序来画，先画小雨好吗？

幼齐答：好。

教师边示范画法，边讲解：下小雨了，雨点从天上落下来，一滴一滴落在地上；下大雨了，哗啦啦，雨像是线一样一根一根地落下来；刮大风了，雨被风吹得都斜了过来。刚才我们说到的就是这三种情况，下面请小朋友伸出右手食指，跟着老师一起练习画下雨。

教师和幼儿一起边说边作画空练习。

4. 幼儿大胆作画，教师指导

师：老师发现小朋友在空中画的雨非常的好看，我们把它们请下来，让它们飞到我们的画纸上来，让更多的人看到他们好吗？（幼齐答：好）画的时候，请大家还是先画小雨，再画大雨，然后画刮风时的雨。

幼儿进行创作，教师个别指导，鼓励幼儿大胆作画。

5. 展示交流

（1）展示全部作品，幼儿相互欣赏。

（2）师：你喜欢哪张作品，为什么？（引导幼儿大胆讲述）

评析：讲评时不强调作品的好坏，而让幼儿自由说出自己的喜好，哪怕是一个小细节，都成了同伴赞扬的对象，这种方式既培养了幼儿大胆表述的习惯，也增强了幼儿本身的自信心。

6. 活动延伸

帮助幼儿穿好雨衣、雨靴，带领幼儿进行"踩雨"活动，让幼儿在雨中寻找更多的快乐。

三、活动评价

这一活动内容是教师从发生在幼儿身边的事物寻找而产生的,选材适时、及时,符合幼儿情感需要。活动过程中,教师总是以积极的心情与幼儿进行交流,充分调动幼儿的学习积极性,让每个幼儿都能主动参与活动,并鼓励幼儿大胆表述,互相欣赏,肯定和接纳每个幼儿的创造过程,从而激发了幼儿再次创作的兴趣和愿望。

实录3:油画《星夜》欣赏活动实录

一、教材分析

《星夜》是梵高的一幅代表作,画家用了夸张的手法,通过色彩的对比、流动的线条(波浪线、螺旋线)生动地描绘了星夜蓝色的夜幕下,星月灿烂,彩云翻滚,大树卷曲旋转着向上升,让人感到生命的运动,宇宙的不停运转。整个画面倾泻着画家渴望生活的满腔热血,洋溢着画家激荡而顽强的生命力,是梵高强烈的思想感情的自然流露,同时也带有某种非理性的成分。

二、活动目标

(1) 欣赏,感知画面中笔触、色彩、形象所传达出来的感情和思想,并能用语言进行表述。

(2) 作"有星星的夜晚",尝试在绘画中表达自己的情感。

三、活动准备

(1) 图片"星夜",梵高的自画像。

(2) 人手一张画纸和笔。

四、活动实录

1. 直接导入

师:小朋友,今天老师带来了一幅画,我们一起来欣赏一下吧!

2. 欣赏作品

(1) 引导幼儿观察、描述画面

师:小朋友,请仔细看一看,画面上画了什么?

幼1:我看到了龙卷风、房子、星星、月亮、火、树、大海……

幼2:我看到了洪水涌过来了……

幼3:我觉得天空在翻滚了……

(2) 引导幼儿从颜色上欣赏、讨论

师:这幅画用了哪些颜色?

幼：有黑的、灰的、黄的、蓝的……

师：什么颜色用得多些？（黑的、深蓝的、紫的）这些是灰暗色还是明亮色？（灰暗色）

师：它们在一起对比强烈吗？你有什么感觉？

幼：对比强烈，心里有点不开心……

教师小结：画家用了深蓝色、紫色和黄色，色彩鲜明，对比非常强烈，给人一种不安的感觉。

（3）引导幼儿从线条上欣赏、讨论

师：这幅作品中画家用了哪些线条？

幼：用了波浪线、螺旋线……

师：哪些地方用了波浪线？给你什么感觉？

幼：树用了波浪线，好像向上长一样。（请幼儿学一学）

幼：天空用了波浪线，我觉得云在滚动……

师：画家在什么地方用了螺旋线？

幼：星星和月亮周围用了螺旋线……

师：你有什么感觉？（好像包住了）星星和月亮被紧紧地包住了，那是什么感觉？（肯定很难受）

请小朋友相互紧紧地抱住，感受难过。

（4）引导幼儿整体感受

师：你看了这幅作品，有什么感觉？

幼：很难过、恐惧……

教师小结：星星和月亮好像被旋涡围住了，大树像火苗一样向上旋转着上升，蓝颜色、紫颜色和黄颜色对比强烈，画家用这些颜色和形象表达了自己紧张、忧郁、难过的感情。

（5）请幼儿为这幅画起个名字。

老师：谁来为这幅画起个名字？

幼：星星和月亮、害怕的夜晚、恐怖的天空……

3. 欣赏梵高自画像，了解梵高的生平

4. 讨论

师：我们看到的有星星和月亮的夜空是什么样的？心情怎样？

5. 创作"有星星的夜晚"

五、活动反思

本节活动中，幼儿参与性很强，互动和谐。本活动具有以下两大主要特点：

1. 宽松的互动环境

美术欣赏活动是幼儿对艺术作品自由表达的活动过程，在这个过程中，宽松愉悦的环境对幼儿的表达非常重要。本节活动中，教师与幼儿的平等互动让幼儿思维活跃,畅所欲言。

2. 有效的问题引领

这是一幅抽象的作品,但个性明显。本节活动中,教师预设了几个大问题,幼儿在问题的引领下充分感受了作品所表现的内涵和意思,体会了作者的内心世界。

实录 4：手工"美丽的拖鞋"活动实录

一、活动设计思路

1. 活动背景

结合南京师范大学出版社出版的《幼儿园活动整合课程》。幼儿用书中有一首儿歌《蜘蛛买鞋》,幼儿非常喜欢,并对书中所附的图——鞋子很感兴趣,喜欢边看图边念儿歌,兴趣高涨。

2. 教育理念

《幼儿园教育指导纲要(试行)》中提出:"既贴近幼儿生活来选择幼儿感兴趣的事物和问题,又有利于拓展幼儿的经验和视野。善于发现幼儿感兴趣的事物、游戏和偶发事件中所隐含的教育价值,把握时机,积极引导。"因此,根据幼儿兴趣——儿歌《蜘蛛买鞋》中对鞋子浓厚的兴趣,生成了新的美术活动——"美丽的拖鞋",提供各种材料让幼儿操作,便于幼儿创造操作及游乐分享。

3. 利用的教育资源

幼儿穿过各种拖鞋并在商店里看到过所卖的各种鞋。

4. 活动形式

示范、实践操作、游戏、师幼互动。

二、活动实施方案

(一) 活动目标

(1) 幼儿对美术活动及操作有浓厚的兴趣,体验、分享活动的快乐。
(2) 幼儿初步掌握操作程序,会自己动手剪、撕、粘贴制作拖鞋。
(3) 通过幼儿使用不同的材料及动手操作发展幼儿的创造力,制作出各种不同样式的拖鞋。

(二) 活动准备

1. 认识准备

认识欣赏《幼儿园活动整合课程》幼儿用书中儿歌《蜘蛛买鞋》上的鞋子

2. 材料准备

(1) 实物:三双不同的漂亮拖鞋、剪刀、双面胶、糨糊、篮子、各色皱纹纸、各色蜡光纸、每人两块剪好的鞋形硬纸块、硬纸片、一双制作好的拖鞋、蜡笔。

(2) 磁带、收音机

(三) 活动过程

1. 幼儿念儿歌,引出主题

1. 幼儿一起念《蜘蛛买鞋》。

2. 师:"小朋友见到过什么鞋子?"

幼1:皮鞋、布鞋。

幼2:棉鞋。

幼3:拖鞋。

师:"你们喜欢什么鞋子?为什么?"

幼:穿拖鞋,很舒服。

出示拖鞋,请幼儿欣赏并讨论,引出活动设计主题——拖鞋。

师:"这些鞋子叫什么名字?""你们还看到过什么不一样的拖鞋?"

2. 教师示范、讲解

(1) 教师选择蜡笔装饰鞋板和鞋面做示范、讲解。

① 选择蜡笔先装饰好鞋板,再剪下鞋面进行装饰。

② 用双面胶把鞋面与鞋板粘贴起来。

(2) 教师讲述操作程序:先装饰好鞋板与鞋面,再用双面胶进行粘贴,皱纹纸、蜡光纸的粘贴用糨糊。鞋面需要用硬纸片,用各种材料和方法装饰鞋面和鞋板。

(3) 鼓励幼儿运用各种材料装饰制作,可几种结合,也可单用一种。每双拖鞋可以制作成不一样的样式。

3. 幼儿制作拖鞋

(1) 放优美的钢琴曲,幼儿制作拖鞋。

(2) 教师巡回指导。

(三) 幼儿欣赏作品、游乐分享

师:"你最喜欢哪双鞋,为什么?"

幼儿交换制作的拖鞋穿、玩耍。(放音乐《找朋友》)

(四) 活动成果展示

(1) 幼儿在愉快的氛围中用各种材料制作出各种各样的拖鞋,有些动手能力稍弱的幼儿在同伴的积极帮助下也完成了作品,促进了幼儿之间的交往。

(2) 幼儿运用自己喜欢的材料、自己喜欢的拖鞋样式制作出了样式各异的拖鞋,发展了幼儿的创造力及动手能力。

(3) 让幼儿找朋友交换拖鞋穿着玩是幼儿最高兴的时候,不仅让幼儿以游戏的方式高兴地玩耍,幼儿还欣赏到了同伴的作品。

三、活动延伸

(1) 幼儿与家长一起参观鞋店,认识更多不同类型的鞋子与各种漂亮的拖鞋。
(2) 在日常游戏活动时又请幼儿穿制作好的拖鞋玩并与幼儿进行交往、分享。

实录 5:综合材料"替换想象画"活动实录

一、活动背景

本次活动设计的灵感来源于幼儿在活动室里运用一些小型物品(如瓶盖、小剪刀、几何体、夹子等)在随意摆弄脸谱造型,有的用瓶盖做眼睛、小剪刀做鼻子、半圆形做嘴巴。幼儿们想象丰富,创造热情高涨,体会着创作的快乐。为了进一步满足他们的兴趣和需要,可以将这种活动迁移引申到美术教育之中,旨在为幼儿提供自由表现的机会,引导幼儿展开想象的空间、表达自己的想法,在尝试和交流中培养幼儿的创造性思维、语言表达能力和大胆创作的果敢精神。

二、过程实录

(一) 活动目标

(1) 借助相似造型,大胆表现与创造人物的五官。
(2) 在活动中发展大胆想象、勇于创造及表现的能力,体验创作的乐趣。

(二) 活动准备

1. 知识经验准备

引导幼儿细致观察人物的面部特征、表情变化,积累对人物刻画的基本经验,日常玩"五官像什么"的游戏。

2. 环境准备

在活动室里提供空白脸谱及各种小型物品(如瓶盖、小剪刀、几何体、夹子、玩具等)让幼儿运用小物品随意摆弄脸谱造型。

3. 材料准备

(1) 画板 1 张、娃娃脸 1 个、8K 纸一张、蜡笔和 16K 纸人手一份。
(2) 实物投影仪、多媒体课件、背景音乐磁带。
(3) 可移动性教具:贴有云、星星、月亮、太阳、小雨点、苹果、菠萝、葡萄、枇杷、梨、草莓、香蕉、枫叶、柳条、小花、小草、树叶、向日葵、蜻蜓、小蝌蚪、瓢虫、蝴蝶、小鸟、金鱼、鲨鱼、珊瑚、鲸鱼、章鱼、海龟、海马、海星、房屋、茄子、蘑菇、黄瓜、龙虾、蝌蚪、小鱼、螺蛳等的背景图。

（三）活动过程

1. 初步欣赏与感知

师：小朋友，今天老师给你们带来了一篇优美的散文，我们一起来欣赏吧！播放动画课件：《给老师画像》。

（动画显示老师教画画和"我"给老师画像的过程。图片、朗诵、背景音乐同步播放）

师：欣赏完了这篇优美的散文，现在谁愿意上来按照散文里的描述来给老师画像？要画得和散文里的一样美。

（请一名幼儿在画板上演示老师的画像）

师：那，你来介绍一下你是怎样来画这幅老师画像的？

幼：我用红苹果做脸蛋，金灿灿的太阳做眼睛，橘黄的胡萝卜做鼻子，弯弯的月亮做嘴巴。

师：如果你们觉得她画得和散文里所说的一样的话就拍拍手。（全体幼儿拍手）那这张老师画像和老师一样吗？

全体幼儿：不一样。

师：到底哪里不一样呢？

幼1：在画像中老师的脸蛋是用苹果做的。

幼2：刚才小朋友在画老师的时候眼睛画的是太阳。

幼3：还有，在画中老师的鼻子是用胡萝卜做的，嘴巴是用月亮做的。

师：小朋友们真聪明，一下子就比较出来了。今天，老师要教你们一种新的本领，叫替换想象法，就是利用相似物体进行替换。

（让幼儿齐说"替换想象法"）

2. 隐性示范与思考

师：这里有一支神奇的小魔笔，你们看它在画什么呢？

（展示逐步变化的多媒体画面，一支小魔笔从基本点出发，慢慢变成了一个椭圆形，暂停）

请小朋友猜猜看，这支小魔笔究竟想画什么呢？

幼1：我觉得是太阳。

幼2：像橄榄球。

幼3：小魔笔在画娃娃脸。

幼4：不是，不是，我认为是地球。气球、石头、大饼……

师：小朋友猜了这么多，到底谁猜对了呢？我们继续往下看。

（小魔笔继续画……）哦，原来是一张娃娃脸！看，脸上还缺什么？

幼1：脸上缺鼻子。

幼2：脸上缺嘴巴。

（根据幼儿的描述，陆续点击出来）

师：现在这支神奇的小魔笔要施魔法了，（动画显示小魔笔晃动身体：我变，我变，我变变变!)你们看,这支小魔笔把螃蟹变成了什么?

全体幼儿:小魔笔把螃蟹变成了娃娃的眼睛。

师:可是娃娃脸上的其他部分还没有变呢,小魔笔想请小朋友帮助它完成。(动画显示出选项:海带、茄子、冒热气的茶壶、蘑菇、香蕉、向日葵、小鱼)谁来说说你准备用什么来替换娃娃的鼻子、嘴巴、头发?为什么?

幼1:我想用海带替换娃娃的头发,用茶壶替换鼻子,茄子替换嘴巴,因为我觉得海带长长的特像小女孩扎的辫子,茄子弯弯的像嘴巴。

(老师点击选项和五官进行替换)

师:我们瞧!这张娃娃脸一下子变得多有趣、多漂亮,这就是运用了我们刚才所说的相似物体替换的方法。谁还有其他办法帮小魔笔完成它的画呢?

幼2:我想用小鱼做头发,蘑菇做鼻子,海带做嘴巴。

(老师重新进行替换)

师:你设计的这个娃娃脸可真有趣!

(评析:活动中多媒体的运用,幼儿的视线被牢牢抓住了,起到了增强幼儿活动兴趣的作用,发挥了多媒体在教学中的互动效应。)

3. 操作与讨论

(1)导入主题娃娃

师:其实,替换想象的方法有很多种,只要你觉得像就可以了。老师这里还有一些娃娃脸,同样地也请小朋友用替换想象的办法来替换娃娃原来的五官、头发。不过呢,这次要求围绕一个主题去创造了。老师这里有一幅漂亮的图画,出示贴有云、星星等的背景图,看了这幅图画以后,你想创造一个什么主题娃娃呢?

幼1:我想创造一个天空娃娃,娃娃的眼睛用星星做,鼻子用白云做,嘴巴用月亮做,头发用小雨点做。(师请幼儿上来给娃娃替换)

小结:小朋友可真会动脑筋,设计了一个这么漂亮的天空娃娃(春天娃娃)。

(2)幼儿自由讨论设计主题娃娃

师:那除了天空娃娃(春天娃娃)以外,你们还想设计什么主题的娃娃呢?你可以看了老师这幅美丽的图设计,也可以自己想,先请小朋友相互之间讨论一下。

幼儿自由讨论、设计,交流各自设计的主题娃娃

幼1:我想创造一个小河娃娃,用龙虾做头发、蝌蚪做眼睛、螺蛳做鼻子、小鱼做嘴巴,你们喜欢我的创意吗?

幼2:我想设计一个图形娃娃,用圆形做眼睛、三角形做鼻子、长方形做嘴巴、半圆形做头发。

幼3:我要创造一个海洋娃娃,有鲨鱼做的眼睛、珊瑚做的鼻子、鲸鱼做头发,还有章鱼做的嘴巴,我想一定会漂亮的!

幼4:我设计一个蔬菜娃娃,用丝瓜做头发、萝卜做眼睛、蘑菇做鼻子、黄瓜做嘴巴。

4. 表现与创造

师:小朋友们的创意都很棒!现在,充分发挥你的想象能力,想一个最有趣的娃

娃脸画下来。

（让幼儿在优美的音乐声中自由创作）

（指导要点：了解幼儿意图，启发幼儿大胆想象，鼓励独特表现。）

5. 展示与体验

先请幼儿相互欣赏同伴的作品，然后把幼儿作品全部展示在画板上。

师：你最喜欢哪一张娃娃脸？你觉得他画的是什么主题娃娃？

幼1：我最喜欢这张娃娃脸（让幼儿上来指出，然后教师拿下来放在实物投影仪上），他画的是房屋娃娃，窗户做眼睛，门做嘴巴，烟囱做鼻子，屋顶做头发。

师：你认为是这样的，那我们来问一下画这幅画的小朋友，他是不是这样想的。

幼2：他说得真棒，和我想的是一样的。

幼3：我最喜欢这幅植物娃娃。柳条做头发，小草做刘海，小花做眼睛，向日葵做鼻子，还有树叶做嘴巴。

幼4：可是我给自己的画起的名字是绿化娃娃。

师：因为植物都有绿化作用，所以"植物娃娃"和"绿化娃娃"都可以的。

师：老师发现今天小朋友的小手都很巧，每幅作品都很棒！下课后把你的作品名字告诉老师，然后老师用电脑打印出来，好吗？

三、活动评价

在实施活动的整个过程中，幼儿情绪饱满、发言踊跃，通过想一想、讲一讲、画一画等活动，为幼儿提供了动手动脑的机会，同时也给幼儿提供了展开想象、大胆合作的艺术背景。活动中设计的提问是开放性的，给幼儿大胆思考、想象、发现的空间，让幼儿充分想象。多媒体教学手段声像并茂，趣味性强，直观生动地显示在幼儿面前，让他们有了直接的感受。通过动感画面的展示，起到了激趣引思的作用，也较好地提高了教学的效率。让幼儿在轻松、自由的氛围中讨论、交流，为幼儿提供自由表现的机会，感受替换想象法的有趣，并鼓励幼儿大胆地表达出自己的情感、理解、想象和创造。老师对幼儿表现出来的种种创意都给予赞赏，因而幼儿自始至终都保持良好情绪，体验自主的乐趣。

四、资料附录散文

给老师画像

老师教我们画画，
画红红的苹果、金灿灿的太阳、橘黄的胡萝卜，
还有弯弯的月亮。
我偷偷地给老师画像，
红苹果，是圆圆的脸蛋，
金灿灿的太阳，是大大的眼睛，

橘黄的胡萝卜,是笔挺的鼻子,
弯弯的月亮,是老师笑眯眯的嘴巴。
真像!真像!
——小朋友都说,老师笑的时候,就是这个样!
暖暖的,甜甜的,喷香喷香的。

实录 6:情景画"打针"活动实录

一、教学目标

(1)回忆打针时的情景,感受打针时候的心情与状态。
(2)用油画棒的形式表现出打针时的身体状态与感受。
(3)通过课例让孩子关注生活,培养积极勇敢的心态。
教学难点:打针时的动态与情感的表现。

二、教学准备

油画棒、牛皮卡等。

三、教学方法

聊天引导、提问探索、游戏表演、示范观看、创作尝试。

四、教学过程

1. 聊天引导

教师抓一件生活小事开始引发,如一个孩子流鼻涕了,老师从流鼻涕自然聊到打针的事。让孩子在不知不觉中进入课堂和老师设计的情境之中。

2. 提问探索

师:哪些同学打过针啊!说说打针时候的样子。
孩子绘声绘色的描述情景,但此时只是大体印象。
师:打针的时候你的表情怎么样?打针打在你的哪里?医生怎么抓针管的?
通过一系列问题把孩子从整体印象深入到细节刻画上来。

3. 游戏表演

教师让几个孩子上台表演打针,请其他孩子提意见,哪里表演得不好。表演者和观看者都在回味当时打针的感受。通过表演游戏,刺激了孩子进一步思索与感受,为下一步的视觉呈现打下了坚实的基础。

4. 示范观看

教师在学生表演的过程中,不失时机地示范,将难点、重点在黑板上以视觉形式呈现出来，为孩子下一步创作扫清障碍，并激发孩子更独特地去表现。

5. 创作尝试

教师不直接安排下一步的任务，而是根据孩子想表演的心态，故意吊吊胃口，引发孩子想画、要画的心理愿景。等孩子的动机强烈的时候，教师再颁发工具材料，让孩子开始创作。幼儿所给的情景画如图7-1、图7-2、图7-3和图7-4所示。

6. 讲评总结

先让孩子简单地说说自己的画，教师在充分掌握孩子的心理趋向后，开始讲评，重点突出孩子表现上的独到之处。

总结：打针可怕吗？我们敢于画出自己打针的样子，这就证明了我们的勇敢。当然，我们更要注意身体健康，坚持锻炼，尽量做到不打针。

（图：7-1、2、3、4）

图7-1

图7-2

图7-3

图7-4

第七章 幼儿园美术活动案例与优秀儿童画作品赏析

第四节 幼师资格证面试美术模拟教学试题解析

2018年全国教师资格证考试面试(美术活动)模拟教学

一、试题

大班幼儿绘画活动《我的一家人》

要求：

1. 组织一个绘画活动
2. 完整展示绘画过程
3. 帮助幼儿理解绘画步骤

二、试题解析

1. 试题要求模拟教学的年龄段是大班，幼儿正处于发展的最高阶段，是想象力和创造力发展的高峰时期，他们有自己的想法和主见，所以，在绘画活动中，教师要充分尊重他们的意愿和想法，组织有效的教学引导，多给幼儿想象和创造的空间，让他们的大脑活跃起来，达到自由流畅、大胆无拘束的表达状态。

2. 教学设计中，绘画工具和材料的选择要丰富多样，纸张要有薄有厚，有软有硬，颜色齐全，干性、半干性、湿性工具均可有层次地提供。从单一到多种工具的交替使用都要鼓励幼儿按自己的意愿选择。激发幼儿在使用的过程中发现他们的差别和实际效果，让工具与材料为自己富有个性地表达服务。

3. 绘画形象元素设计：

（1）人物：小朋友、爸爸妈妈爷爷奶奶；

（2）动物：可随机加入兔子、猫、狗、小鸟等丰富画面；

（3）景物环境元素：家庭装饰、户外公园等。

4. 绘画构图以主要人物为主体，周围可用与人物相关的景物环境做陪衬，近大远小，近繁远简，随着与主体人物越远，物体细节越简练概括。绘画情感喜悦、亲密和谐、积极乐观向上。

三、大班美术活动：《我的一家人》(20分钟备课教案)

(一)活动目标

1. 认知目标：知道家里有什么东西，知道家里都有哪些人。
2. 技能目标：掌握幼儿、爸爸、妈妈形象的画法。
3. 情感目标：体会家的温暖，从而激发幼儿爱家的情感。

(二)活动重难点

1. 活动重点：对家有简单的认识，能画出简单的图案。

2. 活动难点：根据自己对家的认识和想象设计自己的家。

（三）活动准备

1. 物质准备：图片、白纸、彩笔、照片。

2. 经验准备：知道自己家里的装饰，知道自己家里有谁。

（四）活动过程

1. 开始部分——《三只小熊》歌曲导入，引出活动

师：有三只熊住在一起，熊爸爸、熊妈妈、熊宝宝。熊爸爸胖胖的，熊妈妈很苗条，熊宝宝很可爱，一天一天长大了。

2. 基本部分——活动展开

（1）教师出示图片，幼儿整体感知。

教师出示小熊的全家福的画法，幼儿整体感知。

师：小朋友们，小熊一家住在他们的房子里，他们的房子里非常宽敞，有沙发，有电视，还有空调。小熊的爸爸胖胖的，小熊的妈妈很苗条，小熊很可爱。这是小熊的一家，那我们一起随着老师来画一画，看看老师的全家福是怎么画的。

（2）教师进行作画分析，帮助幼儿感知人物的画法。

（3）幼儿作画，教师交代作画要求，并进行巡回指导。

师：小朋友们，你的家里都有谁？他们都是什么样子的？你的家里有哪些房间？我们一起来画一幅你家的全家福吧！

（4）不同方式评价幼儿作品。

师：小朋友们，你们都画出了全家人的样子，老师看到了有的小朋友画出了一家三口，有的小朋友还画出了爷爷奶奶，现在老师要请一个小朋友请你来说一说你是怎么画的？

3. 结束部分——律动游戏

师：小朋友们，现在老师要播放音乐《让爱住我家》，就请你们随音乐跳起来吧！

（五）活动延伸

回到家之后将自己画好的作品送给爸爸妈妈，和他们说一说，你心中的家是什么样子的。

四、考官现场提问：考生，请你回答一下，你的活动目标是什么？

考生回答范例：

评委老您好，本次美术活动我的教学目标主要分为三个方面，分别是认知目标、技能目标和情感目标，并且将我的活动目标贯穿于活动设计中。我的认知目标是：要让幼儿知道家里有什么东西，知道家里都有哪些人。在我的活动设计中，我首先是以导入的方式，通过三只熊的全家福照片吸引幼儿的注意，并且通过介绍图片中的房门、沙发、窗户、电视等物品，帮助幼儿感知家中的物品。其次，我通过范画来展现我的家，展现人物在窗边看风景，重点突出家中的人物：爸爸妈妈和我，让幼儿明确家庭

构成中的成员。

为了达成我的技能目标:让幼儿掌握不同年龄,不同性别人物的画法,设计活动时,我主要是通过边画边讲解来进行分析的。为了区分不同形象,为了让幼儿了解爸爸妈妈形象的区别,我在讲解时围绕发型,服饰,外貌特征来阐述。如,妈妈的发型是卷发,爸爸是短发;妈妈穿围裙,爸爸系领带来突出不同形象的构成元素不同之处。在讲解以后,我先让幼儿想一想画《我的家》需要画什么,紧接着提出作画要求,引导幼儿作画。在作画过程中,面向全体幼儿,有针对性地进行了相关指导,鼓励幼儿大胆作画,尝试画出家中的诸如"小猫"等形象元素,并针对幼儿的创作进行专门指导。

我的情感目标是:通过活动让幼儿体会家的温暖,激发幼儿爱家的情感。由于情感较为抽象,幼儿较难理解,所以我把情感目标融入我的整个活动环节设计中。出示熊的家,感知家里的物品,进行范画以及引导幼儿作画主要目的都是让幼儿了解家庭里成员,从而明白家的温暖是离不开家人的相互关心和热爱的。在活动最后,我对幼儿的作品进行评价,展示出不同家庭,虽然装饰不同,但是都是温暖幸福的。

另外,我通过让幼儿把作品带回家给爸爸妈妈看,一方面是实现家园共育,另一方面也是让幼儿感知家庭带来的温暖。

以上就是我对评委老师提问的全部回答,感谢老师的聆听!

第五节　优秀儿童画作品赏析

一、《我和我的猫》

作者:Veronica. R,男,10岁,美国,如图7-5所示。

图7-5

看到这幅画就让人忍不住发笑,小猫咪煞有介事地在椅子上正襟危坐,而小作者却规规矩矩地站在旁边,颇有"哥俩好"的味道。这就是儿童画的魅力吧!

二、《男人》

作者:Sebastian.S,男,8岁,阿根廷,如图7-6所示。

图7-6

这幅画摆脱了人物三庭五眼的束缚,用笔轻松大胆,却准确捕捉了人物的表情特征,没有修改的痕迹。虽然小作者使用了红黄蓝三原色的对比,但因环境色的处理画面仍显得醒目和谐。

三、《我们幼儿园的小朋友》

作者:间濑将太,男,3岁,日本,如图7-7所示。

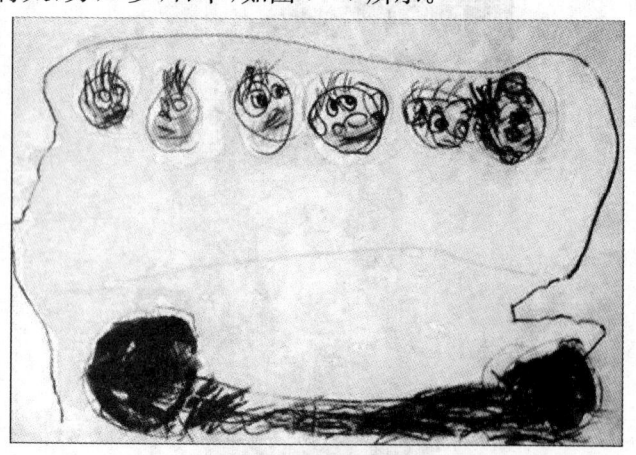

图7-7

3岁的小朋友,凭感觉画出了他所知道的东西。这幅画用笔大胆,色彩明快,所画的人物头部造型简练概括,生动传神。

四、《小狮子》

作者:张闫明浩,男,5岁,中国香港,如图7-8所示。

小作者用大胆奔放的笔触,热烈的色彩寥寥数笔就使可爱的小狮子跃然纸上。秘诀就在于小作者善于观察,抓住了狮子的特征。

图7-8

五、《今年流行烫头发》

作者:张怡然,女,5岁,中国,如图7-9所示。

图7-9

刚烫过头发,长长睫毛的美女一脸骄傲,看来时尚的美女同样也吸引小朋友的眼球。小作者对"头发"这一主题特征把握得很好。

六、《爸爸的同学》

作者:刘枫林,女,6岁,中国,如图7-10所示。

图 7-10

爸爸的朋友来了,他们又是抽烟又是喝酒又划拳,结果可高兴坏了猫咪和小狗。小作者对生活的观察真细致,驾驭绘画语言的能力也很强。高度概括的人物符号体现了该年龄段儿童作画的特征。

七、《家庭》

作者:Tav Nian.C,男,4岁,马来西亚,如图7-11所示。

第三个小鸭子的头居然比身体还要大,造型非常可爱。小作者已懂得了运用色彩的冷暖对比,暖色调很好地表达了鸭子一家其乐融融的气氛。

图 7-11

八、《小镇》

作者：Gasser. S,男,13 岁,瑞典,如图 7-12 所示。

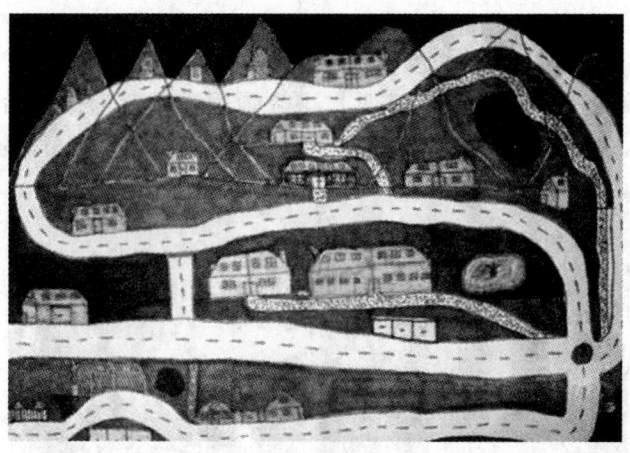

图 7-12

作者通过对盘旋公路的夸张描绘,表达了对小镇的感觉意向。虽然公路占了画面相当大的部分,但因其富于变化并不显得古板。画面统一绿色的调子中,有很强的装饰意味。

九、《彩色的玩偶》

作者：Zoe. V. B,男,11 岁,荷兰,如图 7-13 所示。

图 7-13

孩子们总喜欢纯净的颜色,这幅画显然大面积地使用了纯颜色。尽管如此,因为作者把玩偶的表情处理得很好,色彩也随着玩偶生动的表情而变得生动起来,魅力十足。

十、《城镇》

作者:Avgustinov,男,12岁,比利时,如图7-14所示。

小作者把城镇的风景画得很有感觉！这幅画用线用色都很灵活,房子和小树好像在扭动着身体,动感十足。虽然画的是夜晚景色,却生动自然、简约概括。

图 7-14

十一、《懒猫》

作者:Alicia. M,9岁,加拿大,如图7-15所示。

生活中的很多题材在孩子眼中都是很有趣的,这幅画最可爱的地方就是在小猫与花的搭配上。三朵鲜花似在窃窃私语,议论着懒猫,而懒猫满不在乎,使人们看到画面不禁展开丰富的联想。

图 7-15

十二、《卖火柴的小女孩》

作者：熊田幸弘,男,6岁,日本,如图 7-16 所示。

孩子们往往通过绘画而得到心灵上的慰藉。大雪纷飞的晚上,小作者可能想通过对房子、月亮、路灯的暖色处理,来突出节日的气氛。也可能是怕小女孩冷,特意用黄色的灯光来温暖可怜的小朋友。

图 7-16

十三、儿童水墨画作品赏析

中国画用的奇妙渗化的宣纸、变化多端的毛笔,本不失为一套吸引孩子们的好玩的画具；水墨画对笔痕造型的重视,对笔触表现力的敏感,水墨画者在挥洒涂抹过程中的快意抒发,他们所当具备的偶然变通、机趣横生的能力,都接近儿童作画的状态和趣味。在教学中设置儿童喜欢并能够理解的情境,让孩子在游戏中了解传统,熟悉艺术语言,创造自己的表达方式,孩子们凭着真率,在传统与现代、民族与世界等问题纠缠不休的领域,如入无人之境,开拓水墨语言表达真实精神状态的空间。

汲取人类优秀文化遗产的精华,重视并开发儿童时期的原生态,让孩子形成终身学习的理念,才是完整的教学。在一种潜移默化的熏陶之中,传统必然滋养天性趋于高雅与丰厚。美术教育的理想,是让天真的孩子成长为观察深入、感觉敏锐、想象丰富、理解力强、富有修养的高质量的人。

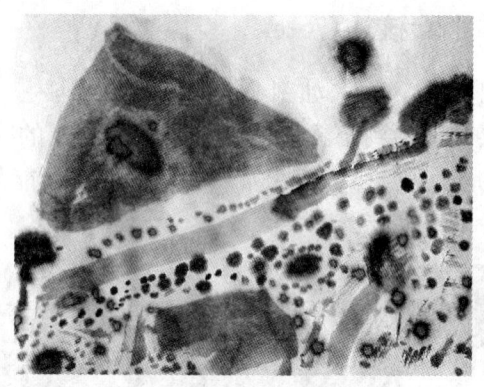

图7-17 中国画作品《上山路上》,第六届国际少儿书画大赛优秀奖,作者:朱丞霆,5岁,指导老师:李敏

图7-18 中国画作品《林中鸟》,第六届国际少儿书画大赛金奖,作者:李昱霏,6岁,老师指导:张巍

图7-19 中国画作品《企鹅总动员》,第六届国际少儿书画大赛铜奖,作者:曹梓,7岁,老师指导:张涵之

图 7-20　中国画作品《宁静》,第七届国际少儿书画大赛铜奖,作者:
汤佳程,6 岁,指导老师:马丽

图 7-21　中国画作品《金秋》,第七届国际少儿书画大赛银奖,
作者:武新博,年龄 6 岁,指导老师:朱明

图 7-22　中国画作品《高山流水》,第七届国际少儿书画大赛银
奖,作者:陈铭昕,年龄 6 岁,指导老师:朱明

图 7-23 中国画作品《小池塘》,第八届国际少儿书画大赛银奖,作者:张佳佑,年龄 6 岁,指导老师:张铭

图 7-24 中国画作品《猫头鹰》,第八届国际少儿书画大赛金奖,作者:曹震,年龄 6 岁,指导老师:薛金炜

参考文献

[1] [美]维克多·罗恩菲尔德著,李敏明译:《儿童美术与成长》,台湾世界文物出版社1991年版。

[2] [美]艾斯纳著,陈武镇译:《儿童知觉的发展与美术教育》,台湾世界文物出版社1990年版。

[3] [美]H.加登纳著,兰金仁等译:《艺术与人的发展》,光明日报出版社1988年版。

[4] [美]鲁道夫·阿恩海姆著,滕守尧等译:《艺术与视知觉》,中国社会科学出版社1984年版。

[5] [美]鲁道夫·阿恩海姆著,郭小平等译:《对美术教学的意见》,湖南美术出版社1993年版。

[6] [美]伊莱恩·科汉等著,尹少淳译:《美术,另一种学习的语言》,湖南美术出版社1992年版。

[7] 张念芸编著:《学前儿童美术教育》,北京师范大学出版社2004年版。

[8] 周帆著:《艺术的教育功用》,贵州人民出版社1993年版。

[9] 尹少淳著:《美术及其教育》,湖南美术出版社1995年版。

[10] 朱家雄著:《儿童绘画心理与绘画指导》,上海教育出版社1991年版。

[11] 林琳、朱家雄编著:《学前儿童美术教育》,北京师范大学出版社2006年版。

[12] 楼必生、屠美如著:《学前儿童综合艺术教育研究》,北京师范大学出版社1997年版。

[13] 屠美如主编:《儿童美术欣赏教育研究》,教育科学出版社2001年版。

[14] 滕守尧著:《审美心理描述》,四川人民出版社1998年版。

[15] 王大根著:《美术教学论》,华东师范大学出版社2000年版。

[16] 常锐伦著:《美术学科教育学》,首都师范大学出版社2000年版。

[17] 庞丽娟:《幼儿园美术教学法》,北京师范大学出版社1990年版。

[18] 屠美如著:《学前儿童美术教育》,西南师范大学出版社2000年版。

[19] 屠美如主编:《儿童美术欣赏教育研究》,教育科学出版社2001年版。

[20] 范琼芳著:《幼儿绘画心理分析与辅导》,心理出版社股份有限公司,2002年版。

[21] 张念芸:《新〈纲要〉与幼儿艺术教育改革》读后思考,学前教育研究,2003(4)。

[22] 易晓明:《对综合艺术教育的反思》,幼儿教育,2003(3)。

儿童作品选（1）

儿童作品选（2）

儿童作品选（3）

儿童作品选（4）